CB059025

TC

Tom Carroll

Nick Carroll

TC

Tom Carroll

Tradução: Juliana Lemos

ROCKY MOUNTAIN

Copyright © Tom and Nick Carroll (2013)
First published by Random House Australia Pty Ltd, Sydney, Australia. This edition published by arrangement with Random House Australia Pty Ltd through RDC Agencia Literaria S.L.

Tradução autorizada da primeira edição australiana, publicada em 2013 por Random House Australia Pty Ltd

---

Copyright da edição em língua portuguesa © 2014:
Rocky Mountain Editora Ltda.
Rua Fradique Coutinho, 1.639 - 05416-012
Vila Madalena - São Paulo - SP
tel.: 11 3039 8200
www.rockymountain.com.br

Todos os direitos reservados.
A reprodução não autorizada desta publicação, no todo ou em parte, constitui violação de direitos autorais.
(Lei 9.610/98)

Grafia atualizada respeitando o novo Acordo Ortográfico da Língua Portuguesa

---

Preparação e edição: Maria Clara Vergueiro
Tradução: Juliana Lemos
Revisão: Leticia Braun
Design de capa: Adam Yazxhi / MAXCO
Foto da capa: Art Brewer
Diagramação: Robson Kazuo Hirakawa

PREFÁCIO

Apesar de pontuar suas falas com uma risada algo nervosa e meio fora de tom, Nick Carroll parece ter encontrado certo equilíbrio aos cinquenta e quatro anos de idade. Do ponto de vista físico, não resta nenhuma dúvida. Seu corpo continua leve, exibindo uma combinação pouco vista nessa fase de vida. Musculatura tonificada com baixa presença de gordura, numa caixa compacta, de estatura pequena. O rosto tem a moldura quadrada acentuada pelas mandíbulas proeminentes, barba cerrada e os cabelos restantes nas laterais da cabeça raspados rente ao couro.

Ainda que sua aparência tenha mudado pouco desde quando fomos apresentados, no inverno havaiano de 1989/1990, a maturidade aparece em cada uma de suas frases, no ritmo tranquilo de sua respiração e na maneira de ler e compreender a vida e o mundo. A morte da mãe quando tinha apenas nove anos, o simples correr do tempo, as horas e horas solitárias no mar, as duas filhas, a atividade física, os livros, o casamento... Certamente são parcelas da soma de razões que resulta na clareza e na fluidez de seus pensamentos sobre a vida. Mas é muito provável que um fato tenha acelerado esse processo de forma decisiva: Tom Carroll, o irmão mais novo de Nick, bicampeão mundial de surf, um dos atletas mais importantes e festejados da Austrália e um ídolo mundial da cultura de praia nos anos 1980 e 1990, abraçou a cocaína com toda a força para, depois de alguns anos, se viciar em ice,

Prefácio

espécie de versão de luxo do crack, mais conhecida nos meios científicos e policiais como metanfetamina.

Assim como os efeitos da prima pobre, os do *ice* são mais que devastadores. Seu poder de adicção é fortíssimo, e a capacidade de danificar rápida e violentamente o cérebro e o organismo como um todo é igualada por pouquíssimas substâncias conhecidas. As fotos de usuários "antes e depois" são aterrorizantes. Sem conjecturar o que acontece com a alma do adicto...

Lidar com a impotência do irmão superatleta diante da droga, com as razões que o levaram a ela, viver seu drama e tentar trazê-lo de volta. Todo esse périplo conduziu Nick a um mergulho fundo e arriscado, numa espécie de pântano embolado e gigante de dilemas éticos, campos movediços e emoções confusas. Da descoberta de traços de desequilíbrio psicológico e de envolvimento com substâncias estupefacientes na própria árvore genealógica aos questionamentos profundos sobre o próprio mundo que ajudou a criar e no qual vive até hoje, a cena profissional do surf, muita água correu nesse *swell*. Da revisão profunda das noções de sucesso e fracasso à dificílima experiência de expor publicamente as mazelas do irmão, dos amigos, da família e dele próprio. Nick parece ter saído um sujeito muito melhor desse mergulho. Está leve. Dá a impressão de ter exorcizado boa parte dos demônios que rondavam seu mundo nos últimos anos. E o principal instrumento utilizado para a execução desse complexo ritual de lavagem de alma é, ao mesmo tempo, um sucesso de crítica e de público. Lançado na Austrália em novembro de 2013 e agora no Brasil, inaugurando o selo Rocky Mountain Livros, o título que você tem em mãos alterna em 336 páginas a visão dos dois irmãos sobre tudo o que viveram, desde a infância até os dias mais calmos de hoje. As glórias conquistadas por ambos, a dura realidade dos bastidores do mundo do surf profissional e, claro, uma descrição detalhada de cada milímetro do fundo do poço da metanfetamina.

Como ele mesmo me disse, "nenhuma pedra ficou no lugar onde estava".

Quanto a Tom, ele parece estar limpo e bem. No dia seguinte ao meu encontro com Nick, em janeiro de 2014, ele podia ser visto sentado na traseira de seu Mini Cooper no estacionamento da velha e boa Newport Beach. Ao mesmo tempo que autografava livros trazidos por quem o reconhecia, preparava sua *fish* de menos de seis pés para uma queda num mar horrível, com ondas na altura do tornozelo, num *swell* miserável de vento soprando *on shore* e forte. Sinal claro de que está no apetite e de que o contato com o mar continua tão íntimo como quando o moleque baixinho, cheio de sardas e com o short justo, realçando os quadríceps de jogador de futebol, encarava e destruía Pipeline, Cloudbreak, G-land e qualquer outra onda assustadora como se fossem as merrecas daquele dia. Além disso, ao lado do amigo de infância e artista das ondas igualmente talentoso, Ross Clarke Jones, protagoniza a série de TV *Storm Surfers*, em que a dupla se joga nas ondas mais difíceis, quadradas, dentuças, impensáveis e aterrorizantes que o planeta é capaz de produzir.

Ondas e drogas pesadas, inveja, fama, corpo, felicidade, família... o livro no qual você está prestes a mergulhar é uma obra consistente e bem escrita sobre, como diria Nelson Rodrigues, a vida como ela é.

Diga-se de passagem, muito mais que uma onda.

Paulo Lima *fundou e edita a revista Trip há vinte e oito anos, e há quarenta tem no surf uma de suas mais importantes fontes de inspiração.*

Para nossos filhos, nossos pais e nossos parceiros

ÍNDICE

Prólogo   15

Parte um: Juventude   19
    Sir Thomas Tom   21
    Twemlow   35
    Reconhecimento   43

Parte dois: Zona de Conforto   67
    Mano a mano   71
    Sem dinheiro   77
    Reação de corpo inteiro   87
    O avanço   99
    A chegada de Monty   105
    A zona de conforto   117
    Macaco de laboratório   133
    Em memória da minha irmã   141

Parte três: Vida Adulta   151
    Transição   171
    O fim do mundo   179
    Viagem dos sonhos   187
    As guerras de borracha   199

ÍNDICE

Parte quatro: A Onda Arrebenta   209
    Os anos 2000   213
    Empurrando com a barriga   225
    A névoa divina   233
    Janela de oportunidade   245
    Nervo exposto   257

Parte cinco: Uma Saída   267
    Reiniciar   273
    Os passos   281
    Sinais de crescimento   289
    Várias páginas viradas   299
    Idade   307

P.S.   315
Agradecimentos   331

PRÓLOGO

Havaí, dezembro de 2011

"Você vai pirar", Tom me diz.

Ele meio que ri, pensando em alguma coisa, e depois gira o volante, tirando o grande e desengonçado carro alugado da rodovia Kamehameha e entrando no pátio da igreja que dá para a baía de Waimea.

Por um breve momento, tudo parece estranhamente familiar: o velho estacionamento gramado, delineado por muretas baixas de pedras vulcânicas e circundado por velhas árvores emaranhadas sob as quais, juntos ou separados, encaixamos outros veículos centenas de vezes ou mais ao longo dos anos – chegando em carros empoeirados, cheios de pranchas de 9'6" e amigos risonhos nos dias em que as ondas chegavam a seis metros, tentando achar uma vaga debaixo das árvores para que a cera da lataria não derretesse enquanto as horas passavam e nós despencávamos nas ondas enormes da baía, gritando, fazendo gracejos, remando desesperados, recuperando-nos das vacas, envoltos pela água morna e ondas enormes cheias de espuma, esquecendo o resto do mundo. Toda essa estupidez magnífica e impossível que é desafiar o big surf.

Aqui é um território sagrado, penso, *mas eu nunca nem entrei na igreja*.

E aí a sensação de familiaridade desaparece, porque agora o sol já se pôs, e mesmo assim o estacionamento está meio cheio, a famosa igreja antiga suavemente iluminada por dentro, e há pessoas que não estão vestindo bermudas sentadas nas muretas de pedra, conversando em voz baixa, aguardando o início da reunião.

Desde que completou seu tratamento de reabilitação para viciados, em fevereiro de 2007, Tom vai às reuniões dos Narcóticos Anônimos com frequência e afinco, onde quer que esteja no mundo. Quando está viajando, procura pelos NA mas pode ir aos AA – ele não faz distinção. Agora, anos depois, vou participar de um desses encontros pela primeira vez, em apoio ao meu irmão caçula.

Nós dois estamos nervosos. Eu estou, e sei que Tom está, porque ele de repente começa a se esquecer das coisas.

"Ai, droga, a chave do carro", ele murmura e volta correndo, deixando-me encarregado de cumprimentar as pessoas sentadas nas muretinhas.

As muretinhas ladeiam um caminho estreito que passa pela entrada da antiga igreja e leva a uma construção um pouco mais nova que não dá para enxergar direito da estrada. Bem perto da porta está o chefe da divisão local, um surfista excelente, que em seu auge também teve grande êxito no Pipeline. Ele me cumprimenta com uma gargalhada.

"Você veio para ver se ele não conta mentira!", brinca.

Até parece. A vida inteira tentei evitar esse papel.

Lá dentro não há decorações. Numa mesa perto da entrada, é possível fazer chá e café, pegar um biscoito ou uma jujuba. As pessoas circulam perto da mesa, sorridentes. Algumas têm cinquenta e tantos anos, mais velhas que nós. Dois pós-adolescentes grandes, fortes e tatuados, indecisos, sem saber se olham para todos com cara feia ou se caem no choro.

Mas existe uma estrutura aqui, um senso de ritual, e as regras da reunião, como especificadas pelo líder daquela divisão, são bem claras e rígidas. Todo mundo ali tem muito a perder. Quer dizer, todo mundo sempre tem muito a perder, a diferença é que as pessoas ali sabem disso.

Tom vai andando pelo corredor entre os bancos e sobe no palco, e mais uma vez tenho aquela estranha sensação de familiaridade. Penso em todas as outras etapas em que meu irmão caçula caminhou a passos

Prólogo

largos, de um jeito empertigado, até. O primeiro campeonato profissional júnior da história, agitando um cheque gigante na inédita quantia de 500 dólares. O campeonato da Coca-Cola em Narrabeen, um cheque ainda maior, e milhares de pessoas sabendo que estavam olhando para alguém que logo seria campeão mundial. A própria noite do campeonato mundial, a noite das noites, num hotel sofisticado de Sydney, a grande taça prateada que estivera nos pensamentos dos melhores surfistas, e que o pequeno Tommy Carroll agora segurava, apoiado nos ombros deles, reivindicando-a para si. Os últimos dias do Pipeline Masters, os elmos de samurai, os óculos de sol Oakley e o sorriso misterioso do ganhador. O banquete de aposentadoria e o aperto de mão do Primeiro-Ministro, a enxurrada de elogios.

Será que ele também está pensando nessas etapas?, imagino. Mas ele não dá nenhum sinal disso. Ele é só o Tom, um homem baixinho que não tem nem 1,68 m, quase careca, com cicatrizes. Ele não tem mais o antigo glamour de campeão, mas está bem calmo. Pega os óculos de leitura e examina rapidamente suas anotações, embora essa seja uma história que ele já tenha contado vezes demais para esquecer uma única palavra.

Ele ergue o olhar, encara a plateia e começa.

Parte um

Juventude

"Eu ia bem na escola antes de surfar", diz Tom. "Mas aí colocava tanta energia no surf que sobrava pouca para a escola...

"Surfar era tão real. Se eu tivesse surfado de manhã e pegado alguma onda incrível ou enfrentado uma situação de vida ou morte, como quase me afogar ou algo assim, era muito difícil prestar atenção ao que o professor estava escrevendo na lousa."

— *The Sydney Morning Herald*, 1990.

SIR THOMAS TOM

Simplesmente adoro viajar. É como se cada célula do meu corpo fosse feita para se mover. Sou um completo turista e me sinto bem levantando e saindo por aí, aprendendo e entendendo mais sobre mim mesmo. E participando de diferentes culturas. Sempre tive interesse por outras línguas e pelo estilo de vida de outras pessoas. Certa manhã, eu estava no clube de surf com Alan French, meu primeiro colega de surf de verdade, e ele me disse: Tom, um dia vamos viajar juntos e surfar mundo afora!

Eu nem tinha pensado nisso. Uau! Será? Como? Era uma grande ideia, saca? Aquilo fez um clique dentro de mim.

Olhei pro Alan e disse: "Nós vamos viajar pelo mundo juntos!" O engraçado é que eu é que fui viajar. O Al ficou em casa. Mas foi ele quem plantou a semente.

Desde o começo, era evidente que havia uma inquietude dentro de mim. Crescer nas praias do norte de Sydney, em Newport, nunca me bastou. Eu precisava virar a esquina para ver o que havia lá, ou ir a pé até Bungan, ou contornar as rochas até Bilgola, sempre procurando. Havia uma inquietude nessa busca por uma onda diferente ou alguma mudança. Bilgola podia estar com um bom banco de areia, então eu ia e ficava dias por lá. Ou eu então pegava o ônibus ou ia de carona até Little Avalon. Quando passei a ter uma bicicleta, o lance era pedalar até Palm Beach. Não com pranchas – só pedalar

TC

para ir ver o que havia lá. Um dia de aventura, mas a gente chegava. Era viajar com a minha própria energia, a pé, de bicicleta ou pegando carona, e isso era algo de que eu gostava. Para mim, era natural levantar e sair andando. A primeira coisa de manhã, se possível quando ainda estivesse escuro, antes de o sol nascer.

Percebo que é sempre estimulante quando vou a algum lugar desconhecido, mesmo que não seja um destino para onde eu queira muito ir. Isso desperta meu interesse — o que as pessoas fazem e como se comportam, o modo de fazer as coisas — e sempre foi muito agradável ler sobre o lugar e estimular essa minha curiosidade antes de chegar.

Mas é preciso ter muita energia para se manter em movimento. Eu diria que até mesmo hoje viajo pelo menos seis ou sete meses do ano, entre estados ou pelo exterior, durante metade de cada mês. Isso agita uma alma que já é bem inquieta. O movimento mexe com o ser interior. Mexe com a alma. Às vezes, voltar para casa pode ser um ajuste bem difícil. A alma não quer ficar parada e essa é uma realidade bastante conflituosa.

Isso de viajar é uma coisa onírica para mim; a viagem cria um sonho. Quando eu lia livros de viajantes, Bruce Chatwin e pessoas assim, eles sempre pareciam um sonho, jornadas cheias de sonhos. Quando estou em um país estrangeiro e não entendo a língua, fico muito no meu mundo, e a vida diminui um pouco, de certa maneira. Às vezes, mergulho em mim mesmo, e isso é um outro tipo de viagem. Já é em si uma jornada.

Você sempre foi um viajante, irmãozinho. Talvez seja genético. Nossos pais são viajantes, cada um à sua maneira.

Thomas Victor Carroll, o caçula de três filhos, nascido em 26 de novembro de 1961, filho de Janet Middleton Carroll e Victor Joseph Carroll, futuro habitante da 209 Barrenjoey Road, Newport Beach, Austrália. "Sir Thomas Tom", como nosso pai te chamava.

Ele recitava A. A. Milne enquanto você disparava pelo corredor, um duendezinho sardento usando camisola:

Juventude

De todos os cavaleiros em Appledore
O mais sábio era Sir Thomas Tom...
Nenhum outro cavaleiro em todo o reino
Conseguia fazer o que ele fazia.

Victor era um menino do campo, nascido em Mackay, Queensland, filho de Flora, uma professora, e George Johnston Carroll, cujo pai, de mesmo nome, tinha vindo da Irlanda por causa da corrida do ouro em Ballarat e acabou casando-se com uma simpática moça irlandesa de Melbourne, Annie O'Keefe.

Flora é a terceira filha dos Hatfields, de Mackay, um clã de fazendeiros de cana-de-açúcar e comerciantes. Vic e seu irmão mais velho, George, cresceram cercados de Hatfields, mas sem saber quase nada sobre os primeiros anos da vida do próprio pai ou da sua família. Vic mais tarde se perguntou se havia encontrado uma explicação para a reticência de seu pai ao descobrir como e quando faleceu o avô, após uma longa estadia no hospital: "melancolia delirante", dizia o diagnóstico. George Johnston pai ficou um ano e meio doente, definhando lentamente diante do filho de cinco anos de idade.

Após a morte do pai, em 1888, o jovem George parece ter vivido com a mãe e duas irmãs mais velhas em vários endereços de Melbourne. Depois, ele surgiu na Austrália Ocidental, em 1901, antes de se alistar no 8º Batalhão e rumar para a África do Sul, para lutar na Guerra dos Bôeres. Em 1911, ele estava em Mackay, trabalhando numa serraria local, e depois em uma usina de açúcar perto da fazenda dos Hatfields, chamada "The Barrie". É ali que ele conheceu Flora e suas irmãs.

Em fevereiro de 1915, se alistou para a Grande Guerra, achando que estava com trinta anos de idade – na verdade, tinha trinta e um. Atuou no 25º Batalhão de Infantaria em Galípoli e na França, com distinção notável; ferido três vezes, acabou promovido a capitão e recebeu a Cruz Militar, provavelmente graças aos feitos durante a Batalha de Pozières na Frente Ocidental em 1916. Depois de se casar com Flora, ele comprou uma loja, depois abriu um negócio de móveis e em seguida um *pub*, onde a família resistiu aos anos da Depressão. Mais tarde, como investimento para a aposentadoria, eles adquiriram uma banca de jornal no centro da cidade.

Nosso pai ganhou uma bicicleta quando fez dez anos e ia com ela à escola e até o rio para nadar. As praias perto de Mackay não têm surf, mas têm peixes.

Tio George, alto e extrovertido, virou um participante ativo da comunidade. Assumiu a Banca de Jornal do Carroll, que se tornou ponto de referência em Mackay. Ele presidiu a Liga de Veteranos local, ajudou a fundar uma sociedade de construção na cidade, concorreu ao cargo de chefia do conselho e participou de vários comitês. Ele era presidente da casa de repouso em que Flora veio a falecer em 1973, aos oitenta e quatro anos.

Sempre que possível, nosso pai evitava participar de comitês. Por questão de semanas ele não foi para a Segunda Guerra Mundial, mas para a Universidade de Queensland, estudou Economia e jogou rúgbi, derrubando o herói Rex Mossop em uma placagem. Respeitava seus pais e amava o irmão, mas era mais inclinado à solidão e gostava da ideia de ficar vagando e observando. Quando ganhou certo dinheiro durante a ascensão da lã no mercado de ações, na década de 1950, ele se permitiu gastar numa grande viagem pela Europa, incluindo uma visita aos antigos campos de guerra onde seu pai lutara, e passou um total de oito meses no exterior antes de embarcar no transatlântico *Oronsay*, mais ou menos na metade do ano de 1955, e rumar para casa.

A bordo do *Oronsay*, saindo de Nápoles, ele estava sentado à mesa de jantar. E lá estava ela, "pequena e bem torneada", como relata Vic: a enfermeira da Marinha Real do navio, Janet White, filha única do Dr. Syer Barrington White e de Ada Madeleine White, residente em 23 Hilltop Road, Reigate, Surrey, Inglaterra. O rapaz do campo, com sua incrível percepção, e a inglesa experiente e elegante da equipe móvel de obstetrícia do Hospital St. Bartholomew. Passaram a viagem juntos, voltaram a se encontrar em novembro e, no encontro seguinte, em janeiro de 1956, Vic pediu sua mão em casamento. No outro dia, Janet retornaria de avião para Sydney e embarcaria novamente no *Oronsay*; a cerimônia aconteceu três horas e dez minutos depois de ele fazer sua proposta. Eles ainda não sabiam, mas Janet já estava grávida de nossa irmã mais velha, Jo.

Janet voltou para Brisbane. Enquanto ela estava no navio, Syer White

Juventude

faleceu de câncer no pâncreas, então Vic nunca chegou a conhecer o sogro. Mais tarde, ele conheceria muito bem Ada Madeleine. Quando eu vim ao mundo, três anos depois de Josephine, Vic ficou animado com o nascimento de seu primeiro filho homem: "Mas que maravilha!", gritou, para a diversão dos presentes.

Por sugestão do pai de um velho colega de escola, Vic tentou o jornalismo. Em 1960, aceitou um emprego no jornal *Sun-Herald* em Sydney, como editor de economia. A família mudou-se para o sul, primeiro para um apartamento de propriedade do conglomerado de mídia Fairfax, em Neutral Bay, e depois para uma casa na estrada principal, bem de frente para a Bungan Beach.

Uma praia do outro lado da Barrenjoey Road, empoeirada e sem bueiros, uma rua tão tranquila que precisamos esperar uns cinco minutos até ver um carro.

E aí você nasceu. Parecia um macaquinho. Ficava se remexendo tanto no ventre que o cordão umbilical enrolou no seu pescoço e os médicos precisaram fazer uma cesariana de emergência. As histórias da família creditam tal acontecimento às suas tentativas de fazer rasgadas de *backside* antes de nascer. Com a família agora completa, nosso pai relaxou e se transformou numa figura paterna muito alegre, bem bonachão, e engordou um tanto. Seu melhor amigo, o coronel Erickson, tinha uma casa em Clareville, no lado de Avalon, mais perto de Pittwater. O coronel e outro amigo, Norman Glen, reuniam-se com nosso pai no hotel Newport Arms para tomar uma cerveja todas as tardes de sábado.

E lá estávamos nós três: a séria, bonita e bondosa Josephine Jane; você, o diabinho sardento que vivia correndo e sempre acordava antes de todo mundo; e eu no meio, o observador, sempre espiando e ouvindo – aprendendo com Jo e me preocupando com você.

Ada Madeleine, agora viúva, veio para a Austrália e passou a habitar um apartamento com vista para Bungan, onde, como brinde, ficávamos nas noites de sexta, enquanto papai e mamãe saíam ou faziam o que os adultos costumam fazer quando as crianças não estão por perto. De alguma maneira, enxugamos a palavra *grandmother* (avó) e a chamamos apenas de "Nam".

TC

No verão, nos fins de semana pela manhã, o pai nos levava até Newport para dar um mergulho e ficava nos vigiando da praia, com um grande chapéu de palha na cabeça, enquanto saíamos nadando, brincando de brigar, tentando fazer *bodysurf* e de olho, meio temerosos, para ver se o alarme do tubarão disparava. Ele nadava com a gente enquanto brigávamos pelo *surfmat*. Quando surgia uma grande sequência de ondas, gritávamos e entregávamos a ele o *surfmat* para ele se segurar e mergulhávamos o mais fundo que conseguíssemos, os olhos bem fechados, sentindo a energia da onda nos levar.

No caminho para casa, ele parava e comprava refrigerante – geralmente Schweppes de limão. "Querem tomar um refrigerante?", dizia, parando o carro perto da Box O' Birds, uma loja de *fish and chips*, dando um largo sorriso. Ou então a gente adiantava: "Vamos tomar refrigerante!"

Nos esticávamos sobre nossas toalhas molhadas no alpendre dos fundos e aproveitávamos o sol antes do almoço, tomando nossos refrigerantes.

Eu era o caçula e era sempre tratado como o menininho bonitinho. Havia dois lados nessa equação: recebia muito suporte por ser o filho mais novo, sentia que todos me apoiavam, mas não me sentia ouvido. Por isso, quando queria dar uma sugestão, muitas vezes ficava acanhado, já que o que estava dizendo não seria ouvido. Às vezes, até riam do que eu falava. Como eu era sensível a isso, me retraía e ficava quieto.

Nick e Jo se davam muito bem na escola, mas eu não. Minha energia, que era meio irreprimível, eu extravasava de outras maneiras. Precisava encontrar essas outras formas de me expressar. Nas manhãs de verão, acordava antes de todo mundo, às 4 da manhã, e saía sozinho, subia na árvore do jardim em frente à casa para ver o sol nascer, sentindo o dia despertar, com os pássaros e as cigarras começando a cantar. Eu brincava na terra e no mato ao redor da nossa casa, tudo para ficar mais perto da natureza. Habitava o meu mundo particular.

Via no meu pai uma grande figura paterna. Ele sempre foi muito firme; sempre senti sua mão forte. Devo tê-lo deixado bastante preo-

Juventude

cupado por ser muito ativo, sempre correndo, caindo e seguindo em frente. Nunca vou me esquecer do que ele me dizia: "devagar e sempre é o segredo, Tom". Ele dizia isso sempre. Sentia uma afeição distante por parte dele. Ele nunca expressava seu amor diretamente – nunca falava o que sentia –, mas o demonstrava com apoio genuíno. Ele era presente. Bom, nem sempre esteve conosco, mas era presente. Sentia que ele tinha uma honestidade e uma natureza prática que estavam um pouco em desacordo comigo. Eu era mais ousado, ficava escalando árvores, o tempo todo fora de casa.

Lembro-me do cheiro da pomada com zinco que ele esfregava no topo das nossas cabeças nas manhãs de verão antes de irmos para a praia, um cheiro que me enchia de animação. Lembro que quando eu era pequeno queria que ele ficasse mais com a gente, queria jogar bola com ele na quadra, brincar mais com ele. Em certas épocas, isso era algo que eu desejava muito.

No inverno, ele costumava nos levar para passear na praia depois de uma tempestade. Lembro que eu ficava espantado ao ver o que havia acontecido com a areia, as coisas trazidas pela maré. Isso era uma alegria. Aquilo despertava algo em mim, correr pela praia, examinando as coisas. Havia uma forte sensação de aventura.

Não consigo me lembrar nitidamente das minhas primeiras experiências na água. As nossas fotos em Clareville parecem algo muito distante, quando íamos para lá e brincávamos com a nossa mãe. Só me lembro vagamente de algumas cenas. Estar na água me parecia algo muito natural. Nunca me ocorreu que eu pudesse viver de outra maneira.

Havia momentos em que eu me sentia testado. Nas aulas de natação da Tate, nas manhãs de sábado, em Mona Vale, eu precisava dar duas voltas da piscina no meu sexto aniversário – o que é muito para alguém dessa idade. Só consegui fazer uma e meia e lembro que fiquei muito chateado por não ter conseguido. Acabei tendo de fazer duas voltas para provar que poderia ganhar uma prancha de surf.

As memórias que tenho da minha mãe são fugazes. Há algumas um tanto tristes e há aquelas envoltas em um sentimento suave de ternura.

Lembro-me do seu cabelo no rosto, a penugem suave de bebê em seu rosto. Lembro-me dela dizendo: "Oooh, Tom", e não sabia ao certo o que ela queria dizer com isso, mas havia uma tristeza em sua voz, e ela me dava um abraço. Agora entendo essa memória, talvez como uma mensagem de que ela sabia que havia algo de errado com ela, de que algo estava acontecendo. Acho que ela teve tempo suficiente para saber como o câncer evoluía.

Ela morreu em 1969, então eu tinha apenas sete anos. Ficou um ano e meio indo e voltando do hospital, talvez mais. Eu devia ter uns cinco ou seis anos nas memórias em que ela está em casa, me pegando e me abraçando. São memórias muito antigas.

Lembro-me de estar na porta dos fundos da cozinha e perguntar a ela quantos anos eu tinha, e ela dizendo: "Você vai fazer quatro anos daqui a três meses."

Pensei: quatro e três! Que legal.

Há uma foto minha naquela porta dos fundos contra a luz do sol, olhando para minha mãe enquanto ela lavava os pratos na pia, perguntando isso a ela. Essa é uma memória bem forte e provavelmente uma das primeiras, não me lembro de muita coisa antes disso.

Lembro-me da pele de minha mãe – sua pele seca, toda aquela pele morta descascando na cama. Eu via essas coisas e ficava imaginando o que poderia estar acontecendo. Foi aí que ganhei a prancha Coolite no Natal. Ela estava embaixo da cama, a cama dela, e eu a puxei para fora. Era cinza com uma faixa amarela. Imaginava que Nick também fosse ganhar uma, já que era o mais velho, mas acho que a mãe e o pai sabiam que ia ser muita coisa para eu processar. E era – eu estava em choque.

No mar, usávamos um pouco o *surfmat*, mas mesmo isso é vago para mim. Era legal ser empurrado no *surfmat*, mas minha primeira lembrança de realmente ser impulsionado por uma onda – e de ficar viciado nisso – foi com aquela Coolite de isopor. E então ficou mais claro por que aquilo despertou algo dentro de mim: a Coolite era um presente só meu. Ela era minha. Eu nunca havia pensado no *surfmat* como meu – Nick era mais velho do que eu, e ainda havia a Jo. Eu mal tinha chance de usá-lo, então praticamente só nadava. Mas quando pus as mãos naquela Coolite minhas memórias passaram a ser mais claras e vívidas.

Assim que peguei naquela coisa, passei a usá-la o dia inteiro, todos os dias, pelo que me lembro. Eu ficava atrás do meu pai, enchendo-o sem parar. Aos sábados ele já estava tão cansado depois de uma semana trabalhando no jornal que só queria dar seu cochilo de tarde, e eu o chamando a cada quinze, vinte minutos: "Pai! Pai! Vamos para a praia! Pai!" Eu só conseguia pensar nisso, ele me levando até a praia para que eu pudesse usar a prancha.

Meu pai deve ter pensado: *Meu Deus, por que eu fui dar essa prancha pra ele?* Ele cortava a grama do nosso quintal – um gramado enorme – e a gente precisava recolher as folhas e, assim que a gente terminava, eu dizia: "Vamos para a praia!"

Ele dizia: "Não, Tom, eu vou dar uma dormida." E aí recostava no banco do jardim, tirava uma soneca, e eu precisava esperar. Às vezes, eu ficava lá sentado, só olhando para ele, pensando: *Ele precisa acordar! Ele precisa acordar!*

Eu não conseguia carregar a prancha. Era uma Coolite bem grossa e não dava para passar o meu braço em volta dela. Pegava uma toalha e colocava na cabeça, igual ao cara que eu via indo a pé pelo caminho perto da casa da rua de baixo. Ele fazia todo o percurso até Bungan Beach de manhã e voltava à tarde, com a prancha apoiada sobre uma toalha na cabeça. Eu me perguntava: *Para onde ele está indo? O que ele faz com esta prancha?* E aí eu via os caras surfando perto da frente do clube de surf quando a gente nadava entre as bandeiras, e somei dois mais dois: então é isso que ele está fazendo.

Havia vários pequenos passos para aprender o que fazer com a prancha. No começo, eu vivia escorregando e caindo, então paramos num posto Ampol a caminho de casa e compramos cera para a prancha. Tivemos de descobrir como aplicar a cera na prancha, tentando derretê-la para que caísse de algum jeito sobre ela.

Ao mesmo tempo, eu já começava a observar que tipo de onda era melhor que as outras, que tipo de onda eu buscava. Isso foi em Newport, naqueles dias de maré semibaixa, quando havia certa inclinação da água limpa por baixo da espuma, de tal modo que eu conseguia ficar na frente e seguir surfando. Queria chegar naquele declive. Lembro que eu observava e pensava: *É ali que quero estar*. Eu de fato sabia medir a profundidade ideal da água e avaliar a inclinação e a espuma sobre ela para que pudesse descer o declive e sentir a prancha. Quando finalmente conseguia chegar à quina da onda, na parte verde onde a inclinação era maior, eu ficava muito feliz – extremamente feliz. Mas essas primeiras tentativas, sendo empurrado pelo mar...

Lembro-me do meu pai em diversas ocasiões me puxando para fora da água porque eu não sabia o que estava fazendo – eu só me jogava. Ele ficava lá dizendo: "Você está indo longe demais! Você fica preso na correnteza! O mar está te arrastando!"

Ele boiando, só com a cabeça pra fora da água, muito bravo.

E eu falava: "Sério?"

―――

Nossa mãe se desfaz lentamente, ao longo de vários anos. Ninguém parece saber o que há de errado com ela. Ela fica no hospital durante várias semanas, volta para casa e nunca melhora. Ouço palavras ditas pelos adultos – diabetes, dermatite e outras mais complexas – e faço um esforço solene para associá-las ao que está acontecendo. Vamos visitá-la e nos mandam para o grande gramado atrás do hospital Royal Prince Alfred, com vista para o campo de futebol da universidade, e ouvimos os gritos distantes e apitos do jogo, sem saber o que estamos fazendo ali.

Nam assume o comando da casa. Tem mais ou menos um metro e meio de altura, é durona e otimista. Sobreviveu a duas guerras mundiais, a uma depressão e à morte de um marido. Ela não entende a filha nervosa e inteligente. À medida que a doença avança, as duas explodem em brigas intensas, furiosas. Nam perplexa, minha mãe gritando de raiva. *Por que ela está tão zangada?*

Bloqueamos tudo; ouvimos sem ouvir. Nada disso parece real se comparado aos dias de verão, às insolações extremas, a alergia que pegamos e que coçamos até sangrar por causa da Coolite e da cera Ampol, a sensação das ondas.

Juventude

Simplesmente não lidamos com a morte da nossa mãe. O funeral acontece sem nós. É coisa de adulto. Passamos o dia sob os cuidados dos vizinhos. Lembro-me de Jo chorando, você ali, olhando sem saber o que fazer, e eu pensando friamente: *Bom, aconteceu. É isso. Agora, melhor a gente tomar conta uns dos outros.*

Visitamos o crematório durante alguns anos, mas essas visitas são muito parecidas com as que fazíamos no hospital. Continua a ser um tipo de mistério, uma experiência remota e incerta, dissolvendo-se lentamente no passado.

Nosso pai também não lida com o assunto. Ele perde peso e raramente sorri. Durante algum tempo, tem vislumbres dela na rua, pensa em ir falar com ela, olha de novo e percebe que era só um truque de luz ou um vulto; lá estava minha mãe e logo em seguida ela desaparecia, substituída por uma desconhecida com um corte de cabelo parecido.

Mas ele nunca se desespera. Não é de ferro, mas não se desespera. Em vez disso, vai trabalhar e se torna um grande jornalista, talvez um dos maiores jornalistas da Austrália. Eles o chamam de "O Cobra" por causa do jeito como fita os iniciantes, encarando os pobres coitados, dizendo o mínimo possível – o olhar já diz tudo. Toda noite ele volta para casa dirigindo com um mapa mental de todas as cabines telefônicas das praias do norte, parando em cada uma para saber como o jornal está saindo. Em casa, com o jornal já fora de sua alçada, ele janta, toma uma taça de vinho e adormece à mesa. De manhã, vai para a praia correr e dar um mergulho, praticamente às 6:30 h em ponto e, caso estivermos acordados – e você sempre estava acordado, Sir Thomas Tom, antes de o sol raiar –, pegamos nossas pranchas e vamos de carona. Ele precisa buzinar para a gente finalmente sair da água.

Todo ano, ele tira duas semanas de férias e vai até Ilha Fraser para pescar anchova com os amigos. A maneira como faz as malas para essas viagens, o jeito como visivelmente relaxa enquanto empacota seu equipamento de pesca, os calções e camisetas velhos e outras coisas na bagagem, é uma lembrança semelhante às memórias de você fazendo as malas para as viagens de surf – a mesma sensação de decadência do presente, de distância do cotidiano, a antecipação da diversão.

TC

Eu o vejo embalando uns rolos de papel higiênico em determinada ocasião. Ele percebe que eu estou observando.

"Para o caso de eu precisar cagar bem no meio da areia", diz ele, sorrindo.

Fico feliz com aquilo, o fato de ele me achar adulto o suficiente para compartilhar um semipalavrão.

Isso é o máximo de proximidade que conseguimos estabelecer com nosso pai durante muitos anos. Tempos depois, as pessoas dizem coisas sobre você, como "O surf está no sangue dele". O surf não está no nosso sangue. Não temos a menor ideia daquilo em que estamos nos metendo. Nós desabamos nisso, nos afastando do vazio, do mistério incerto da nossa infância. Quando chegamos à adolescência, já estamos completamente convertidos.

~

Não consigo lembrar o momento exato em que dei o passo seguinte a essa ideia da pequena inclinação na onda. Acho que eu queria surfar as ondas que via nas revistas e no livro que tínhamos em casa, *A Pictorial History of Surfing*. Não li nenhuma palavra daquele livro. Só ficava olhando as fotos, olhando sem parar e sonhando. Nelas, havia caras surfando em Sunset Beach, fotos panorâmicas da praia e fotos com os caras todos alinhados, descendo a onda em pé – uma faixa comprida de onda –, e dava para ver o rastro, a marola deixada pelas pranchas. Essa trilha aberta pela prancha era sempre algo que mexia comigo. Eu adorava ver aquilo e passei a olhar para trás, para ver o rastro que minha prancha fazia.

Era muito primitivo. Lembro que me falaram para ir até a bacia de Mona Vale. Papai nos levou lá um dia, não me lembro por quê, e eu estava com a Coolite. Remei com a prancha, de sunga – não tinha bermuda de surf –, e fiquei a fim de pegar algumas ondas pequenas para a direita, que pareciam divertidas. Tinha ouvido falar na escola ou em algum outro lugar sobre aquela pequena onda.

Eu estava remando e um cara disse: "O que você está fazendo de sunga? Quem surfa não usa sunga! Sai daqui."

Juventude

E simplesmente me expulsou do pico... por estar usando sunga! Fiquei tão chateado! Aquilo parecia tão errado. Fiquei parado na praia, observando e pensando, *não posso entrar no mar!* Foi aí que comecei a querer uma bermuda de surf e acho que isso também ajudou meu pai a perceber que eu precisava de uma. Eu devia ter uns oito anos de idade. Que tipo de cara expulsa uma criança de oito anos de idade por estar usando sunga?

Havia medo nisso tudo. Ficava preocupado, pensando que nunca conseguiria pegar uma onda ou voltar dela se conseguisse. Precisei me colocar em situações desagradáveis. Houve mais de um milhão de caldos e pranchas perdidas, nadei muito, tentei entender a corrente, tomei mais caldos, perdi e danifiquei mais outras tantas pranchas nas rochas. Mas um dia consegui sair perto do Pico, lá no fundo. Uns caras mais velhos falavam de lá: "O que você está fazendo aqui?"

Tinha medo, mas queria pegar uma daquelas ondas. Era um dia de vento *offshore*, em que a face das ondas ficava escura por causa do vento e do sol a oeste. Pareciam as ondas das fotos do livro. Eu não diria que tinha intenção de surfar as grandes, mas era para isso que a coisa estava me levando. Eu queria surfar as ondas que os outros caras surfavam. Lembro-me de ficar parado na praia, pensando *eu não vou conseguir ir lá longe. Estou com medo. Mas vou tentar.*

Estava com uma prancha emprestada, sem cordinha. Só ficava flutuando com a prancha, sem conseguir me segurar na onda, nadando. Mas naquele dia houve um momento de calmaria, eu segui em frente e fiquei lá com os caras mais velhos, e eles perguntaram: "O que você está fazendo aqui, *grommet*?"

Pensei: *não tenho permissão para ficar. Mas aqui estou eu, e este é o lugar certo. Eu consigo me virar.*

Sempre fui o melhor em tudo: tirava as melhores notas na escola, nadava melhor, jogava tênis melhor. Não podia deixar você me superar. No verão, depois que você ganhou a Coolite, convenci nosso pai a comprar uma top de linha, o modelo Midget Farrelly Pro Champ. E ela era tão especial que tinha uma quilha de borracha num encaixe da rabeta. Quase uma prancha de verdade. Fui o maioral durante três semanas e meia, até a Midget Farrelly Pro Champ partir ao meio na arrebentação de Newport. E aí você se apossou da quilha de borracha e, com a ajuda do pai de Wayne Ramsay, prendeu na sua Coolite.

Comecei a procurar uma prancha de verdade, uma *fibo*, uma prancha de fibra de vidro com a qual eu pudesse voltar a ser bom. Mais do que bom. A *fibo* ia me deixar bem na frente. Um cara da escola, Nigel Savage, me ofereceu sua pequena semiprancha de *kneeboard* por 22 dólares, só um pouco danificada – metade da rabeta quebrou e foi substituída.

Tinha parte do dinheiro, peguei o resto emprestado com papai e trouxe a *fibo* para casa. Mas a essa altura já era outono, época das competições de tênis, e estava frio demais para surfar. Você e seu novo amigo, Michael Twemlow, criaram o hábito de pegar minha *fibo* emprestada.

Certa tarde de sábado, cheguei em casa do tênis e ouvi sons furtivos e sussurros vindos da garagem. Lá estavam você e o Twemlow, com cara de pânico. E lá estava a *fibo*, com a metade da rabeta que havia sido consertada novamente quebrada e toda suja da resina de poliéster que você tentou usar para consertar, mas não conseguiu, já que nenhum de nós sabia que resina precisava de catalisador.

Nunca mais deixei vocês usarem minha *fibo*. Mas isso não te impediu. Logo você descolou a sua própria *fibo*. Você também pegou 25 dólares emprestados com nosso pai e comprou uma Ron Wade de molde, com uma enorme quilha azul, e surfou o inverno todo com ela, sem roupa de surf, contando com o calor das fogueiras que os caras faziam ao longo da praia nas tardes frias. Você chegou em casa literalmente azul de frio, mas sorridente, as sardas no rosto muito evidentes, como se fossem respingos de tinta.

Quando os dias voltaram a esquentar, comecei a falar em ir junto, mas você olhou pra mim e disse: "Você vai odiar. É melhor se preparar, porque agora eu estou muito melhor do que você."

Você repetiu aquilo algumas vezes, olhando para mim, com ar sério. Pensei: *Algo mudou. Mas não sei o quê.*

TWEMLOW

E então houve uma série de amizades que começavam e se dissipavam feito bolhas que sobem à superfície, algumas mais longas que outras. Adam Milgate é um nome de que me recordo. Eu ia à casa dele depois da escola e era convidado para suas festas de aniversário. Era companheiro de brincadeiras. Na escola, fui amigo de Sandy Fraser, e depois Wayne Ramsey. Wayne e eu nos divertíamos juntos; nossa amizade era baseada em ação. Eu costumava ficar na casa dele e a mãe dele gostava de mim. Kevin Long e eu também éramos próximos naquela época. Isso foi mais ou menos no quinto ano, quando eu tinha uns dez anos. A gente fazia coisas e dava muita risada juntos, tínhamos um relacionamento típico de meninos.

Eu não conseguia ficar parado em casa por muito tempo. Esse era um pré-requisito para ser meu amigo: querer fazer coisas fora de casa, andar pelo mato, subir em árvores, cavar, explorar. Eu gostava de me sujar.

Bem no começo, tive amizades com algumas meninas. Michelle Cooper foi uma grande amiga no ensino fundamental. A gente parecia se dar bem e gostava da companhia um do outro, éramos compatíveis e sinceros, o que é legal, pensando em retrospectiva. Até, claro, tudo implodir, os hormônios começarem a atuar, e aí os dois passarem a se olhar de um jeito totalmente diferente. E aí você fica pensando, *Bom, por que eu não transo com você?* Mas naquela época isso não era apropriado.

Alan French. Alan, com quem eu vivia andando e surfando, era uma amizade mais de água. Era bom surfista, tinha uma prancha de fibra de vidro e outros irmãos que também surfavam. Ele tinha várias coisas, coisas que eu queria. Eu queria a prancha dele, queria saber surfar como ele. Foi aí que começamos a frequentar a praia, na frente do clube de surf, surfando pra caramba.

E aí chegou um cara do nada e acampou com a família num apartamento do outro lado da rua, perto da praia. Twemlow! Essa foi uma amizade bem mais intensa.

Nessa época eu já estava andando com um cara da escola chamado Tim Martinus. Já começava a me interessar por uns tipos mais intensos, mais diferentes. Acho que estava explorando. Me arriscando. Acabei virando o mediador entre Tim e Twemlow na escola, na hora do recreio, porque os dois viviam se desentendendo. Sempre brigavam na hora do almoço, de bater até a morte. Se enchiam de porrada. Tudo começava com alguma discussão patética, um irritava o outro e aí os dois brigavam.

"Você falou o quê, seu veado?" E *bam*.

Havia algo de errado com aqueles dois. Na verdade, eu servia de lenha para a fogueira. Se acontecia algo entre mim e Twemlow, ele tentava me bater. Ele era imprevisível – era o meu melhor amigo e no minuto seguinte era a pior pessoa do mundo. E Tim se ofendia com aquilo e dizia: "Não bate no meu amigo!" E aí a briga começava. Era bem doido.

Mas a gente surfava junto.

Era divertido ficar na companhia de Twemlow. Ele era o cara que eu sabia que estaria ali surfando de manhã cedo. Eu chegava na praia de bicicleta, antes do sol nascer, todas as luzes das casas acesas. A casa do Twemlow já estava a toda, com coisas voando para tudo quanto é lado. Ele dizia alguma coisa sacana e abusada para a irmã ao passar pela porta e ela atirava alguma coisa nele. Ele saía murmurando: "Aquela vaca idiota!"

Era um contraste tão grande com a nossa casa, calma, tranquila, organizada, espaçosa. A casa do Twemlow era um caixotinho e parecia sempre ferver de raiva.

Acho que eu deixava minha prancha na garagem dele, já que era

Juventude

bem perigoso levar pranchas de bicicleta: lembro que perdi minha prancha de manhã cedo na rodovia, depois de atingir o meio-fio e voar por cima do guidom e do gramado, me ralando todo. Fui rastejando até conseguir subir na bicicleta e descer para surfar. Acabamos decidindo deixar as pranchas no clube de surf. Nos matriculamos no clube e deixamos as pranchas lá.

O governo decide ampliar a Barrenjoey Road e compra metade do pátio em frente à nossa casa. Meu pai, talvez um pouco aliviado com essa oportunidade, vende a casa do outro lado da Bungan, compra um terreno na Nullaburra Road, a poucas ruas de distância das lojas de Newport, e constrói uma grande casa de tijolos no terreno. E pronto, estamos a cinco minutos de bicicleta da Newport Beach.

A vida inteira íamos para lá no banco de trás do carro do nosso pai, mas agora, sozinhos, de repente a sensação é diferente. O lugar parece diferente. Descemos para a orla, apoiamos as bicicletas contra os degraus do clube de surf e olhamos para a praia com nossos olhos de surfistas em formação. Um comprido arco de areia, interrompido em determinado ponto por um escoadouro de águas pluviais feito de concreto, emoldurado, ao norte, por uma falésia gasta e uma pequena plataforma rochosa e, ao sul, por uma outra falésia mais alta, um morro e um recife comprido e exposto.

A gente sempre achou que fosse apenas uma praia comum. Agora, com os outros *grommets* e através das conversas que ouvimos dos surfistas mais velhos, descobrimos que a praia tem identidades secretas. A Caverna, perto da plataforma rochosa ao norte. O Point, bem em frente a ela. O Pico, que durante todo o verão arrebenta sobre um amontoado de rochas submersas e areia. A Lagoa, a arrebentação do recife na extremidade sul que acontece no inverno. E o recife em si, envolto em espuma, que chamamos de Caminho, e que ficamos sabendo que arrebenta quando há uma mudança vinda do sul no verão.

Ninguém sabe esses nomes além dos surfistas, nem consegue ver os lugares que recebem esses nomes. Temos muito medo de surfar o Pico por causa dos surfistas bons e mais velhos que sempre nos expulsam quando tentamos, e temos muito medo de surfar a Lagoa porque é grande demais. Estão fora do nosso alcance. Parecem lugares mágicos à nossa espera, em algum ponto do futuro.

Ficamos observando os surfistas mais velhos. Os Miller, filhos do famoso jogador de críquete morador da nossa rua que nunca está em casa. Nunca ninguém vê o cara famoso – só os filhos dele com suas motocicletas e o brilho do perigo nos olhos, e sua esposa, de sotaque americano, que sorri para nós todo dia quando passa. Os Windshuttles. Wilbur – será que era esse mesmo o nome dele? Como alguém pode ter esse nome, Wilbur? Richard Feathers, que, de acordo com os boatos, faz pranchas num depósito no quintal da casa dos pais. Billy Wawn, que convida Josephine para o baile da escola e aparece na porta parecendo o Wee Willie Winkie.

Quem são eles? O que eles sabem?

Nós os observamos, folheamos as revistas de surf, ouvimos trilhas sonoras de filmes de surf no som da Nam. Tentamos pegar as ondas do banco de areia perto do clube de surf, imaginando-nos maiores do que na verdade somos.

Foi nessa época que começamos a ter contato com o surf matinal, bem cedo. Agora que finalmente tínhamos a liberdade de ir sozinhos para a praia, descíamos correndo ou íamos de bicicleta, saindo da casa em Nullaburra. Foi uma época muito legal. Dava para chegar quando o dia ainda estava começando, e lá estavam os outros caras experientes, acendendo fogueiras debaixo das falésias ao longo da areia, sob o vento gelado do mar. Os dias eram diferentes, havia bons dias e outros nem tanto, mas as condições eram sempre melhores de manhã cedo.

Além disso, a luz que vinha por trás das nossas costas fazia com que parecêssemos saídos de um anúncio da Crystal Cylinders, igual

Juventude

às fotos do Havaí que a gente via nas revistas. Aquelas ondas de esquerda sob o sol das manhãs de inverno pareciam muito as fotos do Pipeline. Daí que eu também passei a observar com muito interesse todas essas mudanças na luz.

Havia uma energia dentro e embaixo da onda, a sensação de ser impelido pela primeira vez, de se sentir vivo de repente, de ser capaz de compreender essa energia. Quando há um solavanco aqui outro ali e você sente tudo sem nem precisar olhar. Sempre vou me lembrar da sensação de surfar aquelas ondulações de vento nordeste que tinham um intervalo tão curto entre elas. Eu surfava essas ondas com tanta frequência, eu as adorava tanto, que chegava a saber quando iam aparecer, mesmo sem vê-las. A partir daquela loucura caótica, construí um padrão da sequência das ondas na minha cabeça. Era como se a minha mente já tivesse organizado tudo. Um caos ordenado.

Éramos um grupo regular de surfistas: Steven Seiler, que a gente chamava de Sam, e também Twemlow, Hunter e Robert Hale. Lembro que foi uma época bem estável. Quando surfava com o Sam, ele neutralizava um pouco o Twemlow. A gente ia buscar Sam em casa, Palm Road, rua em que o Glen Stokes também morava. Haley e eu desenvolvemos uma linguagem só nossa – éramos vizinhos de porta e nosso relacionamento ia além do surf: pedalávamos juntos e fazíamos tudo o que pudesse nos divertir, porque nem sempre havia surf.

Acho que todos nos unimos pelos sentimentos que o surf desperta, a sensação, as histórias que a gente compartilhava. Havia histórias sobre os caras mais velhos do lugar, lendas como Dave Jones e Jeff Crowe, deles surfando as maiores ondas no Caminho. A gente realmente queria que elas fossem verdade. Elas ajudavam a criar a fantasia do surf, a ideia de que a gente podia fazer do surf o que a gente quisesse, e era algo perfeito para a mente de um jovem, aprender esse rito de passagem nas ondas e observar o começo do nosso surf.

Surfar era tudo. Não havia muito além disso. Quando eu tinha uns dez ou onze anos, havia as aulas de guitarra, e foi algo que me pareceu muito orgânico e prazeroso. Eu fazia aulas com a amiga de Jo, Janet Carroll. Pois é, esse era o sobrenome dela mesmo; muito louco. Janet Carroll me ensinando a tocar guitarra. Ela era bem legal. Mas meu relacionamento com as pessoas que surfavam era muito mais fácil – elas faziam parte da minha tribo, eu me sentia à vontade com elas. Acho que eu era bem míope nesse sentido, mas era o que me parecia normal. Era só isso que importava: a prancha de surf, o surf, quem era melhor.

Havia algumas coisas esquisitas nessa época – caras que surfavam mas que obviamente não estavam bem. Caras que não falavam coisa com coisa. Eu não sabia o que pensar deles. A heroína era uma droga em ascensão e havia um grupo de caras que dirigia moto e surfava de vez em quando. Não havia exemplo de rebeldia na nossa casa, nenhuma contestação de autoridade; sempre houve um forte respeito pelos mais velhos e o que faziam. Eu sempre observava os caras mais velhos em busca de um modelo, então eu me sentia confuso ao ver esse pessoal, que era bem maluco e tinha uma aparência esquisita. Era estranho vê-los vomitando na rua. Depois, tudo fez sentido – eles fumavam e injetavam heroína; tinham dado o passo além. Dirigiam suas motos muito rápido, andando empinados numa roda só no estacionamento.

Eu tentava ter uma ideia de como devia me comportar a partir desses caras. Era confuso. E aí eles começaram a sumir. Havia o James Chandler, que surfava muito bem quando comecei. Ele teve um acidente de moto e ficou tetraplégico.

E aí vieram os Grots. Os Grots tinham sua própria língua, um timbre anasalado, sarcástico, *nhiiiiii*, *nhááá*. Eram todos meio desleixados, tendiam mais a fumar maconha e ficar com preguiça de surfar. Não estavam em busca de algo, de avançar. Acho que acima de tudo pareciam ter pouca energia, eram desanimados, enquanto eu buscava energia o tempo todo.

A mensagem que eles me passavam era de que eu devia evitá-los. Como na vez em que a "Mad" Linda veio até o clube de surf no seu cavalo. Ela fez a curva rápido demais e se desequilibrou, caiu inconsciente no gramado em declive. Estávamos todos ali perto, debaixo de uma escada, e eu e Alan não sabíamos o que fazer. Os Grots eram um pouco mais velhos que a gente e foram até lá. Colocaram-na deitada nas cabanas do vestiário, também sem ter a menor ideia do fazer, mas aí as coisas ficaram estranhas. Viram ali uma oportunidade de olhar mais de perto. Tiraram as calças dela. Foi pesado. Eu e Alan fomos embora – não gostávamos do que estava rolando. Acho que eles não fizeram nada, e no fim ela acabou acordando e foi embora. O cavalo ficou vagando pela praia. Tudo aquilo me pareceu muito errado.

Talvez o Grot supremo fosse o Cookie. Ele fazia todo tipo de maluquice. Tentou arrombar a loja de surf do Charlie e desativar o alarme com um garfo. E depois foi pego tentando arrombar a loja da Box O' Birds com uma faca. Ele sempre se metia em encrenca. Os Grots não eram necessariamente viciados, mas alguns ficaram viciados mais tarde, e foi Cookie quem me fez perceber que havia heroína ali no meio. Lembro-me de vê-lo chapado, parado na calçada em frente ao banco Westpac. *Ele tomou heroína*, pensei. É assim que as pessoas ficam quando tomam heroína. Ele não estava fazendo nada, só parado em pé, meio adormecido. Como se não estivesse ali.

Twemlow estudava na Barrenjoey High e eu na Pittwater. Eu ficava na frente nas aulas de carpintaria, fazendo sambladuras em cauda de andorinha, deixando-as todas bonitas, e aí apareceu um grupo de caras que ficava no fundo da sala. Kev estava entre eles, e também Glen Stokes, que a gente chamava de Boj, bem no meio do grupo.

Esses caras faziam um trabalho horrível e eu ficava pensando: *Eles não conseguem fazer nada direito!* Mas eles pareciam se divertir lá no fundão, rindo e mandando ver. Então, depois de uns três anos, acabei indo também para o fundão da sala.

Eu ainda tentava fazer o meu trabalho. Boj ria e fazia palhaçada. O Sr. Blackman, professor de carpintaria, por algum motivo nunca conseguia lembrar o nome do Boj, então também nunca o deixava de castigo. Era assim: "Ei, vocês aí do fundo – o que vocês estão fazendo? Long, Carroll e... Long e Carroll! Venham aqui para a frente, agora!" Era o Boj quem estava berrando e gritando, rindo e fazendo besteira, quebrando as coisas dos outros, mas ele nunca era pego. O professor escolhia Kevin e eu. "Carroll, você vai ver só!"

É uma grande contradição. Kev agora faz trabalhos lindos, mas naquela época não parecia ter qualquer talento.

Eu e Boj nos encontrávamos na praia. Paul Lindley era de outra turma na escola, mas também encontrava a gente. Eu, entretanto, era mais próximo do Twemlow. Éramos fortes e meio parecidos – cabelo loiro, pomada branca de zinco nos lábios. Pegávamos um ônibus até Palm Beach nos fins de semana e acabamos nos aproximando durante essas viagens. Fazíamos coisas idiotas, como jogar ovo nas pessoas, como no pedófilo Philip Bell. A gente o via em Newport e dizia: "Lá está ele! Lá está ele! Pega meia dúzia de ovos, rápido!" A gente assaltava a geladeira da mãe de Twemlow e perguntava: "Ele ainda está lá no estacionamento?"

Não sabíamos o que ele fazia na época – a gente só sabia que precisava jogar ovo nele. Ele era esquisito. Não vemos mais gente como ele surfando. A cena na época era um paraíso para a pedofilia. Havia muitos menininhos vulneráveis sem os pais tomando conta. Não é mais assim – há muito apoio dos pais, muitos adultos.

Na época, não havia gente mais velha por perto. Só jovens. Todos os pais que eu conhecia estavam ocupados, fazendo outras coisas. Não havia nem mesmo um que aparecesse e ficasse ali, nunca, jamais. A ideia de um pai ou mãe aparecendo para ficar olhando não fazia sentido – não fazia parte da cultura. A gente não teria entendido. Entendo perfeitamente quando as crianças hoje olham para você como que dizendo *O que VOCÊ está fazendo aqui?* No entanto, eu não me sinto deslocado entre os garotos surfando hoje. A ligação com os mais jovens é bem melhor agora; acho que eles são bem mais sinceros conosco. É que simplesmente há muito mais gente fazendo a mesma coisa.

Mas naquela época o entendimento era bem outro. O surfista mais velho que conheci foi Harry the Hat. E depois teve o Lobo Insano do Mar, Ron Ware. E também o Sr. Gorman, o pai de Rory, o Terry; ele costumava surfar. Mas, caramba, Harry the Hat! Todo mundo de repente ficava falando: "Harry the Hat está na Lagoa! Olha lá ele!" Era quase como ver outra forma de vida.

Só havia a gente. E só.

RECONHECIMENTO

Sempre me lembro das tempestades. Nunca vou me esquecer de uma, em maio de 1974, e a noite insana que a precedeu. Mais cedo, Haley estava na varanda, gritando. Era assim que a gente se comunicava. De repente, vimos um lampejo azul absurdo. Vi da janela do meu quarto, e ele viu da janela do quarto dele. Não era um relâmpago – era outra coisa.

"Você viu o clarão azul?"

"Sim! Eu vi!"

De manhã cedo, pegamos nossas bicicletas e fomos até a praia para ver o que havia acontecido. Uma carnificina. Ainda chovia e ventava bastante. Camadas espessas de areia foram carregadas até o lado norte do estacionamento, e as ondas passavam pelo velho escoadouro e chegavam até a parte baixa da estrada principal, até as casas nos fundos. Ficamos pedalando, adorando aquilo, porque tudo estava diferente. Dava para derrapar o pneu de trás da bicicleta na areia do estacionamento e olhar todo o estrago. Era a idade perfeita para uma coisa dessas acontecer, porque não nos sentíamos responsáveis por nada. Não ficamos feridos e não precisávamos consertar nada. Eram só coisas que estavam acontecendo com outras pessoas, então a gente só ficava observando, se divertindo com tudo.

Lembro de ficar olhando para o mar. A parte inteira da frente do clube de surf foi destruída e havia uma grande falésia com as rochas expostas.

TC

Tudo que antes estava oculto agora estava exposto. Aonde a gente achasse que a água havia alcançado, a gente ia também. As ondas chegaram até embaixo dos apartamentos da praia, depositando areia. Os grandes pinheiros na extremidade sul – todas as raízes ficaram expostas. Era uma variedade imensa de mudanças num período muito curto. Não apenas houve o clarão azul – o que quer que fosse aquilo –, muitas coisas mudaram. Agora havia uma onda de esquerda entrando na Lagoa, saindo de um ponto profundo entre as bomboras* do lado de fora, e estava entubando, igual ao Pipeline, espirrando, uma grande onda de esquerda. E também tinha outra corrente e uma de esquerda ainda maior do lado de fora. Parecia imensa, intocável para nós. Muitos moradores preocupados tentavam escorar o cimento e a calçada do clube de surf. A falésia de barro em frente ao clube desapareceu e nunca mais voltou. Até hoje só tem areia lá.

O Pico simplesmente desapareceu. Como a praia inteira foi erodida, formou-se uma grande vala entre a praia e os bancos de areia externos, portanto tudo virou só arrebentação. Eu e Twemlow gostávamos muito da arrebentação de esquerda que surgia em frente ao Pico. Um monte de rochas contribuíam para que ela se formasse, e a gente a chamava de Arrebentação do Pico. Era uma coisa meio torta. Aquela onda realmente nos deixava animados. Toda a areia foi varrida dali e depositada bem longe da área do Pico, levando um bom tempo para voltar. Na época, isso pareceu uma eternidade.

A Arrebentação do Pico era nossa. Gostávamos muito de surfar em arrebentações, então o fato de tudo ter se transformado em uma era fantástico. Mas a praia que conhecíamos havia desaparecido. Quando o Pico voltou, mais ou menos um ano depois, eu já era um surfista diferente.

〰️

Todos somos surfistas diferentes agora. Estamos crescendo.

A tempestade de maio elimina as barreiras que existem entre nós e os picos mágicos e assustadores de Newport. Ela até mesmo cria um

---

* Nome dado pelos australianos às ondas grandes que se formam por cima de uma rocha ou recife submerso, quebrando de maneira violenta. [N. T.]

Juventude

lugar novo, perto do escoadouro de águas pluviais, uma pequena onda quebrando para a direita, atravessando os resquícios do banco de areia da tempestade. A maioria dos caras mais velhos desiste ou vai embora; agora cabe a nós batizar esse novo lugar. Com a imaginação típica dos novatos, nós o batizamos de *The Pipes*.

Do mesmo modo, começamos a dar nomes uns aos outros. Apelidos surgem feito mato entre os delinquentes juvenis que agora reivindicam a posse dos campos elísios do Pico ressurgente. Peter Stephens vira Knob ("Maçaneta") – até hoje não sei qual a origem do nome. Mark Hayward vira Weevil ("Caruncho"). Haley dá a Derek Hynd o apelido de Pinchest ("Peito de pomba"), por causa do peito adolescente de pomba de Derek, que ele se recusa a expor à luz – ele tira e coloca a roupa de surf com a toalha quase enrolada no pescoço. Scott Beggs vira Scrotum ("Escroto"). Stuart Cooper vira Stretch ("Esticado"), porque ele não parava de crescer. Dougal Walker vira Hips ("Quadril") ou Swivel ("Requebra"), porque surfa feito uma dançarina havaiana. Hunter é só Hunter, mesmo. Peter Phelps vira Phelpsy. Glen Stokes é Boj porque a prancha dele tem um "B" e um "J" no logo e o que parece ser um "o" no meio. Paul Lindley vira Squeak ("Gritinho"), porque ele tem uma risadinha aguda e hilária.

Você já tem um apelido pronto, graças a um dos meus colegas de escola, Todd More, que te chama de "goblinzinho grotesco" e, devido à sua cara de duende, o apelido logo vira Gobbo. Não sei como, mas por causa do meu cabelo preto e de uma monocelha que está se formando, eu viro o Woggo. E todo mundo sabe que *wogs*** não surfam!

Gobbo e Woggo. Você é *goofy*, surfa com o pé direito à frente. Eu sou o contrário, vou com o pé esquerdo primeiro. Não sabemos se isso faz alguma diferença.

Acabamos descobrindo que o nome de Wilbur é um apelido; seu nome verdadeiro é Robert Fowler. Wilbur agora nos cumprimenta e diz, para os dois ou três surfistas mais velhos que sobraram: "Esses caras estão surfando bem!" A sensação é a mesma de ser ordenado cavaleiro pela própria rainha.

** Gíria australiana considerada ofensiva, utilizada para designar pessoas com traços mediterrâneos ou do sul da Europa. [N.T.]

TC

Há irmãos, grupos de irmãos: os Hynds, os Haywards, os Gormans, os Walkers, os Carrolls, os Lindleys, os Kings, os Longs, os Bales, os Nowanes. Irmãos se debatendo e lutando entre si, irmãos que já estão se distanciando, irmãos como nós, tentando tomar conta um do outro e se matar ao mesmo tempo.

Richard Feathers demonstra estar interessado em fazer uma prancha para você. Mais velho e mais desconfiado, eu vou junto, para observar o processo de longe. Sua prancha sai na cor amarelo vivo, igual às pranchas de Pipeline que o Gerry Lopez usava em *Five Summer Stories*, com uma rabeta arredondada e um bico bem curvado para cima, feito uma folha de eucalipto seca.

Richard lamina sua marca registrada – uma pena de gaivota de verdade – no deque da prancha. Mais tarde, você usa uma lata de tinta *spray* para colocar um raiozinho vermelho bonito perto do bico recurvo feito folha. Na sua cabeça, você é Gerry Lopez, e as pequenas ondas iluminadas perto da Caverna são os tubos imensos do Pipeline.

O verão se aproxima. Um mutirão do conselho local varre a areia da tempestade do estacionamento a tempo da chegada da multidão, os furgões sem janelas traseiras com placas de motorista iniciante e bagageiro de teto de 45 graus, os adolescentes sem jeito de dezoito anos que descem do litoral norte e dos subúrbios do oeste, na esperança de também se tornar surfistas. Eles vêm de Parramatta e lugares assim. "Parras!", xingamos, escondidos nos pinheiros de Norfolk. "Seus caipiras!"

Remamos de arrebentação a arrebentação, tentando ser melhores que os outros, hostilizando os Parras, latindo feito cães. E assim que começamos a nos sentir maiores, quando passamos a ocupar o nosso pequeno território entre os mirantes, algo estranho acontece com a nova loja que abre na esquina da Coles Parade e da Foamcrest Avenue. Um cara que nunca vimos antes, um cara mais velho, de vinte e tantos anos, está pintando um mural numa parede com tinta *spray*, uma onda azul perfeita. Tem outro cara lá também, com cabelo loiro e comprido, calça boca de sino de veludo, chinelos Beachcomber Bills, que dá um largo sorriso para todos.

Hunter, o mais extrovertido, é o primeiro a abordá-lo, e logo todos ficam sabendo. O nome do cara é Charlie. Charlie veio de Newcastle ou

Juventude

algo assim. Charlie Ryan. Ele mora no andar de cima com a namorada, Dale, e está abrindo uma loja de surf.

Uma loja de surf de verdade! Em plena Newport! A gente mal consegue acreditar.

Não havia campeão mundial do surf quando começamos. Era só essa cena meio *hippie*, realmente estranha, e Charlie apareceu com sua loja para começamos uma vida em torno do surf, como se fosse uma fonte primordial, o nosso espírito.

Eu já estava sendo reconhecido. Jamais vou me esquecer. Deixávamos nossas pranchas no clube – tínhamos um trato com Big Al Walker de que podíamos deixar as pranchas lá – e eu estava nos fundos da cabana quando Squeak e mais uns garotos entraram depois de surfar e eu ouvi o Squeak dizer: "Como o Tom está surfando bem agora – é incrível o quanto ele está bom!"

Eu não tinha a menor ideia de que estava tendo esse efeito sobre as pessoas. Ouvir essa frase na cabana, naquele dia, foi bastante significativo, porque me dizia em que patamar estava o meu surf. Squeak não é o tipo de pessoa que elogia sem motivo, e ele é assim até hoje. Então ele ter dito aquilo soou muito legal. Pensei: *talvez eu não seja tão ruim assim.*

Tudo isso anunciou a sensação de que eu era especial, de que eu tinha alguma coisa. E me serviu de certo modo. Serviu para que me concentrasse no que adorava fazer.

Charlie Ryan foi a primeira pessoa totalmente de fora do grupo a reconhecer o que eu fazia. Eu usava aquela prancha amarela do Richard Feathers, a de seis pés e rabeta redonda, que parecia uma banana. Charlie tinha acabado de chegar na cidade. Eu estava surfando e ele disse: "Cara, como você é bom! Vou te arranjar uma prancha com patrocínio!"

Não entendi o que ele disse. Ele explicou: "Vou te descolar uma prancha de graça. Conheço um cara que vai fazer uma ótima para você."

Pensei: *Pra quê? PRA QUÊ?* Eu não entendia.

Fui pra casa conversar com meu pai sobre isso, dizendo que tinha um cara de uma loja de surf que queria me dar uma prancha. E ele disse:

"Bom, mas o que ele quer em troca? Quando alguém te dá algo assim, a pessoa quer algo em troca."

E eu fiquei: "Ah, é?"

E ele: "É uma barganha, você precisa falar com a pessoa sobre o que ela quer."

Charlie me explicou que era uma prancha da loja de surf, então eu estaria surfando pela loja, mas mesmo assim não entendi. Eu só queria surfar na prancha nova. Acho que para mim o barato era que tinham reconhecido o que eu fazia.

E aí me deram essa prancha da loja. Precisei substituir a amarela, o que foi tranquilo. Era uma prancha bonita. Fiquei anos sem conseguir uma tão boa. Ela mudou meu jeito de surfar, me levou a outro patamar. Não me lembro de ter conversado detalhes com Rodney Hocker, o *shaper*. Ela simplesmente apareceu. Lembro de passar as mãos pela prancha. Ela tinha um acabamento lixado, beiradas recurvas e uma quilha bonita. Queria ter essa prancha hoje. Se eu a levasse para o mar e subisse nela, sentiria minha marca. Voltaria imediatamente para aquela sensação original.

Quando eu era jovem, não me parecia natural competir com outras pessoas de um jeito combativo ou me aproveitar de alguém.

Para mim, não era natural correr no campo de rúgbi. Era algo muito alheio; eu não sabia o que estava fazendo. Não conseguia entender o que estava acontecendo. Entendia que precisava jogar a bola, ou correr com ela, ou passar, ou colocar a bola no *scrum*. Gostava de jogar nos fundos, de correr com a bola e me esquivar dos caras. Não me importava em fazer placagem. Nada disso me incomodava. Mas quando o assunto era a competição com o outro time, num nível mais profundo, não fazia sentido. Eu não tinha uma estratégia na cabeça para o combate, para a jogada. Ficava completamente perdido. *Pra onde aquele cara estava indo? Por que aquele cara estava fazendo aquilo? Por que a gente não conseguia um try?* Então eu saía e ia surfar. Devia ser muito frustrante pros meus colegas de time, apesar de Twemlow estar comigo – e ele era um ótimo camisa 6. Twemlow sabia exatamente o que estava fazendo, sabia para onde precisava ir e que direção o jogo estava tomando; ele só participava se estivesse ganhando.

Mas eu não desistia. Havia algo em mim que me impedia de desistir. Eu pensava: *estou aqui para o que der e vier*. Podia não saber o que estava fazendo, mas ficava lá o jogo inteiro.

Com isso, eu sabia que a minha reação competitiva não se baseava na raiva ou na agressão. Ainda que em alguns momentos da minha carreira a raiva tenha me ajudado, eu sabia que o meu melhor desempenho não era fruto dela.

Mas eu não tinha uma tendência à ambição na cabeça e no sangue. Acho que o reconhecimento, essa necessidade básica, estava começando a se tornar realidade. Minha ambição vinha dessa vontade desesperada de provar meu valor e fazer o que eu queria fazer, que era ser um grande surfista. Não era uma coisa muito competitiva. Simplesmente havia dentro de mim uma energia enorme, prestes a explodir, e esse dom natural estava ali, esperando ser utilizado.

Não que eu pensasse: *Um dia eu vou ser campeão mundial!* Eu só sabia que queria ser um grande surfista no palco do mundo. Era uma ideia ambiciosa e ela não terminava nas Northern Beaches, não terminava na Austrália.

Já no clube de surf a história era bem outra. Alastair Walker, o mais velho dos irmãos Walker, era sócio, e o título era bem barato. Ele precisava dar um impulso para a coisa, então recrutou um monte de surfistas jovens como a gente. Contanto que fizéssemos o curso de Medalha de Bronze para salva-vidas e as rondas pela praia, podíamos deixar as pranchas no clube de surf e usar os chuveiros com água quente.

A interação no clube de surf era meio confusa e não era exatamente o que eu queria – ela consistia basicamente em remar com a prancha e nos eventos de natação, coisa que eu odiava. Eu só queria surfar. *Olha, tem umas ondas ali – por que eu estou nadando?* Era uma sensação desconfortável ser surfista e estar no clube ao mesmo tempo naquela época, em que as disputas entre surfistas e clubes ainda estava começando, mas eu gostava de me envolver.

Big Al Walker vinha de uma família de surfistas e veio fechar o time. Ele não era grande, mas a gente o chamava de "Big Al" porque era o metidão, o capitão do clube de surf, sabe? Ele recebeu um dinheiro não sei de onde e comprou um micro-ônibus a diesel, tipo uma van. Estava caindo aos pedaços mas ainda funcionava, então ele colocou uns assentos na parte de trás para deixar espaço para as pranchas na frente, e aí a gente ia nesses festivais de salva-vidas para surfar no Malibu Board Display.

O primeiro de que participamos foi em Crescent Head e foi um desastre. Choveu um monte naquele ano e precisamos viajar no meio da enchente, o ônibus quebrando o tempo todo. Fomos os únicos do Newport Surf Club que conseguiram chegar.

Todo mundo estava surfando no *point*, os caras do clube estavam lá fazendo as coisas deles, e eu simplesmente me desliguei. Estava com a minha linda prancha nova, saí, achei uma onda sozinho e comecei a entender a prancha. Fui bem além do ponto onde estava acostumado a ir. Nunca vou me esquecer daquela sensação. Tudo se transformou num único movimento. Eu não me sentia mais separado da onda na prancha – sentia um movimento só, subindo e descendo pela onda. Era realmente uma sensação de estar completo.

Big Al conseguiu que eu fosse para a Tasmânia tentar os títulos australianos de salva-vidas de surf, participar do Malibu Display e *board paddle* em Clifton Beach. Minha primeira memória disso tudo é a de estar num hotel na primeira noite e ser acordado por uma gritaria insana na rua. E o Big Al dizia: "Olha só isso, meu Deus." A gente olhou pela janela e via gente correndo pelas ruas de Hobart com papel higiênico em chamas, pendurado na bunda. Depois descobri que chamavam isso de Dança dos Cus Flamejantes. Pensei: *Uau, então é isso o que acontece nos festivais de salva-vidas australianos.*

Na manhã seguinte, descemos para a Clifton Beach. Era maio na Tasmânia e fazia um frio absurdo, então fui com uma roupa de surf. Entrei na água para fazer um aquecimento, e ela estava gelada a ponto de dar dor de cabeça. Nunca surfei numa água tão gelada em toda a minha vida. Desci para o evento e um funcionário da competição me olhou de cima a baixo – um cara grande, de uniforme e chapéu brancos – e disse: "Ei, chapa, volta aqui! Tira essa roupa de surf! Senão você vai ter vantagem sobre os outros competidores!"

Voltei, tirei a roupa e surfei o fim de semana inteiro de bermuda,

Juventude

congelando, mas foi uma sensação muito boa a de ganhar a medalha de ouro australiana do Newport Surf Lifesaving Club.

Mas ninguém sabia o que era um clube de boardriders, até que Charlie me levou para participar do Peninsular *Boardriders* em Palm Beach. Era um clube cheio de surfistas mais velhos, meio que *hippies* da década de 1970, na verdade. Curtiam pranchas *pintail* compridas com uma quilha só, galgos afegãos, roupas com estampa *tie-dye*, Jimi Hendrix e Tim Buckley. Esse outro lado do surf era muito romântico e trouxe um sabor todo diferente para a minha vida. Quando eu voltava para Newport depois de passar um dia no Peninsular, tudo parecia chato.

Twemlow e eu conhecemos os Ravenscrofts, que participavam do clube, e Owen Ravenscroft me levou para Narrabeen. Ele me disse: "Fica observando esse cara, o Col Smith – é o cara mais radical daqui, de longe. Fica de olho nele!" Col estava fazendo rasgadas de *backside* contra o sol da manhã, todo o seu corpo sombreado contra a luz. A imagem ficou marcada na minha mente e eu comecei a tentar fazer rasgadas de *backside* com a prancha do Rodney Hocker nos Pipes.

Nunca vou esquecer do Owen. Estávamos numa competição do Peninsular e ele: "Você gostaria de participar da competição de Northern Beaches, Tom?"

Fiquei intrigado e perguntei: "O que acontece se a gente ganhar?"

"Bom, aí você vai para a competição estadual", ele disse.

Perguntei o que acontecia depois. "Aí você vai para o campeonato australiano e esse é um evento bem grande. E se você ganhar..."

"O que acontece?"

"Bom, aí você vai pro Campeonato Mundial."

Fiquei aceso. De repente, surgia essa série de coisas que eu podia fazer para ficar no palco do mundo. Tudo ficou claro feito água. E estava em Palm Beach na época, fora da minha área de Newport. As coisas já estavam acontecendo.

Inverno de 1975. Os vendavais do sul castigam o litoral, perseguidos pelos *swells*. Nossos primeiros *swells* de verdade. Nossos primeiros dias de aventura realmente assustadores. Manhãs imensas, de ondas de dois metros e dois metros e meio na Lagoa, quando as frentes frias passam quase chegando na praia, horizontes negros emoldurando céus azuis-acinzentados. Derek Hynd, surreal e elegante, sem nunca se dirigir a nós, e Gordon Walker, direto e eficaz, num combate mortal pela posição interna. Cameron Hayward na sua prancha Feathers de rabeta *pin*, comprida e veloz, fazendo drops impossíveis, bem de última hora. Dias de vento com ondas de dois metros, surfando as esquerdas em frente ao clube de surf, passando pelos bancos de areia da tempestade de maio, quando cada onda parecia um passo adiante, um passo em direção à onda seguinte, e depois à próxima, e a mais outra.

Ondas, ondas, ondas; sempre tem mais e nunca são o suficiente.

Você e Twemlow acham que estou muito arrogante na água e enceram minha prancha com sabão. *Ah, vão se foder!* Limpo o sabão e decido que vou ser o caçador das grandes ondas de Newport.

Fico te observando naquela prancha pequena, de rabeta arredondada, a prancha mágica, experimentando umas manobras estranhas, perto e embaixo do *curl*, subindo quase quadrado e aí virando logo abaixo dele – *pou!* – de tal modo que a quilha aparece por um breve instante, e depois quase caindo na metade do tubo. O que você está vendo? Essa virada você consegue enxergar na sua mente, mas não ainda na onda. Você tenta toda vez que a onda te dá oportunidade.

A quilha surge brevemente na virada. Essa é a nossa medida de uma boa virada – se dá para ver a quilha. Todos queremos quilhas brancas nas nossas pranchas porque elas são mais fáceis de ver contra a face difusa e azul-escura das ondas daquele inverno fantástico, mas nunca pensamos em pedir uma quilha branca. Ficamos só meio que esperando ganhar uma. Ganhar faz parte da magia de uma nova prancha, e não dá para simplesmente pedir que a magia aconteça.

Em alguns dias, o surf fica grande demais para Newport ou qualquer outra praia de mar aberto, então entramos no carro de Gordon e subimos o litoral até Umina Point, na boca de Broken Bay. Ondas grandes

Juventude

e insanas passam pela Lion Island e batem numa plataforma de pedra encoberta pela água negra do rio. "Pissing Point" é como batizamos o lugar. Ninguém mais surfa ali, só a gente. Urramos e gritamos uns com os outros, pegando ondas que não conseguimos surfar, tomando caldos insanos nas águas escuras com cheiro de terra.

Num domingo úmido de muito vento, em agosto daquele ano, andamos todo o caminho até Palm Beach para uma competição do clube Peninsular Boardriders. O surf está bom, mas os caras mais velhos que mandam no clube decidem que dava muito trabalho fazer uma competição num dia tão frio e úmido. Eles não perguntam o que achamos.

Pegamos carona para casa, desanimados. E aí, na hora do almoço, uma moto aparece roncando na calçada. É Rod Hynd, o irmão mais velho de Derek. Ele vem até a porta, capacete sob o braço, os olhos iluminados.

"Ei, a gente vai fazer uma competição em Newport", diz ele. "Com quem aparecer. O que vocês estão fazendo agora?"

"Quem vai? Só a gente? O Derek?"

Subimos nas bicicletas tão rápido que só dá tempo de gritar para o Haley, nosso vizinho, pegar a prancha dele e vir correndo.

Derek ganha a competição, você fica em segundo lugar e eu em terceiro. Não dá para acreditar. Não dá nem mesmo para acreditar que podemos ter nossa própria competição. Começamos a sacar que talvez seja possível fazer o que bem entendermos.

Fui bem na competição de cadetes[*] nas Northern Beaches. Não sei como consegui; simplesmente fui lá, surfei e de repente me disseram: "Você conseguiu, Tom. Você conseguiu de novo, Tom." Não sabia dizer como isso estava funcionando ou o que estava acontecendo. Eu tinha aquela energia. Eu remava, pegava as ondas e ia embora.

Mesmo que ainda não soubesse ao certo o que estava fazendo e também não estivesse nem um pouco pronto para a minha ambição, de

---

[*] Os cadetes são estudantes que participam do treinamento de primeiros socorros e atividades esportivas da Surf Life Saving, entidade que surgiu no início do século XX em resposta aos afogamentos nas praias australianas. [N.T.]

repente, estava competindo pelos títulos estaduais. No estacionamento em Newport, Rod Hynd disse: "Vai ter competição pelo título estadual hoje em Narrabeen e você vai participar! Quer uma carona?" Eu pirei. Cheyne Horan estava participando!

Pirei e fugi. Fiquei bem na minha naquele dia. Não queria ir até lá. Estava me cagando de medo. Com medo de tudo. Não estava pronto, sob nenhum ponto de vista.

Charlie tinha me deixado animado com a prancha, e eu me sentia muito bem com ela, mas ele tinha outras conexões. Mais ou menos nessa época, uma grande competição veio para as praias de Sydney, o 2SM Coca-Cola Surfabout. Ficamos sabendo que ia acontecer em algum lugar nas Northern Beaches e que viriam surfistas de todo o mundo. Iam participar Reno Abellira e Barry Kanaiaupuni, do Havaí, e até Col Smith, o surfista de Narrabeen que apontaram para mim. E também Nat Young. Todos os caras que conhecíamos das revistas de surf, todos os nossos heróis, todos esses caras – principalmente Michael Peterson, porque para mim, naquela época, Michael Peterson era o auge do surf. Ele ganhava todos os eventos e não havia nenhuma dúvida quanto ao seu surf, ele dava tudo de si. Ele não desistia de nenhuma onda, ele conseguia surfar qualquer coisa, e tudo isso alimentava essa história na minha cabeça.

Um dia, perto desse evento, acho que por volta de meio-dia, estava com a minha prancha na loja de Charlie. Finquei-a na esteira de sisal e a encerei com um bloco de parafina novinho, e Charlie sumiu durante alguns instantes. Ele reapareceu entrando pela porta dos fundos da loja: "Ei, Tom, você quer levar o Michael pra surfar?"

Eu disse: "Quê?" Ainda estava encerando. Olhei em volta e lá estava Michael Peterson, olhando para mim, com seus cabelos compridos e olhar distante. Michael Peterson, ali do meu lado, enquanto eu encerava minha prancha. E eu ia levar o meu herói para surfar.

Então saímos andando pela Coles Parade e fomos até a Ross Street, rumo à Lagoa, para surfar. Lá havia uma onda de respeito nos esperando. A seção final dela subia em umas rochas rasas e umas partes do

Juventude

recife; achamos aquela área meio difícil. Eu caminhava com Michael Peterson em direção a esse ponto, atravessando a rua, passando pelo Seagulls Milk Bar, rumando para a parte sul da praia, Michael me fazendo perguntas sobre a arrebentação. Não muitas perguntas – ele era um homem de poucas palavras, principalmente com um novato como eu. Mas ele parecia feliz por ir surfar.

Ele provou sua fama enquanto surfava e, mesmo que não tivesse provado, na minha cabeça ele já correspondia às expectativas. Tudo o que ele fazia era alastrado de forma desproporcional pelos outros, mas ali, de repente, para mim, era uma pessoa real. Michael Peterson era real e estava hospedado na casa de Charlie.

Todo ano ele descia para participar do Surfabout. Nunca vou me esquecer de vê-lo estacionando, munido de sua prancha especial, a Fangtail, meio para fora de uma das janelas de sua van, no estacionamento atrás da loja de Charlie. Ela possuía uns dentes afiados saindo da parte de trás que a faziam parecer muito veloz.

Essas conexões do Charlie faziam a gente se sentir de fato especial.

Charlie tinha uma namorada, Dale, e ela era muito inteligente, muito ligada. Charlie era o *showman*, o cara das conexões, mas Dale era responsável pelas porcas e parafusos da operação. Eu me lembro dela me dizendo com firmeza: "Tom, seria muito bom se você pudesse surfar em lugares como Narrabeen com mais frequência, porque é lá que acontecem todas as competições."

Sim, pensei, *isso faz muito sentido.*

Aos olhos de Derek Hynd, nos tornamos um pouco mais legítimos. Estávamos surfando no Pico. Tínhamos sido admitidos no grupo. Então ele começou a me apresentar a Narrabeen. Derek tinha um carro, um Bellett de marcha manual. Se houvesse *swell* norte durante a semana, ele fazia um comentário enigmático sobre o assunto, tipo: "Quem sabe Narrabeen no fim de semana... pode rolar." Então no sábado de manhã a gente colocava nossas pranchas no teto do Bellett e amarrava com as cordinhas. Twemlow ia comigo. Dávamos vinte centavos para contribuir com a gasolina do Derek e pulávamos dentro do carro, um grupo de rapazes cheios de energia. Para economizar gasolina, Derek desligava o motor quando descíamos a ladeira, esperava até a velocidade diminuir e o carro quase parar, e aí ligava o motor ao pé do morro. Eu sempre me surpreendia com o quanto o Derek dirigia bem. Ele conseguia dirigir sem as mãos, com as pernas guiando o volante, comendo uma torta ou tomando uma bebida ao mesmo tempo.

Narrabeen foi minha introdução a outro tipo de surf. Nele se estabeleceu uma hierarquia. Havia níveis de surfistas, os caras que eram os melhores surfistas juntos na saída, e depois uma hierarquia que saía da arrebentação e ia até o fim. Como eu era um garoto de Newport, ganhava o fim da fila. Tinha de ficar sentado no fim do pico e pegar só a mixaria. Mas servia como prática.

Dale é esperta também com outras coisas. Ela nos ajuda a obter a documentação para as nossas competições. Ainda não temos um nome para o clube, mas Dale percebe que há outros rapazes que querem participar, oriundos de outras praias – Phil Motteroz e Brian Bolar, de Avalon, alguns caras de Bungan. Dale diz: "Bom, agora é só vocês e esses outros caras. Já que vocês querem surfistas de outras praias também, por que não dar o nome para a competição de Newport Plus?"

Ela pede ao Charlie para nos dar um emprego como atendentes no balcão na loja. Hunter e eu trabalhamos lá às quintas-feiras, quando as novas leis comerciais deixam as lojas abertas até as 9 da noite. Começamos a fumar Marlboro para imitar Charlie e fazemos de tudo para vender as bermudas Cream com seu logotipo florido costurado à mão, as camisas Bali de estampa batik, os skates de fibra de vidro e os blocos de cera em forma de copo da marca Honey Wax. A loja é meio estranha se comparada a outras – não há itens repetidos, cada bermuda é diferente da outra, tudo parece feito à mão. Mas, trabalhando ou não, ficamos lá o tempo todo em que não estamos surfando.

Somos muito protetores com as pranchas de surf. Reluzentes e sem cera, elas ficam nos apoios na janela que mira o oeste da Ocean Shores

Juventude

Surf Shop. Não temos a sorte de ganhar uma prancha de graça como você, mas o Charlie nos dá descontos. A gente economiza o tempo todo. Haley descola uma Morning Star rosa com rabeta *swallow*. Hunter compra uma verde com bico arredondado. Eu compro uma pintada com tinta amarela em *spray* nas bordas que vai ficando branca até chegar no meio.

No apartamento no andar de cima, há um outro mundo acontecendo. Certa tarde, quando Michael Peterson vem se hospedar, Hunter e mais uns dois caras sobem lá para espiar o ídolo e ouvir Michael ao telefone: "Cara, se for preto, beleza, pode trazer. Se for marrom, não quero nem saber."

Do que ele está falando?

Na manhã seguinte, eles entram no apartamento do andar de cima e não tem ninguém acordado. Acham um monte de maconha espalhada pelo lugar. Ficam em dúvida se devem ou não afanar um pouco.

Fim de 1975. Descemos até Narrabeen para surfar na competição regional de Northern Beaches. Você é o único entre nós que já participou de algo assim. Não sabemos o que esperar. Em Narrabeen, há um monte de jovens passeando. Cabelos compridos, bronzeado do início de verão, colares de conchinhas. Com lindas pranchas da Hot Buttered e Morning Star e outras marcas de que nunca ouvimos falar. Jovens oriundos de Manly e Curl Curl, Dee Why e Long Reef.

Eu me sinto um surfista de mentira perto desses jovens – com medo desse universo mais amplo, onde todo mundo parece ser estrela de um filme de surf.

Então começamos as baterias e, maravilha das maravilhas, ganhamos. Twemlow ganha. Eu também.

Vejo você numa bateria qualquer escolhendo uma onda que parece inútil num primeiro momento, mas aí ela de alguma maneira cresce e você sai surfando para a esquerda, saindo da espuma rumo a outra massa de espuma que vem da direita. *O que você está fazendo?* Você viu alguma coisa. Você sobe e acerta a junção em cheio, de tal forma que sua prancha gira e volta para o outro lado. E aí você segue direto e entra na espuma da qual estava tentando escapar e a atinge bem no alto, num ângulo específico. Várias coisas diferentes e inesperadas acontecendo de uma vez só, mas tudo absolutamente correto, e você está tão absorto no momento que parece não perceber nada até tudo terminar.

As pessoas perto de mim só suspiram.

O inverno retorna, o inverno de 1976, o último inverno de *big surf* da incrível década de 1970. Finalmente consigo ganhar de Derek com uma bela onda de dois metros na Lagoa, o primeiro de nós a ganhar dele numa competição do Newport Plus, e não consigo me lembrar se competi com ele de novo depois disso.

Num outro dia bem úmido, em Warriewood Beach, todos nós surfamos no Campeonato Estudantil de New South Wales. Surgem mais jovens de outras praias, mandando ver. George Wales, de Bondi, cheio de energia. Ant Corrigan e Richard Cram, e também mais um cara de Bondi. Não somos os únicos jovens fazendo essa loucura. Você ganha as cobiçadas divisões para menores de 16 e a de 18 anos no mesmo dia.

Combinamos uma competição do clube com os rapazes de Bondi. Certa noite, a delegação deles vem de carro para se encontrar com a gente e planejar. Sentados na cozinha dos Walkers, eles falam, maravilhados, da distância que tiveram de percorrer: "Cês vivem no meio do mato, hein?"

Lá pela metade do inverno, numa tarde movimentada no Pissing Point, finalmente acontece: o Primeiro Ferimento de Tom Carroll. Vejo você pegar a onda, só que não consigo enxergar o que acontece. A onda arrebenta, com um dorso achatado, e mais para o fim ela explode nas águas mais profundas. Você é tragado pela onda mas tenta uma manobra para ficar mais ereto. Ela se choca contra seus ombros e o impulsiona para baixo, contra a prancha, achatando-o feito uma aranha. Seu joelho direito cede para o lado. Você não volta remando na prancha. Te vejo capengando na direção do carro de Gordon e sentando no capô, desconsolado, enquanto continuamos a surfar.

Somos jovens e simplesmente rimos do acontecimento. Não foi seu pé de trás que ficou machucado. Você fica um tempo mancando, usando uma joelheira elástica. Depois de três semanas, já está sur-

Juventude

fando de novo. Porém, você não esquece o acidente. Sabe que não deve tentar se esquivar de ondas assim. É mais seguro entrar no tubo. É mais seguro enfrentar.

Na escola, minhas realizações eram ignoradas. Eu era campeão da competição estudantil estadual e ninguém dava a mínima. Não havia uma aceitação do que estava acontecendo com a gente. Era essa a impressão que eu tinha. A sensação que alguns professores me passavam era de que não valia a pena falar de mim. E minha reação a essa atitude da escola com minha vida de surfista era bem visceral. *Como assim, vocês nem falam de mim?*

Isso me colocou no meu caminho. Pensei: *tem uma coisa muito legal acontecendo e eles não estão percebendo*. Despertou algo dentro de mim. Eu queria provar a eles que estavam errados. Simples assim. Queria provar que o surf era mais do que eles achavam que era.

Havia todo um foco em esportes como críquete, e eu achava isso muito chato. Todos esses esportes passavam na televisão, mas aí vi Michael Peterson – acho que foi no primeiro Surfabout – no canal ABC. Michael Peterson na televisão, na minha sala! Nunca vou me esquecer. Pensei: *Uau, é ali que eu quero estar*. Ele era reconhecido como surfista, então talvez fosse possível que viéssemos a ser reconhecidos no esporte.

Acho que esse foi o combustível da maioria das minhas ambições: a ideia de que essa coisa muito legal que estávamos fazendo, essa coisa na qual eu estava ficando muito bom, podia vir a ser importante. De que havia algo maior acontecendo. A ideia dessa reviravolta era uma grande motivação.

O lado bom é que o surf era algo só nosso, e isso era muito especial. Na época, eu nem tinha ideia do quanto isso era especial. Não era como se a gente pensasse *ah, isso é tão legal*. Era um ambiente natural para nós. Estávamos só reagindo à atividade de surfar. Mais tarde, virou uma atividade considerada legal, talvez porque fôssemos jovens muito saudáveis. Quando a pessoa surfa, geralmente ela é saudável e cheia de energia – é a impressão que ela passa ao ficar na praia –, então havia certa atração no surf que alguns professores não conseguiam ignorar.

Minha professora de inglês achava legal eu surfar. Uma vez, ela foi bem receptiva ao que eu tinha a dizer. Foi bacana. No entanto, eu nunca contava para nenhum adulto histórias sobre o surf.

Tive muitas pranchas. Acho que até tive uma Beacham. De repente, recebi uma ótima oferta da Henri Surfboards. Fiquei um bom tempo com a Henri, mas as pranchas não eram tão legais quanto aquela feita por Rodney Hocker.

E aí cheguei no Col Smith. Acho que Charlie acabou me guiando até ele, porque o Col me dava carona para as competições e me ensinava um pouco. Ele me fez uma prancha de 6'3" que talvez fosse tão boa quanto a do Hocker. Tinha uma quilha recurva e rabeta arredondada, e eu me dava muito bem com ela.

Ganhei aquele título estudantil estadual e fui para Queensland tentar o nacional. Me falaram que tive sorte por ter sido aceito, já que era *goofy*, e Stan Couper, que dirigia a competição nacional, não gostava de *goofies*. Ouvi falar que Stan não queria mais que eles participassem. Isso me deixou realmente chateado.

Eu sempre era reconhecido por andar com Col; houve várias ocasiões em que pude entender melhor as coisas – por exemplo, nas competições, você recebia uma prancha e trocava pela anterior, todas as vezes. E aí, quando completei quinze anos, pude ter duas pranchas: uma de 5'10" e outra de 6'3".

Lembro que desci o caminho de pedras na competição estadual júnior em Sandon Point na companhia de Cheyne Horan. Ele tinha uma prancha branca de bico arredondado com dorso verde, e arrasava com ela. Ele me disse: "Sente só esta prancha. Ela só tem 5'10"."

Fiquei admirado com o Cheyne. Pensei: *Esta prancha é tããão pequena! É uma dessas que eu preciso ter*. Mesmo assim, fui lá e acabei com ele. Falei: "Foda-se você e essa sua pranchinha!" Não, eu não disse isso. Só pensei: *Ganhei dele* – agora posso pegar uma prancha de tamanho menor e ser ainda melhor.

A essa altura, eu já estava bem encaminhado. Ficava viajando com o Col. Já havia participado com ele da competição Southside Open, em

Juventude

Cronulla, e minha foto apareceu na *Surfing World*. Foi minha primeira foto numa revista e isso foi um grande acontecimento, mais reconhecimento. Tive um bom resultado no Southside Open e continuei avançando no evento.

Lembro que a gente ia de carro para lá todos os dias; Col no seu HR Holden, fazendo giros de 360 graus na Cahill Expressway, uma via expressa. Que loucura! Eu achava fantástico. Era insano. Ele descia correndo a curva à esquerda que contorna o Circular Quay e aí soltava o carro, derrapando. Por sorte, não havia automóveis vindo na direção contrária. Sem cinto de segurança, sem nada, chacoalhando dentro do carro. Eu, um *grommet*, adorando aquilo.

Janeiro de 1977. A Pepsi-Cola Pro Junior é diferente de todas as competições de que eu havia participado. Ela tem seu próprio logo, um bichinho parecido com o Mickey surfando, que aparece em todas as camisetas e *banners*. O prêmio é em dinheiro, uma boa grana, a inimaginável quantia de 500 dólares para o primeiro lugar. É como o Surfabout, mas só para a gente.

E de onde vem tudo isso? Vince Tesoriero, um dos organizadores, é um antigo surfista de Dee Why, mas Bev Dyke, a promotora que administra a empresa por trás do evento, é alguém de fora do pequeno círculo do surf das Northern Beaches. Bev é fantástica, superentusiasmada com o talento jovem na praia de Narrabeen. Na hora do almoço, percebendo de repente que estamos morrendo de fome, ela pede baldes de Kentucky Fried Chicken para todos os competidores. Competimos pelas coxinhas fritas do mesmo jeito que competimos pelo resto. Brigamos e rimos, rabeamos ondas no aquecimento, descemos rasgando nas baterias, observamos essas novas pessoas que achamos que fazem parte das nossas vidas a partir daquele momento. Cheyne. Os caras de Queensland, Joe e Thornton, que brigam entre si mais do que irmãos. Jody Perry, alto e grandão, e Gary Jardine, inteligente e de cabelo comprido. Banksy, Ross Marshall e Craig Naylor, de Cronulla. Steve Wilson, de Maroubra, e Alex Basansky, o *showman* de Southside. Os caras de Narrabeen, Greg Black, Shearman e Kenny Oliver. Joey Buran e Bud Llamas, dois rapazes da Califórnia de que nunca tínhamos ouvido falar, mas cujos nomes Bev pesquisou e resolveu trazer para dar um sabor internacional. Mike Newling, de Cornwall, Inglaterra. Tudo isso era real.

Surfamos bateria após bateria enquanto o vento nordeste do verão impele as compridas e enormes ondas do norte de Narrabeen.

No dia da final, faço besteira na terceira bateria da manhã: vou para a direita em vez de ir para a esquerda e acabo em décimo lugar.

Você coloca a parte de cima sem mangas de uma roupa de borracha para se proteger do vento nordeste, pega a prancha de 5'10" com rabeta arredondada, que tem uma quilha de uns dez centímetros, e vai em frente.

As três baterias – quartas de final, semifinal e final – parecem já predeterminadas.

Dougall te dá uma surra nas semifinais mas acaba cansando. Você continua impávido, de olho no objetivo. A onda média que se desfaz saindo da zona do *take-off* e volta a se aprumar no meio. A cavada, a manobra no lip, o desenho na parede da onda. E aí a virada bem fechada, bem rente à água, voltando, 180 graus na água azul, rumo à linha da espuma. Você bate, ricocheteia, volta à parede da onda. Faz o que depois passam a chamar de seu *cutback* "quebra-nozes".

Subo o caminhozinho de areia saindo de Northy até o estacionamento, carregando a sua prancha e a parte de cima da roupa de surf. Você vai à frente, carregando o grande cheque de papelão no valor de 500 dólares. Há pessoas andando para lá e para cá, agitação e alegria no ar. É assim que a vida será a partir de agora. Até consigo sentir as peças se encaixando, *clique, clique, clique*.

Você está com quinze anos de idade e será campeão mundial.

Estamos surfando há quatro anos e meio.

Juventude

Quando desci até Narrabeen para surfar no primeiro dia daquela competição, vi Joe Engel. Fui até o clube de surf, olhei em volta e lá estava ele, praticando. Ele detonou um cara destro em Alley e pensei: *Caramba, quem é esse cara?* Pirei. Nunca vi ninguém ir tão rápido, naquele estilo meio encurvado dele, munido de sua pranchinha. Uau, eu preciso mostrar que sou bom. Mas, no fim, as coisas meio que se encaixaram. Eu tinha uma prancha bem boa. Tinha seguido o conselho de Cheyne Horan naquele dia em Sandon Point, e comprei uma 5'10" de Col Smith. E aí tivemos essas ondas de esquerda no *swell* norte que desciam até a praia de Narrabeen. Adorei surfar aquela onda. Eu ia ganhar a bateria, era só entrar e decidir: apenas continue a fazer o que já está fazendo. Foi simples, tão simples. O tempo todo com um sorriso estampado no rosto.

Competindo naquele *point*, acabei entrando num ritmo. Comecei numa energia que criou um espaço na mente. Eu ganhava sem parar. Entrava na bateria e já sabia que tinha ganhado sem nem precisar remar de volta.

Agora olho para uma foto nossa, todos enfileirados: eu, Dougall, Jody Perry, Thornton, Cheyne, Joe Engel e Gary Jardine, o Joe curtindo com a minha cara. Lembro que sentia muita cãibra nos pés. Fui além da minha capacidade. A gente corria para remar depois de cada onda e eu tinha só quinze anos, surfando grandes ondas de esquerda e correndo em círculos. Todos estavam ali para ganhar. Eram os melhores juniores se reunindo pela primeira vez, mas todos se entreolhavam, se mediam de cima a baixo.

Quando tudo terminou, eu estava acabado, mas Derek queria sair. "A gente precisa sair para beber com os caras de Narrabeen", disse ele. "Vou passar para te buscar."

Eu disse: "Não, Derek, estou cansado demais. Não consigo." Ele insistiu. Fui até lá e não consegui falar com ninguém. Fiquei olhando em volta; era uma sensação bem estranha. Não fazia nenhum sentido sair depois do que fizemos. Queria ter ficado descansando para me recuperar, mas não fiquei. Saí e achei tudo muito bobo.

TC

Quando você tem uma experiência de vitória como essa, ela estabelece precedentes. Só havia duas coisas na minha cabeça naquele momento: será que estou nessa até o fim? Ou será que estou nessa só pela glória?

Eu me lembro de sentir esse potencial. Era bem jovem e fiquei pensando: *tenho chance de ir mais além. Isso é só um degrau na jornada.* Não era só "Beleza, agora a glória é toda minha, ganhei e acabou." Parecia um começo.

E isso deu origem a várias coisas. Recebi o convite da Stubbies por causa daquela vitória e tive um baita reconhecimento. No fim do ano seguinte, quando fui para o Havaí, já tinha mais coragem. Não era só um garoto inexperiente que simplesmente apareceu no Havaí. Havia pessoas interessadas no que eu estava fazendo.

Parte dois

A Zona de Conforto

"O único jeito de eu um dia dirigir um Porsche é continuar consertando lataria."

Tom Carroll, *Surfing World*, 1979.

Ninguém sabe no que está se metendo quando essa sede pela fama surge, quando você é jovem e ambicioso. Ninguém sabe. Simplesmente não entendemos o que nosso ego está fazendo conosco, nos colocando numa estrada que parece cheia de coisas boas. A ilusão dessa ideia, dessa fantasia que as coisas vão ser boas, de que tudo é bonito... Esse incrível estado hollywoodiano da alma.

Contudo, a realidade é bem diferente e você só descobre quando ela te atinge. É mais ou menos quando você perde alguém – você não sabe como vai ser até essa pessoa sair da sua vida. A fama chega, e ela é uma coisa poderosa que foge do seu controle. E, se você não tiver um bom controle das coisas e alguém para te guiar, é pouco provável que se dê bem sob a influência da fama. A não ser que você seja uma entre dez milhões de pessoas com aptidão natural para enfrentar tudo isso.

MANO A MANO

1977. O verão continua. O verão do Pico. Os enormes *swells* do meio da década de 1970 se foram e, no lugar deles, surge uma ondinha engraçada, na verdade duas ondas em uma, quebrando para a direita e para a esquerda a partir de uma rocha rasa, saltitando rumo ao banco de areia e ao inevitável desfecho. Há espaço para dois surfistas, um de cada lado da rocha, e todos os dias há uns vinte ou trinta caras apinhados ao redor dela, surfando dois de cada vez: Gobbo e Woggo, ou Derek e Dougall, ou Haley e Newling, ou Twemlow com seu lábio inferior enorme, queimado pelo sol. Twemlow é mestre em trapacear: diz que está indo para um lado mas vai para o outro, então acaba ficando com a onda só para ele e depois volta remando com um baita sorriso no rosto. Isso só dura até nos vingarmos dele, empurrando-o para a onda seguinte.

Enquanto isso, Nam, cheia de energia, alegre e impávida aos oitenta anos de idade, do alto de seu metro e meio de altura, reúne-se com as senhoras anglicanas de Newport e depois sai para passear pelas lojas, acenando feliz para Phil Paso, o dono da loja de artigos esportivos, David Pitt, o dono da banca de jornais, e John Kape, o barbeiro. Todos eles conhecem a sra. White, que tem sotaque inglês e netos órfãos de mãe. Ela para no açougue Dependable para comprar costeleta e linguiça para fazer nosso jantar e descobre que John, o jovem alto e de olhos pálidos atrás do balcão, é surfista.

TC

Ela pergunta: "Meus netos ficam na praia o tempo todo! O que é que vocês fazem por lá?"

John, o açougueiro, conta para a Sra. White tudo o que ela precisa saber e nada que ela não precisa. Ele também deixa você dirigir o carro dele no estacionamento, um Morris Mini superpotente, observando, com um enorme sorriso na cara. Somos uma pequena tribo de caras de cabelo desgrenhado. Dominamos toda a metade norte do estacionamento, recém-reformado depois da tempestade, expulsamos todo mundo da água e pegamos cinquenta, oitenta, cem ondas por dia, fazemos duzentos *cutbacks*, quatrocentos *top turns*, tomamos uns vinte caldos, pegamos quatro semitubos. Brigamos de vez em quando. Os ventos do nordeste fazem pequenos *swells* nas manhãs ensolaradas e os ventos fortes do sul chegam no fim da tarde, fazendo o vento ficar maral no Caminho. Descemos até lá em grupos de dois ou três e tentamos surfar no vão onde as duas ondas se encontram sob o mirante.

Estamos cercados de moças bonitas mas mal percebemos sua existência, essas meninas lindas que logo virarão mulheres e se tornarão namoradas e esposas e terão filhos e se cansarão de nós, e mesmo assim mal as notaremos. Todavia, quando duas – Kay e Julia – ousam chegar junto e revezar ondas conosco, os adolescentes malvadões de Newport Peak cedem a vez, dispostos a dar o que mais elas quiserem. Não somos capazes de perceber as meninas, não como deveríamos, mas na água elas se tornam surfistas.

O filme de surf *Free Ride* estreia no Cinema Avalon e, de um dia para o outro, é como se tudo mudasse. Os filmes de surf sempre pareceram uma fantasia – cenários oníricos distantes e silenciosos que podemos apenas admirar, jamais habitar. Mas este é um filme sobre surfistas só alguns anos mais velhos que nós, e eles estão fazendo o melhor surf do mundo em câmera lenta, com *close-ups*. Surfando como a gente tenta surfar no Pico, com a diferença de que eles estão em Sunset, em Pipeline, em Off-the-Wall. Na manhã seguinte, quando remamos rumo às ondas, estamos nos sentindo mais imponentes, a nossa imaginação de novatos a toda, e imediatamente batizamos o banco de areia logo abaixo do Pico de "Tomson's", em homenagem a Shaun Tomson, o herói do filme.

Temos uma intuição. Surfar é incrível demais, mágico demais para

A zona de conforto

não significar algo além daquilo. É como uma onda. Há uma onda se formando em algum lugar. Não sabemos se ela é grande, que formato tem, mas vamos pegá-la e surfá-la futuro adentro. Uma metáfora ruim, porém era tudo o que tínhamos então.

E aí chega um convite pelo correio. Um envelope grande com "Stubbies Classic" impresso em azul-claro no canto superior esquerdo. Um convite para o pequeno Tommy Carroll participar de uma grande competição de profissionais, a primeira da nova turnê International Professional Surfing. A primeiríssima a fazer baterias mano a mano. Tommy Carroll, com quinze anos de idade, competindo mano a mano!

Não achamos que você fosse ficar tão abismado com o convite quanto nós. Ficamos o tempo todo tirando com a sua cara: "E aí, Tommy! Como é que você vai para Queensland? Vai de *skate*?"

E você com um olhar distante, sonhador. "Ah", você diz. "Já está tudo combinado."

"Quê?", gritamos. "Que porra é essa? Quem combinou?" Ficamos com inveja, mas também animados. "*Tudo combinado? Que mentira!*"

E tudo estava mesmo combinado. Você vai de avião, com um ar de esperança iluminando o rosto, levando as suas duas pranchas envoltas em tecido atoalhado e amarradas com cordinhas.

Vi recentemente uma filmagem antiga daquele evento, eu numa briga com Buzzy Kerbox. Dá para ver Buzzy tentando me socar na água porque eu estava ganhando dele. Foi só uma cena rápida, os caras surfando em Burleigh, Michael Peterson mandando ver, e essa discussão entre eu e Buzzy mais para o final.

Lembro de ter pensado: *Qual o problema desse cara?* Ele era estranho e agressivo, como se eu tivesse feito algo de errado por estar indo bem. Realmente esquisito. Não entendi nada. Fora isso, fiquei só observando todos os caras surfando superbem, de um jeito muito límpido. E pude surfar em Burleigh e Kirra no meu primeiro dia.

Terry Fitzgerald estava no avião para Coolangatta e ele sabia quem eu era. Ele me apresentou para Clyde e Eddie Aikau, bem ali na escada, na saída do avião. E era incrível ver aqueles caras enormes – eles ocupavam o corredor inteiro, mas eram muito legais, tinham uma fala mansa. Minha mão desaparecia dentro da mão deles. Eu era só um jovem *haole**, fracote, pequeno.

Eu tinha 110 dólares que precisavam durar duas semanas e não sabia para onde ir, então Fitzy me disse: "Bom, você pode se hospedar num hotel baratinho, custa 10 dólares por noite." Pensei: *estou com 110 dólares e tenho duas semanas, preciso achar outro lugar para ficar*. Não sabia onde Col Smith e Ron Ford iam ficar, mas sabia que estariam em algum lugar de Burleigh, então comecei a andar. Estava chovendo. Eu não sabia para onde ir. A chuva estava forte e as ondas arrebentavam bem depois de Burleigh – dobrando e triplicando de tamanho no banco de areia e chocando-se contra o *point*, impossíveis de surfar.

Caminhando na chuva, olhei em volta e vi Col dentro de um dos apartamentos que ficam logo antes do estacionamento de *trailers* de Burleigh. Um pequeno prédio de apartamentos vermelho. Ele morava ali com a esposa, Denise, e a filha mais nova. E eles falaram: "Sem problema, você pode ficar aqui em casa." E me colocaram para dormir no sofá.

E aí Ron Ford apareceu e disse: "A gente está indo para Kirra – está bombando, ondas de dois metros a dois metros e meio."

Engoli em seco. Que prancha eu ia usar? "Usa a mais comprida que você tiver", recomendou Ron.

Assim, fizemos essa sessão em Kirra, com Reno Abellira, Barry Kanaiaupuni, Shaun Tomson, Rabbit Bartholomew, Michael Peterson, Rory Russell, Gerry Lopez – todo mundo! Era um baita *line-up*. E eu, um moleque, remando até lá com aqueles caras...

Não conseguia surfar perto deles, então fiquei sentado no fim da onda, observando. Kirra era incrível. Lembro de olhar dentro do tubo e morrer de medo. Tentei trocar de base, colocando o outro pé, porque vi um doido conseguir um tubo muito bom e pensei: *posso trocar de base melhor que esse cara*. Dei a partida, fiz uma cavada de base trocada e fiquei no tubo durante o que pareceu uma eternidade e aí saí. Nunca consegui repetir isso na vida.

---

* Termo havaiano, geralmente pejorativo, usado para se referir às pessoas de origem caucasiana. [N.T.]

A zona de conforto

Era assustador surfar para competir. E também muito especial. Eles te davam um uniforme com o teu nome estampado e duas cores diferentes de bermuda – vermelha ou amarela, dependendo da cor que você ou o seu adversário sorteasse. Michael Peterson era o cara. Sempre foi, desde o começo da nossa vida no surf, e eu observava cada movimento dele com olhos de águia. Além disso, era incrível vê-lo de perto, fazendo todos aqueles pequenos ajustes e usando a borda nas manobras o tempo todo. E ver Col Smith surfando *backside* lá em Burleigh. Incrível. Ele estava no auge da forma e não havia ninguém fazendo o que ele fazia. Talvez um ou outro cara de Queensland. Eu gostava de ficar observando Tony Eltherington e Guy Ormerod, o estilo de *backside* deles realmente me inspirava quando eu via como usavam o corpo, cheios de estilo, fluindo com a onda. Isso era o que definia o *goofy-footer* de Queensland.

Col Smith trouxe uma abordagem toda diferente para o *lip*, vertical e bem para cima, nada devagar. Totalmente inclinado, a toda. Eu adorava aquilo. Ficar na companhia de Col e observá-lo surfar era um momento de ouro para mim. Todo o corpo dele se abria para a onda, ereto e rasgando, super-rápido.

Houve outra bateria antes do Buzzy. Ela não significava muito para mim, claro – a memória que tenho é um borrão difuso. Já a bateria com Buzzy era a parte importante. Lembro dos jurados falando ou escrevendo a pontuação num cartão grande para a gente ver, algo assim. Agora ele estava em apuros. As ondas estavam perfeitas e eu fiquei assoberbado com aquela situação. Não queria pegar uma onda específica nem obter determinada pontuação – só me concentrava em fazer as melhores manobras que conseguia na onda, tentando fazer tudo direitinho. Quando voltei, Col disse: "Acho que você ganhou." Eu estava com a bermuda amarela. Um molecote magrinho. Absurdo.

Fiquei as duas semanas inteiras ali e vi a final, Mark Richards e Michael Peterson. Estava muuuito lotado, aquela multidão me distraía, porém mantive o foco no Michael Peterson. Estava tão absorto que nem vi direito o que Mark Richards fazia, e só alguns anos depois fui dar valor a ele – o estilo que ele tinha a oferecer –, mas eu adorava suas pranchas vermelhas e amarelas, as Renos.

TC

Em termos competitivos, o evento me lançou como surfista. Foi outro precedente nessa percepção de mim mesmo, de como eu ia competir. E lá estava eu, determinado a ficar nessa por um bom tempo.

Naquele ano, eu andava todo empertigado. Sem dúvida já tinha uma ideia de quem eu era. Tinha ganhado o Pro Junior, participado de uma grande competição de profissionais e achava que era o maioral. Era reconhecido, tinha status, dinheiro. Não uma coisa enorme, mas era importante, sem dúvida. Estava com um ego inflado, e um ego masculino inflado, naquela idade, não era bem aceito em grupo. As pessoas passaram a chamar a atenção para o meu comportamento. Particularmente Boj e Squeak, mas Haley e Hunter também, embora não de modo tão direto. Twemlow. Todos esses caras.

Foi bem difícil. Não gostava quando chamavam minha atenção, mas de certa forma entendia, de verdade. Queriam que eu soubesse que ainda estava com eles, não acima deles. Olhavam para mim de um jeito diferente, porém ainda queriam me colocar no meu lugar.

Acho que antes de tudo eles precisavam confiar em mim – confiar que eu poderia ir em frente, ter sucesso. Antes de depositarem suas esperanças e sonhos em mim, precisavam ter certeza de que eu era um cara genuíno. Era quase como se quisessem me testar.

Isso de ficarem em cima de mim funcionou para que meu ego não crescesse demais, apesar de não ter sido agradável. Mas, ao mesmo tempo, era essencial que eu o superasse. Precisava enfrentá-lo. Se eu ia ser campeão mundial, precisava ser capaz de me ver como campeão mundial. Precisava me definir de maneira clara, fazer meu trabalho e me sentir digno dele.

Afinal de contas, acabaria sendo derrotado em alguma competição. Em algum momento isso viria a acontecer e eu precisava estar preparado.

SEM DINHEIRO

Era tudo tão cru naquela época, não? Tudo era tão cru. Bom, o que a gente precisava pagar? Precisávamos comprar comida, pagar a gasolina, o aluguel. Também de dinheiro para sair e comprar roupas. Naquela época, as empresas de surf não faziam tudo. A Rip Curl só fazia uma roupa de borracha. A Quiksilver só fazia as bermudas de surfista – talvez uma ou outra jaqueta ou camiseta. A gente precisava comprar o que usava, mas havia muito pouca coisa.

E não havia consequências. Ou planos. Eu não tinha uma grande estratégia.

Lembro da vez em que fui me inscrever no seguro-desemprego e foi uma sensação bem estranha. Acho que davam 60 ou 80 dólares por semana. Só fiquei usando o sistema mais ou menos um mês. Mas eu sabia que precisava trabalhar. Acho que, sendo homem, eu realmente queria fazer algo da vida – é um impulso bem forte e natural para mim.

O engraçado é que eu já tinha certo sucesso nas competições de surf, já tinha um nome entre os juniores, e um mundo pela frente que me sorria com esperança. Estava na montanha-russa do surf competitivo e já havia experimentado a vitória em ocasiões suficientes para querer repetir a sensação. No entanto, não me via ganhando a vida daquele jeito, pagando aluguel. Lembro que falei para meu pai que precisava aprender alguma coisa, ter um plano B para o caso de o surf não dar certo.

TC

Terminei o décimo ano na escola e papai me levou até uma obra em construção para ver como eu me dava no emprego. Nunca trabalhei tanto na vida. Eu já tinha trabalhado com David Pitt e Gordon Walker na banca, nos fins de semana, mas aquilo era bem diferente. Passaram para me buscar de manhã cedo e me levaram até a obra, em Fairlight. Eu achava que ia ser como o trabalho de carpintaria que fazíamos na escola, mas era assim: quantos tijolos eu era capaz de colocar num carrinho de mão e atravessar uma tábua com ele sem arrebentá-la? Às vezes, era lá no alto, a uns dois metros do chão, passando por tábuas nos andaimes. E aí eu precisava descarregar os tijolos do outro lado.

Trabalhei três dias seguidos. Eu devia pesar uns cinquenta quilos e estava trabalhando nove horas por dia. Quando terminou, pensei: *não consigo fazer isso*. O cara da construção concordou. Ele falou com meu pai: "Acho que o Tommy não leva jeito para trabalhar em construção."

Felizmente, havia Wayne Smith, de Narrabeen, um dos amigos de surf de Col Smith (não era seu parente). Wayne e seu irmão, Les, tinham uma loja de lanternagem em Narrabeen. Eles falaram: "Por que você não aparece aí? Você fica um ano aprendendo." Eram quatro dias por semana, 50 dólares por semana, trabalhando oito horas e meia por dia, sendo que um dia eu ficava na parte técnica, aprendendo a ser funileiro mecânico.

Eu podia participar das competições, havia esse entendimento de que poderia surfar na hora do almoço em Narrabeen – mas como iria até a praia? Precisava ir de bicicleta ou pegar carona com Wayne caso ele quisesse surfar. Wayne era bem legal. Fatty All Hunt tinha uma lojinha ao lado da dele, reformando e revendendo Fuscas.

Eu observava as coisas que aconteciam. *É assim que esse negócio funciona*, pensei. Você cobrava as pessoas por um serviço – o que colocava no orçamento – e aí fazia outra coisa. Era assim que a coisa era. Você precisava cortar uma parte enferrujada e soldar um pedaço inteiro do carro do cliente, mas não era isso que se fazia. Às vezes, eu é que ficava encarregado de lixar essa ferrugem e deixar tudo bem liso e limpo, como se houvesse metal ali. Era mais ou menos como fazer pranchas de surf e eu logo entendi o processo, deixando as superfícies lisas e perfeitas para que não fosse necessário repor parte da porta. Fiquei trabalhando nisso um ano e meio.

A zona de conforto

Esse emprego serviu para me mostrar o que realmente queria fazer. Eu ganhava 50 dólares por semana, dava 10 para o meu pai e fazia o que quisesse com os 40 que sobravam – comprava roupas, basicamente. Queria ficar bonito nos fins de semana. Economizava um pouquinho toda semana. Era um modo de vida bem despojado.

Aí apareceu outro emprego, com outro funileiro da área, que pagava 87 dólares por semana. O cara disse: "Você não precisa fazer aulas, a gente vai te ensinar a parte de funilaria." Ele sabia que eu precisaria de tempo para ir às competições. Mas, quando fui trabalhar lá, era uma coisa totalmente diferente, um nível bem abaixo do que vi em Narrabeen. Bem mais fajuto. Havia sempre dois jeitos de fazer as coisas: o jeito certo e o outro jeito. Você via os clientes ali de pé, com uma expressão confusa no rosto, tentando entender o que estavam pagando. Era um ambiente que me fez perceber que não queria estar ali. Mesmo assim, era um meio de subsistência.

Consegui tirar a carteira de motorista na segunda tentativa. Havia um carro do outro lado da rua, em frente à loja de funilaria, um HD Holden que o cara vendeu para mim por 250 dólares. O carro vinha com um toca-fitas de cartucho, desses antigos, com alguns cartuchos – David Bowie, Rolling Stones, bandas assim.

Tenho memórias incríveis daquele carro: sexo no banco de trás e de ficar muito, muito bêbado. Eu e Haley, depois de noitadas no Avalon RSL – se a gente não ficasse com as meninas, a gente dirigia até Palm Beach e voltava, o mais rápido possível. Aquele carro era bem legal – marcha automática de duas velocidades, só alta e baixa. Lembro que uma vez estávamos no carro, voando, eu debruçado na porta, olhando para o chão. A linha branca estava do outro lado do carro – estávamos no lado errado da estrada. Na manhã seguinte, a gente ficou pensando: *Caralho, não acredito que fizemos isso!* Mas parecia uma coisa normal na época. Era difícil sair com as meninas, então a gente ia passear em Palm Beach e voltava.

E aí veio a Colby – Colby Engineering. Consegui o emprego através de Bluey Norton, o irmão do meio dos Nortons. Foi aí que ficamos sabendo que estavam contratando. A Colby empregava muitos caras que a gente conhecia, Haley e Mike trabalhavam lá, e pagavam uns cento e pouco dólares por semana. Recortávamos com maquinário vários componentes feitos de metal em folha. A fábrica produzia alguma coisa, não sei o quê. Eu só fazia o que me mandavam. Nos dois primeiros dias, trabalhei demais. Eu era excessivamente eficiente. Bluey precisou me puxar de lado e dizer: "Vai devagar, você está fazendo muito rápido."

Só que não dava para surfar depois do trabalho. A gente ficava o dia inteiro em pé, voltava para casa, tentava surfar no Pico e descobria que estava com o que o pessoal chamava de "Efeito Colby", uma baita dor nas pernas. Nos fins de semana em que a gente ia para o Avalon RSL, o "Efeito Colby" durava o fim de semana inteiro.

Também havia o Peter Overy, jardineiro. Quando Overy tinha de cuidar do jardim das casas grandes, a gente acordava de manhã bem cedo, pulava na carroceria da sua camionete e ia até Castle Hill, sentindo um frio absurdo. A gente trabalhava, ganhava um dinheiro que era até bacana e o Overy ficava com o resto. Aprendi a plantar gramados – um trabalho interminável – e voltava para casa sujo, simplesmente imundo.

O trabalho me sustentava mas também deixou claro para mim o que eu gostaria de fazer. Sabia cada vez mais que queria surfar. Se havia uma carreira no meu futuro, seria o surf.

A nossa família começa a se desmanchar. Josephine muda-se para Sydney, em busca de seu próprio caminho, e passa a focar todo o seu esmero, calma e precisão para tentar ser *chef* de cozinha. Ela adora – a linguagem da cozinha, os cozinheiros malucos, a amizade que faz com jovens cultos e inteligentes; acima de tudo, a chance de fazer, a cada dia, algo perfeito.

A vida do papai muda de um jeito que não entendemos muito bem. Ele não volta para casa todas as noites. Às vezes, fica o fim de semana inteiro fora de casa. Finalmente, ele a traz para casa e a apresenta: Valerie Lawson, também jornalista, inteligente e loira, cautelosa ao interagir com os dois rapazes sardentos de cabelo desgrenhado e a senhora inglesa,

A zona de conforto

pequenina e vigorosa, que cuida deles. Na companhia de Valerie, papai parece um homem diferente – cordial, sorridente e um pouco tímido. Não sabemos o que pensar da situação; percebemos que ele está dividido, sem saber a que lado ser fiel. Mas Josephine nos guia. "Está tudo bem", diz ela. "O papai ficou sozinho durante muito tempo, chegou a hora de ele ser feliz. Fiquem felizes por ele."

Bom, se a Jo acha que está tudo bem, então deve estar tudo bem. E está mesmo tudo bem. Comparecemos ao casamento com nossas sardas, o cabelão e todo o resto.

Papai vende a casa em Newport e se muda para a cidade. Nam, talvez um pouco desanimada com esse desenrolar dos acontecimentos, decide que é hora de se aposentar e vai para o interior de Surrey ficar com Gigi, sua irmã. Você e eu nos mudamos para 23 Hillside Road, em Newport, e dividimos o apartamento do último andar com Andrew Hunter: temos dezenove, dezoito e dezesseis anos de idade.

Não somos más pessoas. Só fazemos coisas idiotas. Toda nossa vida foi uma rejeição da cena adolescente drogada da década de 1970 nas Northern Beaches, das coisas que vimos com os Av Cats*, Cookie e os Grots, aquela cultura chapada em heroína. Os viciados desistiram da vida mas nós resolvemos apostar nela; queremos surfar aquela onda rumo ao futuro, uma onda que pegamos sem nem pensar direito, mas ainda não sabemos como fazer isso, não ainda.

Melhor ainda: você tem uma ideia de como fazer isso. Pensa em se tornar artista comercial e passa a desenhar em tudo quanto é pedaço de papel: caras engraçadas de duendes, ondas, gatos, as coisas que vê. Páginas e mais páginas de pranchas de surf com um desenho no deque – uma faixa larga e recurva que vai estreitando até sumir na rabeta.

A mesma faixa que ainda está nos modelos da sua prancha, trinta anos depois.

Enquanto isso... fazemos muita merda. As ocasiões em que derrubamos as caixas de correio das casas chega ao ápice certa noite, quando passamos horas circulando dentro da van dos irmãos Norton, não só der-

---

* Gíria usada para se referir às pessoas de Avalon ou das praias do norte de Sydney. [N.T.]

TC

rubando como também coletando as caixas de correio, como se fossem troféus, e depois decorando a praia com elas para que as pessoas que vão nadar de manhã cedo se deparem com uma cena muito pós-moderna: setenta e três das mais belas caixas de correio das residências de Northern Beaches arrumadinhas em fileiras na areia. Uma noite de apresentação no clube Newport Plus começa com o grupo marchando pela rua principal de Newport em plena luz do dia com a cabeça de um porco fincada numa lança. O inverno parece interminável, então vamos, à noite, para os vales arborizados atrás da Hillside Road e travamos batalhas insanas e violentas, atirando enormes pedaços caídos das árvores uns nos outros, gritando "*Bismarck*", sem querer machucar ninguém mas, lá no fundo, esperando machucar um pouco.

O furto das caixas de correio é o único delito por que nos prendem. Talvez também seja a coisa menos idiota e perigosa que fazemos, mas envolve propriedade privada. E mesmo assim, você, Thomas Tom, consegue sair ileso. Quando os policiais apareceram, você está de cama por orientação do médico, convalescendo de um ferimento na perna causado pela quilha, o qual infeccionou. Os policiais decidem que bastava levar um Carroll para a delegacia para satisfazer os residentes de Bilgola Plateau. Você continua na cama enquanto somos levados até o magistrado no Centro de Detenção Juvenil Yasmar para ganhar uma bronca e entender a besteira que fizemos.

E assim o tempo passa. Você está presente, mas não totalmente. Ficamos jogando madeira uns nos outros na escuridão do inverno enquanto você vai para o Japão com Col, numa viagem com patrocínio de pranchas de surf, aprendendo a comer alga e peixe cru no café da manhã. Trabalhamos nos nossos empregos idiotas e, quando não estamos surfando, passamos o tempo na casa dos Newlings, ouvindo The Clash, fumando baseado, tostando ao sol. Derek batiza o grupo de Esquadrão Feliz.

E aí... Ferimento do Tom Carroll Número Dois. Lá no Pico, num fim de tarde nublado. Ondas boas. Você rabeia a onda do Haley, uma esquerda. Haley vai bem para o alto, passando por você, faz uma manobra des-

A zona de conforto

cendo a parede e contorna bem na hora em que você faz a cavada na marola deixada por ele. Haley ainda está em cima da prancha, liderando a manobra, quando o bico da prancha dele te atinge bem no meio do corpo, um pouco mais para o lado. A força da colisão te derruba. Você vai embora, dizendo que está com falta de ar, mas, mais tarde, quando voltamos para o carro, te encontramos sentado no banco da frente, dobrado ao meio, o rosto lívido.

Levamos você para o hospital Mona Vale e te deixamos com uma enfermeira que reconhecemos, uma amiga de Charlie, Helen Porter. Haley e eu voltamos para Hillside Road e o telefone toca. É a Helen: "Precisamos que você venha até aqui. Ele precisa fazer uma cirurgia urgente e precisamos de um adulto para assinar o consentimento."

Robert Hale pega o Ford Falcon V8 de seu pai e nos leva até o hospital, percorrendo os cinco quilômetros em menos de três minutos. Assino os papéis e o cirurgião endocrinologista, um médico condecorado que por acaso está no hospital quando você é admitido, faz a operação e descobre que seu estômago foi totalmente perfurado. Uma cirurgia simples, mas que salva sua vida.

Demora um tempo até eu entender o que aconteceu. Eu sou o ADULTO. Foi para mim que ligaram. Ouço novamente o sussurro daquele pensamento gélido quando mamãe morreu: *É isso. Agora a gente precisa tomar conta uns dos outros.* E me lembro de quando carreguei a sua prancha quando passamos pelo clube de surf de Narrabeen, você com o cheque, o futuro começando a se delinear.

Joe Engel ganhou o Pro Junior após minha vitória, e depois mais uma vez. Duas vezes seguidas. Fiquei bem chateado. Com raiva por ser o azarão. Eu precisava ter uma segunda vitória também, e consegui.

Assim, eu e o Joe reinamos soberanos naqueles quatro anos. Sendo amigos e não sendo. Dois lados da mesma moeda.

Tive dificuldade naquele evento de 1978 – estava muito nervoso. Depois, em 1979, tive um acidente com uma água-viva, uma caravela-portuguesa. Era um *swell* bem legal. A gente costumava usar aqueles coletes sem manga, amarrados de lado, bem justos, parecendo lona. Eu estava remando para pegar a onda da final, passando pela Narrabeen Alley, e a água-viva ficou presa embaixo do meu colete. Precisei pegar a onda e fui derrubado.

Também fui derrotado pelo Joe. Ele era um surfista muito bom, eu pirava com o surf dele. Ficou hospedado na nossa casa. Naquela final, eu estava um trapo. Talvez a caravela-portuguesa tivesse aparecido para que eu me desse conta disso, mas não funcionou.

Mesmo assim, estava muito satisfeito com a minha prancha. Eu a sentia bem rente à onda. Ela tinha uma rabeta *pin* bem fina e recurva, semiarredondada, com a quilha bem para trás, uma quilha verde. Nossa, como eu queria ver essa prancha de novo.

Surfei com essa mesma prancha no evento do ano seguinte e ganhei o Australian Junior Titles de 1978 de South Point, em Western Australia. Surfei até não aguentar mais. Foi um ano movimentado. O Australian Titles era um evento bem importante. Nunca vou esquecer minha primeira bateria, em Margaret River – ondas volumosas, de vento terral, escuras, grandes. Enfiei a quilha no encaixe na posição mais posterior possível na minha pin de seis pés para tentar dar conta do tamanho do *swell*. Fiquei, pensando: *Caramba, como pode isso? O que está acontecendo aqui?*

Todos os caras queriam ficar mais no *inside*, mas a esquerda parecia boa demais para não tentar ir adiante. Eu quis pegar uma. Joe veio atrás, mas a onda era grande demais para nós. Assustadora. Porém, lembro que consegui pegar e pensei: *Aêêêê! É isso aí! Estou conseguindo!* A prancha parecia enorme.

South Point foi uma competição de maratona, precisávamos remar muito, um evento muito cansativo. Mas eu queria ganhar e consegui entrar no ritmo da minha fórmula da vitória, obtendo resultados e conseguindo mais ímpeto a cada um deles. Tinha uma ideia geral de como as coisas estavam se desenrolando na bateria. Nada muito detalhado. Não era uma estratégia. Mesmo assim, eu tinha essa noção do que fazer nos vinte ou trinta minutos de cada bateria, e isso acabou se tornando

A zona de conforto

meu jeito-padrão de surfar. Eu ia, fazia a coisa, surfava, ganhava. Fazia de novo, chegava em segundo. Ia de novo e ganhava.

Sair vencedor era o máximo. No avião, de volta para casa, eu estava com Colin Smith – o outro Colin Smith, de Newcastle, que havia ganhado a categoria open – e ficamos conversando sobre os meus planos de ir para o Havaí, pensando em como me preparar. E ele me disse: "Tom, quando uma daquelas ondas quebra e você precisa se equilibrar, é como se tivessem enfiado um motor de carro no teu rabo!"

REAÇÃO DE CORPO INTEIRO

Aquela primeira viagem para o Havaí, todas as coisas por que passei lá. Eu me sentia como se fosse só mais um carinha, um pequeno *haole* naquele mundo imenso, um mundo de sonho. A gente ficava pensando na preparação, o que era legal, já que todo mundo estava se cagando de medo. Derek tinha ido para lá um ano antes e eu me lembro dele falando: "Talvez seja bom você se preparar antes, nadar, sei lá." Depois eu o vi nadando na praia. O Derek. Nadando. Antes de ir para o Havaí.

Quando ele voltou, não pareceu muito impressionado, mas eu não queria acreditar. Pensei: *você não entendeu o barato da coisa.*

Col Smith não gostava do Havaí porque não era como Narrabeen – ele não podia rabear a onda de ninguém. Sua opinião do Havaí era: "Ah, melhor você pedir para o Simon fazer as suas pranchas. Eu não vou conseguir te fazer pranchas para o Havaí. Não é o meu lugar. Mas... é perigoso. Lá é perigoso, Tom."

Ele dizer uma coisa dessas era bem "uau". Fiquei ressabiado.

Eu acreditava em cada palavra que Col dizia. De Pipeline, ele falava: "Dá para atravessar aquela onda com um caminhão! Toma cuidado quando for para lá, Tommy – é perigoso." Col costumava rir de tudo, mas não do Havaí.

Para mim, muitas das histórias do Havaí eram visuais, tiradas dos filmes, livros e revistas. Não da leitura, porque na verdade eu nunca lia nada. Era tudo visual. Eu fantasiava muito, sobre como seria surfar a onda, a sensação, e aí tentava replicar isso na arrebentação perto de casa.

Lembro que eu pegava aquela prancha Feathers, na qual desenhei o raio, e colocava no chão do quarto. Ficava olhando para ela e depois para as fotos do Gerry Lopez, pensando: *Essa é a prancha de Pipeline! Essa é a prancha de Pipeline!* Tentava fazer uma correspondência entre as cores, a luz e o visual e o que eu já conhecia das ondas, procurando reimaginar as cenas. Tal foto parecia a Lagoa, ou aquela outra parecia o banco de areia do Pico. Eu olhava as fotos de Pipeline e achava que parecia a Caverna de manhã, quando a luz passava por ela.

A luz de lá parecia um sonho. Meio onírica. Um espaço de sonhos. Os ensaios. E ensaiei muito, porque não dá para parar tudo no meio de uma onda, retroceder e fazer de novo. Não existe uma onda igual à outra. Quando você está na onda, é ela e pronto.

Eu ficava embaixo do portão da garagem em casa, tentando imaginar o tamanho, olhando as fotos, imaginando como seria, fazendo uma cavada embaixo do portão aberto da garagem. Aquele portão teve um papel importante para eu entender o tamanho das coisas. Ele foi minha escala de altura e também deu uma ideia do que podia acontecer numa onda. Foi coadjuvante em muitas fantasias.

Então eu já tinha visto as ondas, a luz e o formato delas, numa miniversão na arrebentação perto de casa. Mas algumas eram tão pesadas que eu achava que as imagens não faziam sentido, o peso e o tamanho da prancha e da pessoa em comparação com o volume de água. Eu olhava fotos de caras como Jacki Dunn, fazendo *drops* tardios nas paredes muito escuras de Pipeline, e ficava animadíssimo. Animado e assombrado com o quanto aquilo era enorme. Também havia outra foto, um anúncio num pôster grande de parede da revista *Surfer*. Billy Hamilton. Eu não conseguia imaginar como era estar numa onda daquele tamanho. Na foto, ele estava na base da onda, perto do *lip*, com aquela pose de pés abertos, típica dele, e havia um tubo enorme, totalmente iluminado por trás, de cima a baixo. Eu pensava: *Como é que eu vou surfar um negócio desses?*

Foram essas histórias, essas imagens, que me fizeram cagar de medo quando caí em Sunset pela primeira vez. As histórias eram tão cheias de

A zona de conforto

detalhes que eu literalmente caguei nas calças. Despenquei lá de cima, rodei junto com o *lip*. Eu pesava cinquenta quilos, tinha dezesseis anos e realmente me borrei de medo. Lembro que foi uma reação involuntária a todas as histórias que havia acumulado na cabeça. Uma reação de corpo inteiro.

Naquele ano, o inverno foi brutal – ventos alísios uivantes, *swells* vindos do norte, condições péssimas. Na época, eu não sabia disso e não estava nem aí. Fiquei lá durante três meses, vivendo nessas condições e adorando surfar no terrível Rocky Point e em Sunset.

Fiquei hospedado no complexo de prédios Kuilima com os caras de Narrabeen: Simon, Al Hunt, Brian Witty. Certa manhã, Fatty All me sacudiu para que eu acordasse. Ainda estava escuro, por volta de cinco da manhã. "Acorda, seu bostinha", ele disse. "A gente vai para Kauai e na volta do aeroporto você vai trazer o carro."

Na época eu não sabia dirigir, e o carro era um daqueles utilitários americanos gigantes que mais parecia um barco; mas fiquei calado, entrei no carro e fui com eles até o aeroporto. Eles saíram do carro e me deixaram lá. Não sei como consegui dirigir de volta. Ainda estava escuro. Mal dava para enxergar por cima do painel. Quando cheguei em Wahiawa, na metade do caminho de volta para North Shore, comecei a entender como essa coisa de dirigir funcionava. Há dois caminhos indo de North Shore para Wahiawa; um é uma estrada reta que vai para Halewia e o outro faz a curva por trás das plantações de abacaxi até Waialua, cheio de curvas em S. A estrada que serpenteia. Eu desci rugindo essas curvas e quase perdi o controle daquele carro enorme. Comecei a patinar de uma curva para a outra. Estava morrendo de medo que viesse um carro no sentido contrário, mas com mais medo ainda de tentar corrigir a trajetória do utilitário, ele capotar e eu cair da estrada. Felizmente, nenhum carro apareceu na outra direção e eu consegui chegar em Kuilima, são e salvo. Ainda era bem cedo de manhã.
E depois veio Pipeline. A primeira surfada em Pipeline é sempre um grande acontecimento. O mesmo vale para os garotos que querem ter sucesso: a primeira surfada em Pipeline é algo imenso. É preciso usar toda a sua inteligência e ser muito humilde. Tudo isso ao mesmo tempo.

Nunca vou me esquecer daquele dia. Um *swell* grande de oeste, límpido, o primeiro dia realmente bom do inverno. O clima era que Pipeline ia sumir. Na época, eu andava com Critta Byrne e Joe Engel. Eram caras bem intensos. Simon e os caras de Narrabeen também estavam ali. De modo geral, um ambiente bem difícil.

Joe disse: "Eu vou surfar Pipe hoje." Falou isso de peito estufado. Pensei a mesma coisa: *Isso aí! Também vou surfar em Pipeline hoje!* Já tinha visto a onda antes e ela não estava como eu imaginava. Não estava boa, havia muita areia no recife, mas Simon me disse que aquilo era comum, e claro que eu ouvia o que Simon dizia.

Critta chegou em mim e disse: pega sua maior prancha, a gente vai surfar Pipe. Pensei na de 7'2" que o Simon fez para mim, só que seria complicado. Já havia surfado com ela uma vez em Sunset e mal consegui virá-la. Eu era um cara bem pequeno, franzino, não conseguia fazer muita coisa. Era capaz de fazer uma cavada, mas lá em cima? Não. Estava morrendo de medo.

Entramos no mar e Joe já foi remando, então não havia a menor dúvida de que eu precisava ir também. Éramos grandes rivais. Critta, por outro lado, ia bem direto ao ponto. Ele era doido, o Critta é doido, então isso se encaixava bem naquela situação. Ele jogou para mim um bloco de cera e disse: "Passa a cera aí, cala a boca e entra."

Se ele não tivesse feito isso, eu só ia ficar ali, hipnotizado, olhando boquiaberto para os tubos.

Tirei a cordinha – na época, não se usava cordinha. Era um Pipeline responsa, uns três metros de onda. Shaun Tomson, Lopez e todo mundo no *line-up*. E eu todo *Uaaaaau*. Vestia bermuda e um colete de surf, porque estava meio frio e ventando.

Critta disse: "Você não precisa pegar uma grande. Fica esperando e pega umas no *inside* primeiro." Assim, ele me guiou, me disse como chegar até lá, começar na frente da arrebentação e ser tragado, remar até cansar. "Você vai ser impelido para trás mas consegue chegar lá", disse ele. E aí eu cheguei, lutando com aquela prancha grande e grossa, mas sem perdê-la.

Enquanto avançava pelas fechadeiras, olhei por cima do ombro e vi, pela primeira vez, Pipeline na lateral. Eu tinha dezesseis anos de idade e estava frente a frente com ela. Era incrível, os maiores tubos que já vira

A zona de conforto

na vida. Havia muito espaço dentro do tubo. Eu sabia das histórias, tinha imaginado como seria, porém nada se compara à realidade, nada mesmo. As histórias são legais mas, quando a onda está ali, de frente para você, aqueles buracos imensos, os seus heróis sentados nas pranchas lá atrás...

Mas é da minha natureza me intrometer nas coisas. É algo que simplesmente toma conta de mim. Pouco depois de chegar lá, comecei a pensar: *preciso pegar uma dessas ondas*. Elas me lembravam muito North Narrabeen. O jeito como a seção interior entrava, com uma curva, meio que arqueando num pico. Os caras estavam ignorando essa seção e eu pensei: *Nossa, pode ser que eu fique com essa pequena parte toda para mim, já que não tem ninguém pegando*.

Remei e entrei numa onda que parecia pequena, mas aí toda a parte de baixo esvaziou e eu comecei a dropar. Shaun Tomson estava remando. A onda fez uma guinada e cresceu, e eu senti a trilha da espuma subindo pela parede, que se abriu toda. De repente, eu estava naquela coisa enorme, me sentindo insignificante, e lá estava Shaun Tomson remando na beira da onda, olhando para mim. E eu pensando: *Uau, que incrível!*

Saí da onda, nadei, não perdi a prancha e fui imediatamente tomado por uma sensação de autoconfiança. Conexão, autoconfiança, adrenalina. Isso me fez querer ir mais longe. Continuei avançando pelas beiradas, pegando os finzinhos, o tempo todo olhando através daqueles tubos enormes de água e pirando, vendo os caras pegarem as grandes. Sabendo que aquele era o local de onde eu devia sair. Mas como?

Então tentei e tive uma das piores surras da minha vida. Uma segunda sequência de ondas surgiu e eu já estava tão dentro que dava para remar até a Backdoor, por dentro da marola. Saltei da prancha quando a espuma veio, impulsionei a prancha passando por cima e senti uma onda enorme subindo. Vi minha prancha simplesmente sair voando pela parte de trás da onda quando ela fechou. Vi outra onda vindo e pensei: *Que merda*. Tentei pegar minha prancha. Nadei loucamente e, quando cheguei nela, percebi que a onda seguinte já estava puxando e descendo bem em cima de mim. Eu havia me colocado bem na zona de impacto.

Olhei para minha prancha e achei que fosse morrer ali, porque era isso mesmo que parecia, que eu ia morrer.

TC

A onda quebrou bem em cima de mim, mas eu estava mais no rumo da praia, então ela me jogou para cima, no ar. Fui parar perto da praia e comecei a nadar, só que não conseguia chegar. Não conseguia de jeito nenhum. Levei uma eternidade. Já tinha passado por um bom pedaço de praia até conseguir. Caminhei todo o percurso de volta, peguei minha prancha e sentei na areia. Uma pessoa veio até mim e perguntou: "Eu te vi sair voando! Você se machucou? Está tudo bem?"

Eu não estava muito bem, me sentia bem abalado, mas isso serviu para me pôr no meu lugar. Foi o meu primeiro dia em Pipeline e serviu para me acordar. *Anda, vai lá, seu* haole *metido*.

E acho que foi aí que comecei a perceber que estava me desconectando. Eu fazia parte do meu grupo de amigos e não fazia ao mesmo tempo. Quando voltei para casa, em Newport, era verão e estava bem quente, com ondas de meio metro de altura, e eu sabia que não havia nada na Austrália que pudesse se comparar ao que eu havia passado.

1979. O tempo todo pensamos nos caras do norte de Narrabeen como nossos guias – Col Smith, Simon Anderson, Terry Fitzgerald. Não são só grandes surfistas, não são apenas os caras que fazem nossas pranchas e nos dão carona até as competições; são o mais próximo que tínhamos de pessoas adultas na nossa vida de surfista. Eles nos atraem, cada um a seu modo: você gosta da habilidade intensa e da extroversão de Col; Mike Newling gosta do jeito poderoso de surfar e das pranchas bonitas de Mike; Derek, Haley, Dougall e eu apreciamos a abrangência de intelecto e a inteligência de Fitzy.

Porém, ocorre uma mudança: nós dois passamos a atrair a energia do grupo. Uma mudança esquisita na situação. George Wales e Richard Cram tornam-se membros do Newport Plus e vêm de Bondi todo fim de semana no Chrysler Valiant gigante e superpotente de George. Fazemos competições insanas e perigosas contra os caras de Maroubra, e quem ganha precisa entreter os outros. E o pessoal de Maroubra sempre entretém porque aperfeiçoaram a terrível arte do "Spit the Winkle", a lavagem

A zona de conforto

intestinal feita com uma mangueira de jardim seguida de uma torrente explosiva em público. Somos melhores que o pessoal de Maroubra nas baterias, mas eles são imbatíveis no "Spit the Winkle".

Fazemos novas amizades com as pessoas que aparecem na cidade: Richard Gibbs, o amigo inglês dos Newlings; Mark Tydeman, cujo apelido é Spyder, e que nem em um milhão de anos entenderia seu significado; o colega de universidade de Spyder, Leroy Moulds; Keith Redman, o neozelandês pequeno e invocado que sempre sabe onde achar os melhores *buddha sticks**.

Tracks, a revista de surf maluca, publica um artigo insano de quatro páginas sobre o clube, colocando-nos enfileirados perto das privadas do clube de surf e fazendo uma série de fotos nossas no estilo dos retratos de delegacia, com descrições hilárias e talvez um pouco difamatórias de cada um. Adoramos aquilo e usamos como desculpa para nos comportar de maneira ainda mais terrível em público.

Surfing World, a revista de surf séria, publica a edição de número 170, volume 28, número 2. Na capa, uma foto sua, Gobbo, o *grommet* australiano arquetípico, com cabelo encaracolado até o ombro, pomada branca cobrindo o osso do nariz, encarando o leitor com boca entreaberta e um olhar meio curioso, como se mal acreditasse na sorte que tem. "A escola mágica", diz a matéria na revista. "Tom Carroll e os melhores jovens surfistas da Austrália." Lá dentro, fotos de todos os caras mais quentes. Twemlow tentando fazer um 360. Steve Wilson fazendo um *cutback* relaxado. Jim Banks fazendo uma cavada em Pipe. Derek, Crammy, George e Joe Engel, muitas fotos do Joe.

Há uma matéria de doze páginas com você, cheia de fotos bonitas do Gobbo surfando e muitas citações. "Eu prefiro surfar a trabalhar", diz você à revista, "então não vejo problema em fazer isso o tempo todo, mas sei que se eu continuar a surfar não vai sobrar muita coisa para fazer quando estiver mais velho".

Todo mundo ganha um parágrafo. O meu diz: "Daqui a alguns anos, pode ser que ele se dedique a algo mais sério, como jornalismo."

Será que é isso que eu sou?, eu penso. *Um jornalista?*

---

* *Buddha sticks* ("palitinhos de Buda"), também conhecidos como Thai sticks, eram baseados de maconha mais potentes, oriundos da Tailândia e populares durante as décadas de 1960 e 1970. [N.T.]

TC

Charlie Ryan vende a Ocean Shores Surf Shop; ele e Dale saem de nossas vidas tão abruptamente quanto chegaram. A loja entra em decadência, mas, apesar da recessão infinita dos anos pós-Whitlam, começam a pipocar pequenas lojas de surf. Roger Casey funda a KC Surfboards na antiga fábrica de Ron Wade, em Mona Vale, e dá início a uma pequena revolução de pranchas com duas quilhas. Um cara chamado Norman abre um negócio de roupas de borracha chamado Peak Wetsuits, que ele administra num escritório em cima de uma das lojas de Newport; John, o açougueiro, cansado daquela vida, resolve se arriscar: abandona a venda de carnes e junta-se a ele.

Novos eventos também passam a existir. Aquele Straight Talk Tyres Open, em Cronulla, para onde Smithy te leva de carro a toda velocidade, por exemplo, é um evento organizado pelos caras que começaram a competição da Coca-Cola, Graham Cassidy e Geoff Luton. Cassidy cobre o evento no jornal para o qual trabalha, o vespertino *Sydney Sun*. Papai já conhecia Cassidy e o chamava de "Sid", e riu quando contamos a ele sobre a competição.

Depois, quatro competições no Japão, onde as lojas de departamentos apaixonaram-se loucamente pela cultura surf. O Havaí vira o principal destino turístico dos japoneses, o surf é havaiano. Surfar no Japão é algo novo, diferente. E por que não? Você surfa na última delas, o JSO Chiba Pro, na boca do rio Isumi, e consegue passar por uma bateria, depois outra, e mais outra. Michael fica te chamando de *kucker*, um xingamento em africâner, mas mesmo assim você ganha dele. E, assim, você chega pela primeira vez às quartas de final de uma competição profissional.

As pessoas se referem a mim como o irmão do Tom Carroll. Não gosto nem um pouco disso. Rangendo os dentes, ganho o título do *open* australiano masculino, basicamente a única competição que posso ganhar sem precisar te derrotar. É legal, mas não é uma competição profissional.

Naquele dezembro, acompanho a equipe amadora australiana até a Califórnia, mas queria mesmo estar no Havaí. Você vai para o Havaí, chega às finais em Pipeline e sai em sexto. Você tem apenas dezoito anos.

Você coloca o pé no primeiro degrau da escada. E a escada não cai.

A zona de conforto

Eu estava me aventurando pelo mundo do surf, mas era legal poder voltar para casa, fazer parte de um grupo. Todos estávamos envolvidos na vida uns dos outros, era uma mentalidade de gangue bem louca no Newport Plus, e havia um entendimento de que estávamos todo no mesmo nível e que era melhor ficar ali, do contrário a pessoa podia se foder. Era uma atitude masculina bem típica, bem australiana. Os caras zombavam da sua cara por qualquer coisa.

Esses relacionamentos eram a minha base mas, quando eu viajava, tudo era novidade. Havia caras como Louie Ferreira, que conheci nas minhas primeiras viagens para o Havaí, e também os caras locais – essas eram amizades bem diferentes. Eu tinha um interesse natural por saber como eram as outras pessoas, essa curiosidade em saber como era nascer em outro lugar. A ideia de que havia um mundo além do que eu conhecia. O sonho das oportunidades. E eu estava tateando, tentando entender a mim mesmo em relação aos outros. Aberto a novos relacionamentos com as pessoas. Eu era meio ingênuo. E franco.

Louie ficou algumas vezes hospedado na nossa casa em Newport, misturando-se com meus amigos, e vi que era meio como ser estudante de intercâmbio. Louie Ferreira, o "Pistão Negro", flertando com as meninas das Northern Beaches – era engraçado.

Também havia outros caras da Austrália, como Joe, Thornton Fallander e Critta. Eu sempre estava no meio de duas personalidades agressivas. Minhas primeiras viagens para o Japão foram com Joey Buran e Joe Engel. Eu me dava bem com os dois, mas eles não se davam bem entre si.

Meu relacionamento com Joe era intenso – um embate. Cheyne Horan era extremamente competitivo, então entrávamos num combate acirrado, sempre tentando superar um ao outro. Como posso derrotá-lo no fliperama? Como posso derrotá-lo no ping-pong? Eram relacionamentos que oscilavam entre a amizade e a animosidade. A qualquer momento virava briga. Sempre havia uma sensação de brutalidade, uma tensão que nem sempre era boa.

TC

Quando vejo os moleques de hoje se relacionando uns com os outros, eles parecem legais; parecem ter uma atitude normal. Eu sempre precisava ficar atento. Afinal, nunca sabia quando poderiam tirar vantagem de mim ou tentar ficar por cima na situação. Ninguém tentava esconder isso, não era algo velado, estava bem à vista de todos.

Demorei a entender essa dinâmica e eu era muito sensível a ela. Gostava de manter tudo abafado, não demonstrar nada, e aí, no último instante, acabar com eles, ou só quando fosse mesmo necessário. Entrar na água e mostrar quem é que realmente manda ali.

Ao mesmo tempo, percebia uma reviravolta no meu grupo de amigos. Aquela sensação que eu tinha, de ser o cara arrogante que precisava aprender o seu lugar, já havia desaparecido quase por completo. Naquela época, ganhar as competições era algo muito importante para a gente, estar no palco da fama, entre os nossos heróis. Já tinha conseguido a final do Pipe Masters e, quando voltei daquele evento, em 1980, e também depois, quando ganhei o segundo Pro Junior, meus amigos me receberam muito bem. Uma sensação de *Nossa, fazemos parte de algo muito legal.*

Tenho uma foto em preto e branco minha, ganhando o Pro Junior de 1980, com todo mundo em cima de mim – Boj, Scott Lindley e Baley –, todos juntos, felizes em ver a vitória.

Além disso, acho que me consideravam um cara acessível. Eu não me comportava mais como na época em que tinha dezesseis anos. Já havia superado a fase em que me achava o máximo. Agora estava com dezoito anos, uma época difícil, mas tinha muito sucesso e não me gabava dele. Acho que isso ajudou a evitar que eu fosse uma pessoa inalcançável ou um enigma para todo mundo.

Para um surfista, ou para qualquer pessoa que alcance a fama, essa imagem enigmática pode ser poderosa porque você representa uma fantasia para as pessoas. Elas preferem confiar na fantasia. Talvez porque a cultura seja assim, comercial, voltada para as celebridades e as marcas.

Mas sempre achei difícil vender meu peixe. Acho que é difícil para todo mundo. Não deve ser fácil para alguém ficar se promovendo o tempo todo

---

* Trocadilho com Volkswagen. "Chook", em gíria australiana, significa "galinha". [N.T.]

A zona de conforto

e se sentir confortável. E quando você começa a ter orgulho, a situação pode ficar bem tensa. É preciso saber rir de si mesmo, saber errar. Isso é importante.

Quando ganhei meu último Pro Junior, já tinha começado a ganhar um bom dinheiro. Não lembro como a renda da Rip Curl e da Quiksilver começou a chegar, mas chegava. Todo o trabalho que eu fazia na Colby ou com serviços de lanternagem era para complementar a renda. Logo acumulei um pouco de dinheiro e pensei: *preciso me livrar do meu Holden, ele vai pifar*. O Holden desapareceu no éter e comprei um Ford Escort que apelidamos de "Chookwagen".*

A essa altura, já estava envolvido com a Byrne Surfboards. Na época, eu buscava abordagens diferentes, e Phil Byrne surgiu do nada e disse que adoraria me patrocinar. Byrne era uma marca legal e Phil tinha boas conexões no Havaí por causa do seu *shaping*, e era esse o meu objetivo – o Havaí. Eu já tinha surfado Pipe com Critta e visto Phil no Havaí, então confiava que essas reuniões seriam legais.

Foi bem difícil dizer adeus a Col Smith. Ele havia me ajudado tanto – mas também sentia que Col havia perdido um pouco de interesse pelo que fazia, e ele também tinha família. Mudar de patrocínio me parecia ser a coisa certa a fazer.

Alguém, não sei se Mark Warren ou PT, chegou e disse: "Essa foi uma mudança muito positiva para você, Tom." Não lembro quem foi, mas era alguém por quem eu tinha um grande respeito, e ouvir aquilo foi muito importante. Além disso, Byrne tinha uma forte ligação com a Quiksilver; ofereceram-lhe uma parceria com Bob McKnight nos EUA quando a Quiksilver começou por lá, mas ele decidiu continuar com sua própria marca. Os irmãos Byrne eram ambiciosos, mesmo sendo totalmente parte da Quiksilver, e isso me ajudou muito nos anos que se seguiram.

Assim, o surf começou a parecer uma carreira e eu não precisei voltar a trabalhar com o serviço de jardinagem do Overy, na Colby Engineering nem no funileiro de Brookvale, respirando a fumaça tóxica dos carros, enfrentando a bagunça, a maluquice dos funcionários e as caras confusas dos clientes.

O AVANÇO

Você ganha o último Pro Junior e aí fica a todo vapor.

1980. Seis dos dez eventos da turnê do International Professional Surfing, duas colocações em semifinal em Pipe e Haleiwa. Prêmio de 2.335 dólares. Você termina o ano em décimo oitavo lugar, duas posições abaixo dos sagrados dezesseis primeiros, os surfistas de elite que ganham entrada automática em todos os eventos.

No fim de 1980, Simon Anderson inventa a triquilha *thruster*. Ela é perfeita para o seu estilo de surf, quadrado, rápido e vigoroso. Phil Byrne imediatamente faz uma para você, até com aqueles canais no dorso. 1981 nasce como o ano da triquilha. É o ano dos "Aggronautas", o nome que as revistas de surf dão a você e a Critta Byrne, os *grommets* australianos infernais de cabelo encaracolado. Publicam fotos de vocês dois rosnando de brincadeira para as câmeras e ganhando as baterias.

Critta machuca as costas e não consegue acompanhar os Aggronautas. Fica em terceiro em Bells. Nono no da Coca-Cola. Quinto no novo OM-Bali Pro, em Uluwatu. Passaram-se dez anos desde que filmaram *Morning of the Earth* em Uluwatu e agora o lugar sedia uma competição. O surf está mudando cada vez mais rápido, adaptando-se ao ideal de se mostrar ao mundo sob essa roupagem de esporte profissional, essa onda que pegamos sem saber.

Depois, África do Sul, os dois eventos em Durban, onde um garoto desconhecido de quinze anos, Martin Popper, ultrapassa quase todo mundo, derrotando Shaun Tomson duas vezes. Ele fica em segundo lugar duas vezes seguidas. Pottz é quatro anos mais novo que você, mas ele está se intrometendo na sua missão. Você precisa pegar firme nas rédeas dos heróis de *Free Ride*, se possível. Assumir o controle.

A África do Sul me abriu os olhos. Na época, ser branco significava não conhecer as desgraças do mundo. Eu tinha conexões com os caras que conheci por lá e eles vinham visitar a gente, Dave Hansen em particular. Ele se hospedava na nossa casa, assim como o Louie, e era muito legal. Em troca, eu ficava na casa da família dele, um apartamento com vista para o norte de Durban. Eles me recebiam bem.

No começo, lá não parecia muito diferente da Austrália, a não ser pelos empregados e o cheiro clássico da África do Sul no ar, as plantas e as pessoas. Porém, cada vez mais eu percebia que havia um aspecto todo diferente na vida ali, e o lado sombrio começou a aparecer.

Esse lado era visível nas casas de família, nas atitudes para com os empregados, no dia a dia. Quando saíamos de carro para surfar, de manhã, Dave fazia comentários sobre os africanos que iam em direção aos prédios, indo trabalhar. Como ele era policial na época – trabalhava seis meses e ficava seis meses de folga – e precisava lidar com o pior de Durban, levava a situação até o limite. Ficava ziguezagueando com o carro na rua, subindo na calçada para assustar essas pessoas. Eu achava aquilo desagradável. Nunca tinha visto ninguém se comportar daquela maneira com outros seres humanos.

Ele tinha um revólver, sua arma de policial. Naquela idade, antes daquela viagem, eu nunca havia sido exposto a armas. Certa vez, saí de noite em Durban. Alguém sacou uma arma bem no meio da pista de dança e eu fui para o chão. Não sei por que fiz isso; talvez tivesse visto várias vezes nos filmes. Não sei bem como, mas alguém havia sacado uma arma – lembro-me do vulto dela, embora não consiga me lembrar da pessoa. É uma memória vaga, mas mesmo assim foi assustador.

A zona de conforto

As moças também levavam armas dentro das bolsas. Nunca tinha visto algo assim. Voltei lá no ano seguinte e Steve Wilson, de Maroubra, não pôde entrar no *pub* em Jeffreys Bay porque tinha a pele um pouco escura. Então começamos a chamá-lo de Steve Biko. Na semana anterior, o grande surfista havaiano Dane Kealoha tinha sido expulso do mesmo pub. Então desistimos totalmente daquele lugar: ninguém o frequentaria mais.

Certa vez, saquei um cheque no banco Barclays em Durban e havia um menino pedindo dinheiro do lado de fora. Dei um trocado a ele e uma senhora me olhou completamente enojada. Estava impecavelmente vestida – com ouro e tudo mais. Ela olhou para o menino no chão e disse: que vergonha, seu cafrezinho.* Que vergonha.

Fiquei com uma sensação horrível no estômago. Nunca imaginei que pessoas pudessem agir daquela maneira. Não fazia o menor sentido. Jamais havia me ocorrido que era possível se comportar assim com outras pessoas.

Na África do Sul, você obtém seus piores resultados do ano, mas mesmo assim consegue ficar entre os dez primeiros. E aí, no fim de agosto de 1981, numa sexta-feira, você está indo para o *pub* com alguns dos nossos amigos, pula a mureta de meio metro de altura que fica entre o bar e a área das mesas, cai no chão e não consegue se levantar.

É o Ferimento do Tom Carroll Número Um (b).

O que não sabemos é que aquela vaca no Pissing Point, seis anos atrás, mudou completamente o seu joelho direito. Ocorreu uma lesão nos ligamentos cruzados anterior e posterior e eles nunca se regeneraram. Desapareceram por completo, dissolvidos na cavidade do joelho. Resultado: deslocamento do joelho.

Um médico te examina, põe uma atadura e diz: "Então é isso, você nunca mais vai poder surfar, que pena." Ou algo parecido.

Em casa, você só fica sentado, com a perna para cima, desanimado,

---

* Cafre, de *kaffir*, termo pejorativo usado na África do Sul e em outros países africanos para designar uma pessoa negra. [N.T.]

introspectivo. Quando não estou por perto, você às vezes chora. Às vezes, de noite, posso ouvir.

O médico estava errado. Você faz uma consulta com Stuart Watson, o ortopedista esportivo, que dá o diagnóstico certo do joelho e te indica o cirurgião Merv Cross, famoso por colocar jogadores de futebol de volta em campo.

No começo de novembro, você dá entrada numa clínica particular na colina que tem vista para South Curl Curl. O Dr. Cross abre o seu joelho, coloca um pedaço de tendão que retirou da sua canela para substituir os ligamentos que sumiram, faz dois orifícios através do osso e prega tudo no lugar. Nenhum de nós tinha ouvido falar em algo assim. Vou te ver no dia seguinte mas você não está lá: em seu lugar, há um zumbi dopado de morfina, os olhos perdidos nas órbitas.

Você fica de cama durante duas semanas, com um gesso na perna. Quando o efeito dos analgésicos passa e você acorda tarde da noite, começa a chorar de novo, com um medo existencial – *e se tudo tiver chegado ao fim? Antes mesmo de começar?*

Eu deveria me preocupar mais com isso, mas não ligo porque, graças ao meu novo emprego de editor assistente da revista *Tracks*, finalmente poderei ir para o HAVAÍ pela primeira vez, então estou pouco me fodendo para o resto. Quanta maturidade.

Fitzy faz algumas pranchas para mim e eu acompanho nosso colega de equipe Steve "Biko" Wilson naquele inverno épico, quando Simon ganha em Pipe usando sua moderna *thruster*, e me dou conta, de verdade, pela primeira vez, daquilo em que nos metemos. Finalmente entendo o que você tentou me dizer depois da sua primeira viagem. Sunset Beach, Pipeline, Haleiwa – caralho, que picos. São ondas que nos transformam nos surfistas que sabemos que podemos ser. Eu escrevo sem parar. Biko e eu ficamos sem dinheiro e sobrevivemos à base de arroz e café instantâneo durante uma semana.

Retorno sete semanas depois e você está sem o gesso, ainda de muleta, e o ferimento é uma cicatriz rosada, irregular e saliente que fica meio quente de vez em quando. Você sai capengando pela praia, arrastando a perna pela areia, tentando fortalecê-la. A perna está bizarra em relação

A zona de conforto

ao resto do seu corpo: raquítica, magra igual à perna de uma galinha despenada. Perna de "chook", perna de galinha.

É assim que a chamamos, Perna de Galinha, e é assim que a sua lata velha, o Ford Escort, é batizado de Chookwagen.

Mas agora você está cheio de determinação. Foi picado pelo bicho. Fica concentrado em si mesmo. Sai para nadar com pé de pato. Vai para uma academia, aprende a usar os pesos, fortalece a Perna de Galinha até ela começar a se parecer com o resto. O resto do seu corpo também passa a reagir ao treino.

Continuo a fingir que estou no Havaí. É janeiro em Sydney, ondas de meio metro, e eu saio nadando todos os dias com a minha prancha de 7'2", tentando me concentrar na sensação embriagante de estar numa prancha grande. Certa manhã, apareço na praia e você está fazendo *bodysurfing*. Aqui está a prancha, lá está você. Eu te entrego a prancha.

Você pega uma esquerda pequena e preguiçosa, não muito longe da praia, faz uma manobra, um pequeno *cutback*, deixa a onda te alcançar, se abaixa e consegue um tubinho curto, com um pouco de espuma.

As peças do quebra-cabeça se encaixam. *Clique, clique, clique.*

Fiquei com o papai um tempo para me recuperar depois da operação, na casa dele em Paddington. Tive as experiências mais esquisitas sozinho naquela casa durante o dia. Passei um bom tempo sozinho. Estava num ciclo de analgésicos, tomando remédios a cada quatro horas. Eu ficava bem nas duas primeiras horas, mas aí, nas duas horas seguintes, a dor surgia. E aí eu precisava morder coisas, qualquer coisa, para me distrair da dor. Eu tinha umas experiências extracorpóreas, sentado na cama, meio acordado e meio dormindo sob o efeito dos analgésicos, sentindo-me ciente do meu corpo mas incapaz de mover qualquer parte. Precisava me esforçar muito para mover uma pequena parte do corpo. Lia livros – fazia qualquer coisa para fazer passar o tempo.

Quando voltei para Newport, realmente queria uma mudança na vida. O momento em que saio de Hillside Road é nebuloso. Não lem-

TC

bro muito bem. Foi a primeira vez que decidi morar sozinho, sem ninguém da família, longe do meu irmão. Procurei e achei um quarto para alugar numa casa em Avalon. Eu sentia como se estivesse avançando, subindo na vida. Tinha a renda do patrocínio e parecia ser capaz de tomar conta de mim mesmo. Talvez isso estivesse em sincronia com o fato de eu me recuperar da lesão no joelho.

Além disso, eu tinha o Chookwagen, e o engraçado é que achava isso um avanço. Podia me locomover. Ia de carro até a casa dos Byrnes, em Wollongong, e tentava quebrar meu recorde de velocidade todas as vezes. De Newport a Wollongong. Consegui fazer o percurso em uma hora e quinze minutos. Não sei como. Depois comprei um Alfa e não consegui quebrar meu recorde nele.

A CHEGADA DE MONTY

Foi uma época bem interessante. Fui competir em Bells, cheguei à final e fiquei em segundo, depois de MR. Meu melhor desempenho até então. Todos os caras subiram nas rochas em Rincon, torcendo.

E aí a Quiksilver me abandonou, do nada. Foi um grande choque. Me chamaram no escritório e falaram: "Ah, não podemos mais te patrocinar." Disseram que precisavam patrocinar Rabbit e que ele tinha mais valor para eles naquele momento.

Bem assim, do dia para a noite. Saí de lá em choque porque estava em ascensão. Eu me sentia bem forte, como se estivesse numa missão. O patrocínio de Byrne e da Rip Curl era bom, havia dinheiro chegando de diferentes áreas, mas a Quiksilver me largou e isso prejudicou um pouco minhas finanças.

Quando voltei para Sydney, fiquei um pouco desanimado, sem saber o que fazer. Mas aí recebi um telefonema, do nada, de um cara chamado Peter Mansted. Ele disse: "Vejo oportunidades no seu futuro, acho que você está numa boa fase." Era um cara ágil, entusiasmado, e me ofereceu um contrato.

Fui encontrá-lo no restaurante Black Stump, no norte de Sydney, com o meu Chookwagen. E lá conheci o Monty. Conversamos; ele planejava se tornar empresário de outros atletas. "Estou com várias ideias legais", disse. "Quanto você está ganhando? Quanto deseja ganhar?"

Eu tinha muita determinação e Mansted percebia isso; ele acompanhava meu progresso, viu que eu estava em ascensão. Disse que havia

TC

outras oportunidades além das marcas de surf, que não precisávamos depender delas. Fiquei desconfiado. Na verdade, não confiei nele logo de cara. Não conhecia esse mundo dos negócios muito bem, só sabia que vivia de modo muito simples com o que os patrocinadores me davam. Não sabia qual era o meu valor, na verdade. Só ficava lá surfando, competindo, dando o meu melhor, buscando maneiras de me aprimorar.

Já no dia seguinte, Shaun Tomson entrou em contato comigo em nome da Instinct Clothing, que tinha base na África do Sul. Eu não queria lidar diretamente com o Shaun dessa maneira porque estava competindo com ele, então pensei: *Maravilha, vou colocar Mansted em contato com ele.*

Ele me liga primeiro, na verdade. Na revista *Tracks*. "Oi, eu sou o Peter Mansted. *Acho que o Tom tem futuro pela frente. Aliás, você já tem empresário?*"

Mas que diabos, eu penso. *Quem é essa pessoa?* Dá para ver que ele quer que eu goste dele – é importante para ele –, e eu gosto. O Mansted não tem nada de furtivo. O cara é uma bola ruiva e sardenta de energia vestindo um terno. Gosto do fato de ele ser capaz de conceber o futuro, e ele está disposto a fazer planos, comprometer-se, dizer: *Vou fazer tal coisa e obter resultados.* Ele quer pegar a onda que estamos surfando e torná-la ainda maior.

Por outro lado, os caras de Newport não sabem muito bem o que achar dele. Nunca conheceram alguém tão careta. Hunter fica atônito. Basta ele olhar uma vez o queixo quadrado de Mansted e seu porte quase militar para apelidá-lo de "Monty", uma referência ao famoso general britânico. Monty! O nome cai feito uma luva – dá para imaginar o cara de uniforme, olhando com cara feia para as tropas, de arma na mão. *Saiam das trincheiras! Ataquem!*

Sinto que ele será capaz de fazer o que não estou disposto a fazer: te incentivar. De ser a pessoa que realiza enquanto você sonha.

Até então, eu nunca havia conhecido ninguém como ele. Ninguém tão cheio de vontades mas também tão contundente, com um jeito de pensar

A zona de conforto

grandioso, meio Ben-Hur. Talvez esse nível de ambição seja normal atualmente, mas naquela época era bem diferente. Ele mal podia esperar para chegar aos EUA e ser americano; dizia: "Vou te colocar no programa do Letterman!" Ele tinha um monte de sonhos, delírios absurdos de grandeza, como superar a IMG, que foi algo que eu descobri depois, mas ele sempre estava almejando mais alto que as outras pessoas. Esse jeito de pensar é vital num empresário para obter resultados das pessoas na hora da negociação.

Ele dizia: "Não estou nem aí, vou bater na porta dos caras, entrar e dizer como é que vai ser."

Quando me contavam, eu ficava: *COMO ASSIM você fez isso?*

Ele insistiu para que eu pegasse o contrato com a Instinct, tornou o contrato melhor do que eu seria capaz, especificando as responsabilidades de todo mundo de um jeito bem claro. Ele chegava e dizia, na lata: "Valemos tanto e não vamos arredar. Podemos entregar tais resultados." Ele se comprometia. Era bem legal. Aprendi muito sobre isso na época. Para completar, nós dois compartilhávamos da ideia do surfista como um esportista profissional, de transformar a coisa num trabalho, em algo que poderíamos aperfeiçoar partindo de seu status atual. Tínhamos a mesma visão.

Mas lembro que eu ficava assustado com a energia dele – muitas oportunidades, muitas negociações rápidas, muita ação, e eu não estava acostumado com isso. Minha energia era diferente: ela se concentrava no mar. Em terra, eu era bem mais calmo. Tive de aprender a me expor mais, a me valorizar para as pessoas. Nisso o Monty era bem agressivo, e no começo ele obteve bons resultados. Eu era o principal atleta dele e ganhei muitas menções na imprensa. Em jornais, vários pequenos artigos, colunas no *Sun* escritas pelo Graham Cassidy, todas essas coisas nas quais eu não tinha muito interesse, mas que acabei fazendo mesmo assim.

Com isso, passei a conhecer seu sonho, que era o de me tornar uma grande estrela, uma grande personalidade. Era o que ele queria, e acabou sendo mais o seu desejo do que o meu propriamente. Mas, no começo, era bem legal e tivemos resultado. Eu era receptivo a ele, à sua influência.

Mike Newling também estava competindo, e Monty achou que seria ótimo se viajássemos juntos. Gostei da ideia, mas Mike teria achado meio frustrante, de certo modo. Ele era uma ótima influência e a antítese de

TC

Monty. Era como se eu mais uma vez tivesse duas forças contrárias, uma de cada lado. Dois polos opostos flutuando ao redor da minha cabeça, e a gravidade que havia entre esses dois extremos às vezes era bem intensa.

﹏

1982. Você recebe 20.850 dólares de prêmio. Fica em nono lugar no Straight Talk Tyres, nono no Stubbies Classic, segundo no Bells Beach, nono na Coca-Cola, terceiro no OM-Bali Pro, terceiro em Gunston, terceiro no Mainstay Magnum, décimo sétimo no OP Pro, segundo no Hebara Japan e nono em Pipeline.

Copa do Mundo Sunkist, Sunset Beach, Havaí. Primeiro lugar. Uma vitória. Fica em terceiro lugar na classificação mundial.

O segundo lugar em Bells abre caminho para a vitória em Sunset. MR te derrota em Bells, mas em Sunset você usa umas rabetas *pin* estreitas e lindas, feitas pelo Bill Barnfield, que é extremamente minucioso. No último dia, as ondas estão excelentes, com dois metros e meio, e você pega uma dessas *pin* e faz ela cantar numa onda complexa e cheia de saliências. O jovem Glen Rawlings, australiano, fica em segundo, MR em terceiro e Shaun Tomson em quarto.

É tão fácil. Tão fácil de assistir. A ascensão natural do jovem campeão.

MR volta para a Austrália e diz para os meios de comunicação: "Acho que o Tom Carroll é a primeira opção para ganhar o título de campeão do mundo. Ele é um surfista poderoso, o surf precisa de alguém como ele."

Lá fora, os seus verdadeiros rivais começam a tomar forma.

Tom Curren, de Santa Barbara, na Califórnia, o garoto quieto de dezenove anos com um estilo de surf perfeito que chega às quartas de final do Straight Talk na sua primeira tentativa e se casa com a namoradinha de infância no dia seguinte.

Gary "Kong" Elkerton, um cara incomum de Queensland, cheio de fúria, que aparece para competir pelo título júnior de Sydney, patrocinado pela estação de rádio 2JJJ. Kong é um conhecido de Gary Green, o garoto-prodígio de Cronulla que foi atraído pelo grupo talentoso de Newport e se mudou para a casa de Hillside Road. Todas as noites, du-

A zona de conforto

rante o evento da JJJ, Kong aparece em Hillside com seu novo amigo, Ross Clarke-Jones, de Avoca, e nós quatro competimos para ver quem fuma mais maconha nos *bongs* até não conseguirmos nem falar. Kong ganha a competição e Ross fica em segundo.

Martin Potter, que saiu em turnê logo depois de suas duas colocações em finais em 1981, e que agora está com dezesseis anos e viaja pelo mundo em tempo integral.

Barton Lynch, de Manly, e Damien Hardman, de Narrabeen, ainda moleques, mas ascendendo rápido.

Também há um outro cara de Cronulla, Mark Occhilupo, patrocinado pela marca de roupas de surf do John, o açougueiro. O cara sai do Pico vestindo uma roupa de borracha com aquelas cores berrantes dos anos 1980: rosa-choque, azul intenso, amarelo-limão. John deseja expô-lo à energia do pessoal de Newport, mas o garoto parece estar em outra sintonia; é difícil sacar qual é a dele. Ele ainda é meio desajeitado, seus movimentos na água parecem seguir outro ritmo.

O cara é absurdo de bom. Todo mundo é. É a década de 1980, quando ninguém pode errar, e as coisas estão começando a se desenvolver.

Eu me mudei mais uma vez. Saí do quarto em Avalon e fui para uma casa na Foamcrest Avenue, em Newport, onde Keith Redman e sua namorada, Jill, estavam morando. Era uma casa de dois quartos; fiquei no pátio fechado da frente e o transformei no meu quarto. Era boa a sensação de estar novamente em Newport, poder ir até o Pico surfar, voltar a ser um desordeiro com Twemlow e Keith. Havia esticado o cordão umbilical que me ligava a Newport mas ele não havia se rompido.

Aquele foi o primeiro ano em que senti que realmente queria dar tudo de mim numa turnê. Também foi o primeiro ano em que tive namorada.

Elizabeth foi o meu primeiro amor verdadeiro. Bom, eu achava que era amor, pelo menos. Ela era grande amiga da namorada de Mike na época, Nicole, e eu me sentia muito ligado a ela, achava que tinha mesmo me apaixonado. Sob vários aspectos, ela era tudo para mim.

Elizabeth era uma mulher forte, de personalidade forte, e exerceu grande influência sobre mim. Ela havia decidido que seria policial e fez a academia de polícia. Certa noite, voltou para casa com um revólver – inacreditável, uma moça de dezenove anos com um revólver! Lembro que apontei o revólver para Twemlow uma vez. Ele se borrou de medo. Ele sabia que não estava carregado, mas mesmo assim se borrou.

Eu e ela acabamos morando naquela casa, junto com Keith e Jill.

Monty não botava fé no meu relacionamento. Sempre ficava em cima de mim, tentando me questionar. Ele dizia: "Argh, ela é uma mulher. Fica te atrapalhando, te dispersando. Você precisa se concentrar nos eventos." Ele tentava me manter focado nas viagens e questionava o relacionamento, por que eu estava namorando, dizendo: "Você ainda tem muito tempo pela frente, não precisa namorar agora."

Era um grande conflito quando o Monty se aproximava dos meus amigos. Era difícil, porque ele queria muito se envolver, mas sofria para se encaixar. Éramos uma turma de amigos bem próximos – se a pessoa não conseguia entrar, acabava de lado, era assim havia anos. Não ia mudar só por causa do Monty. Mas ele realmente queria ser um de nós e acho que ficou uma situação chata quando não se encaixou muito bem no grupo. Foi complicado. Ele era um intruso e isso criou certo conflito para mim, porque eu não era maduro o suficiente para lidar com aquilo e ser honesto com ele. Não sabia como explicar, chegar e dizer: "Agora não, Monty."

Em vez disso, eu o evitava sempre que possível. Fazia coisas desleais e tentava fugir da situação. Enfim, não me sentia à vontade para ser sincero com ele; agia de forma volátil. E ele sofria com isso também. Monty sabia que eu tinha pessoas perigosas ao redor. Sabia que havia gente no grupo que não queria exatamente o meu bem.

Keith ficava de olho em mim porque morávamos juntos. Na época, ele agia como um ótimo amigo, enquanto eu flanava por aí, entrando e saindo do país, fazendo minhas coisas. Ter um amigo que me elogiava e que cuidava da vida dele, apoiando o que fosse legal, parecia uma boa maneira de escapar. Eu não me ligava muito. Só achava que ele estava sendo bacana. Eu era assim, bem vulnerável.

E era uma amizade muito conveniente. Ele era meu amigo, me aju-

A zona de conforto

dava, ia surfar, a gente rachava o aluguel. Ele e Jill formavam uma parceria estável, eu achava bom tê-los por perto. Quase como voltar para casa e ter uma família. Mas isso também acabou chegando ao fim.

Naquele ano, eu tinha decidido passar um bom tempo no Havaí. Gastava grande parte do tempo só pensando na Elizabeth, no quanto ela significava para mim. O que eu sentia era bem forte e ela deixou claro que também sentia o mesmo. Ela foi até o Havaí com Nicole para passar o fim de semana comigo, no meu aniversário de vinte e um anos. O Pipe Masters estava acontecendo e isso foi um choque. Fiquei totalmente distraído, não queria participar do evento. Queria ficar com Elizabeth. Quando ela voltou para casa, nós nos concentramos e ganhamos a Copa Mundial. Eu estava cheio de energia, tinha acabado de completar vinte e um anos e derrotei MR.

Depois daquela vitória, voltei para casa e Monty me disse: "Certo, agora você precisa se concentrar de verdade no ano que vem, temos muitos planos, coisa e tal." Mas, para mim, o que Elizabeth dizia era o que importava. Eu não sabia muito bem como estabelecer um limite entre nós. E aí ela passou a morar comigo e começou a falar sobre ter filhos, em querer ver casas para comprar! Eu estava ganhando um dinheiro e dava para comprar uma casa, mas nem tinha pensado nisso. Tentei ser receptivo a essa ideia, mas fiquei assustado.

Eu era só um garoto, na verdade, e fiquei com medo do que ela estava oferecendo. Mas estava muito apaixonado. Monty questionava tudo, dizia: "O que você acha que está fazendo, amigo?" Ela se irritava com ele: "Ele não vai mais vir aqui, vai?" Então eu ficava indeciso. Não sabia como administrar meu relacionamento amoroso e muito menos o relacionamento que tinha com Monty.

E então ganhei o Coke Classic e comecei a viajar, e foi aí que Elizabeth também começou a lidar mal com o fato de eu estar sempre longe. Além disso, me concentrava cada vez mais em mim mesmo. Em mim, em quem eu era, no meu pequeno universo interior.

TC

Início de 1983. Uma grande mudança no surf profissional. Uma nova organização, a ASP, ganha uma pequena briga com a IPS, do Fred Hemming, pelo controle da turnê. O surf profissional fica desorganizado durante um breve período. Para controlar a confusão, Sid Cassidy inventa uma coisa chamada Australian Grand Slam: os quatro primeiros eventos australianos são isolados, fora do planejamento do campeonato mundial – uma turnê dentro de si mesma.

A quebra de ritmo deixa a velha guarda desorientada. Tom Curren ganha o Straight Talk, Pottz ganha o Stubbies. Joe dá tudo de si nas rodadas de preparação em Bells Beach e obtém sua única grande vitória, do jeito que ele sabia: com dificuldade.

Só resta então o Surfabout, e ele é seu.

Ao ver você se esforçando no dia da final, eu de repente me lembro daquela primeira vitória no Pro Junior. As esquerdas do norte de Narrabeen chegando à praia, o *cutback* bem rente, a marola imitando a faixa na sua prancha. Você contra Crammy, em vez de você contra Dougall.

Mas no Surfabout há milhares de pessoas na areia, e papai e Valerie estão entre elas, com nossa irmãzinha Lucy, nascida há poucas semanas. É a primeira e única vez que te veem ganhar. Um pequeno momento em família no meio da confusão. As câmeras de TV os seguem durante algum tempo e depois cortam para você, triunfante, segurando o troféu no palco.

Ganhar o campeonato da Coca-Cola significa ganhar um "furgão de surfista" da Bill Buckle Motors, em Brookvale. Mas você não quer um. Monty conversa com algumas pessoas, exerce um pouco da sua magia e poucos dias depois surge a foto no jornal: você com o gerente de vendas da Bill Buckle, recebendo as chaves de um Toyota T-18, o mais próximo que eles têm de um carro esportivo. "Campeão do surf recebe prêmio".

Adeus, Chookwagen. Haley acaba ficando com ele. Dirige o Chookwagen um tempo e o carro finalmente chega ao seu humilhante fim. Enquanto isso, você corre para lá e para cá no seu bonito carro *hatch*. As pessoas te reconhecem de longe. *Olha, o Tom está com um carro novo. Cuidado.*

Poucos meses depois, numa manhã de domingo, o telefone toca na

A zona de conforto

casa em Hillside Road. Eu atendo, sonolento, e você me conta o seguinte:

Você estava andando de carro em Mona Vale, na chuva, quando perdeu o controle numa das curvas da estrada principal, patinou e atingiu algo, um poste telefônico, talvez um carro estacionado. Enfim, chamaram a polícia e você está preocupado, achando que vão te prender. Afinal, você é uma estrela do surf em ascensão, coisa e tal.

"Então eu falei que não estava com a minha carteira de motorista", você diz. "E falei que era você."

"Você falou que era *eu*?" Nem sei o que dizer.

"E aí, o que você acha que vai acontecer?", você pergunta. Ainda não sei exatamente como te dizer o que estou pensando. Felizmente não preciso, porque você completa: "Tenho que contar a verdade para eles, não é?"

Sim, tem.

Você não espera até eu ligar para a polícia, nem pede a Monty para ligar. Você mesmo telefona imediatamente para o sargento que apareceu na cena do acidente e confessa a embaraçosa verdade, enfrenta tudo sem reclamar, até mesmo quando a notícia sai no jornal local. Você pode ser um sonhador, mas herdou do papai a noção de certo e errado.

Há um adendo a essa história: vinte e sete anos depois, pesquisando para um documentário sobre carros, acabo encontrando o próprio Bill Buckle, o vendedor de carros. Bill, bem mais velho mas ainda assim muito elegante, para o seu maravilhoso Audi R8 no acostamento, sai, olha para mim e diz, sem pestanejar: "Como vai o Toyota do seu irmão?"

Quando viajei para competir em 1983, decidi que aquele seria o meu ano de destaque. Estava saindo vitorioso, começando a sentir a energia. Precisava deixar acuados caras como Tom Curren e Pottz. Conseguia sentir o cheiro do título mundial, mas não sabia como conquistá-lo.

Naquele ano, até me saí bem na África do Sul e derrotei o Curren, o que foi bom. Continuei na Califórnia e não me dei tão bem lá, saí derrotado. Voltei para casa meio desanimado. Fui à Inglaterra e ganhei o Fistral.

Acho que mais ou menos nessa época Elizabeth não conseguiu

mais lidar com a distância entre nós. Ela era muito inquieta. Precisava ter um homem por perto. Estava sempre em busca dessa conexão e acho que aproveitava as oportunidades quando elas surgiam. Quando voltei do Reino Unido, eu estava morrendo de saudades. Mas percebi de cara que havia algo errado. Foi aí que descobri que ela estava tendo um caso. Fiquei arrasado: *Mas que merda! O que é que está acontecendo?*

Eu não tinha a menor ideia de como administrar um relacionamento.

Keith e eu descobrimos um lugar para morar atrás de Newport. Era um lugar bem legal, escondido. Me pediram para não ir para o Havaí porque a ASP e a IPS estavam se desentendendo e Fred Hemmings havia se recusado a apoiar a ASP. Monty disse: "Você precisa apoiar a ASP." Então pensei: *Tudo bem, não vou para o Havaí.* Foi bem difícil abrir mão do Havaí naquele ano.

E na mesma época em que estava tentando administrar toda a dor do fim do namoro, Redman e eu começamos a usar cocaína. Não tinha como ser melhor que aquilo, era uma queda no abismo. Havia a cocaína, o Natal estava chegando e, putz... Eu estava na Austrália, não no Havaí.

Spyder tinha inaugurado um café, o primeiro de Newport naquela época. Lembro de estar lá certa noite e de alguma coisa acontecendo com ele e Redman. Vi Spyder dizendo: "Beleza, vamos lá, vamos!"

Perguntei do que eles estavam falando.

Redman respondeu: "Spyder conseguiu um monte de coca, uns trinta gramas!"

"Quê? Vocês conseguiram o quê? Uau! Vamos lá!"

Era o momento perfeito: a dor e o viciado que havia dentro de mim, pronto para vir à tona. Era combustível para o fogo. E explodiu bem na minha cara.

Consegui chegar vivo no Ano-Novo e meio que despertei para a vida, pensando: *Puta que pariu!* Eu saio para surfar de dois em dois dias, nem sinto que sou um ser humano, me sinto completamente deslocado. Então decidi: Chega dessa merda. Preciso entrar na linha. Isso é ridículo.

Monty me viu e perguntou: "O que está acontecendo com você? Não te vejo há umas duas semanas – e você está péssimo!"

A zona de conforto

"Ah, foi só o feriado de Natal, nada de mais", respondi.

E ele: "Bom, melhor então você voltar ao trabalho – temos o grande evento. Você precisa treinar. Precisamos trabalhar."

Já tínhamos falado sobre o assunto, mas agora era hora de agir. Monty disse: "Você vem para cá, morar em Cremorne; vamos começar surfando seis horas por dia, cinco dias por semana. Você vai fazer treino aeróbico todo dia de manhã, descobri uma academia aqui perto. O Mike vem também e vai treinar com a gente."

E bam! Assim foi. A disciplina começou na primeira semana do ano novo e continuou durante dois meses e, no fim, eu estava tinindo. O programa era: surfar de manhã cedo, treino aeróbico, café da manhã, e depois surfar cinco horas: duas horas, depois pausa para o almoço, mais duas horas, pausa para o descanso, surfar uma hora depois do sol se pôr, e aí voltar para casa para dormir. Mike já tinha começado a examinar nossa dieta e bolou um plano de nutrição bem legal. O plano fazia sentido e combinou com os resultados que começamos a sentir com o treinamento.

Surfávamos as piores ondas que conseguíamos achar porque eu era péssimo nisso de surfar ondas ruins se comparado a Curren e muitos dos caras no topo. Meu estilo não se encaixava, então precisava me concentrar ao máximo. Uma das piores ondas do mundo rolava no sul de Bungan, uma onda fechada antes das lagoas de rocha ali, de vento nordeste. A gente geralmente surfava essa onda nas tardes de sexta. Era um dia bom para isso. O fim de semana era para diversão, surfar em qualquer lugar e na hora que a gente quisesse. Mas eu voltava para Cremorne na noite de domingo e começava tudo de novo na segunda. Quando pegava aquelas ondas ruins, tinha a impressão de voltar no tempo.

Além disso, morar com o Monty realmente aumentava o nosso foco. Fazíamos o que precisávamos fazer e isso sempre aproxima as pessoas; elas acabam se conhecendo melhor. Lembro de sair da casa de Mike em Bungan numa tarde de sexta com aquela sensação calma de trabalho feito, de ter realizado coisas durante a semana. Com uma baita autoestima. Saindo de carro da casa em Bungan, pegando a estrada e me sentindo bem.

Depois, foquei no primeiro evento, o Straight Talk Tyres, quando Occy me derrotou na final. E aí eu ganhei o Stubbies. Fui para a Flórida, para aquele evento não muito importante, o que fechava o campeonato mundial. Isso era muito louco, uma experiência surreal. Lembro que pensei: *Por que preciso fazer isso?* Olhei para todos os pontos no mapa e me dei conta: "Preciso ir para a desgraça da Flórida!" Eu estava com Mansted e ele estava me olhando daquele jeito insano dele, dizendo: "Isso mesmo!"

Olhei de novo e pensei: *Bom, são só uns dias, não vou nem mesmo sair do fuso horário.*

Foi a última pecinha da disciplina de que eu precisava, e também foi uma vitória fácil. Lembro de estar voltando para a Austrália, sobrevoando Sydney, com aquele título mundial já garantido. Me sentia bem comigo mesmo. Tinha acertado. Estava muito animado. Não importava como eu havia conseguido, o fato é que havia conseguido. Agora podia relaxar, curtir a vida. Tinha dado duro; fiz coisas que não queria fazer e aprendi com isso. Olhei pela janela do avião e comecei a perceber quantas piscinas havia em Sydney, nos quintais das casas. Incrível. Não sei por que prestei atenção nisso. Acho que é porque a praia sempre foi meu quintal e eu nunca havia parado para pensar naquilo antes.

De todo modo, ganhei aquela competição, voltei e fui derrotado por Cheyne em Bells, na final. Mas já tinha o título.

～

1983-1984. Você recebe 47.825 dólares de prêmio. Fica em quinto em Gunston, terceiro no Renault Pro Durban, nono no OP Atlantic City, segundo em Lacanau, na França, consegue uma vitória em Fistral, outra em Hebara, outra no Stubbies, fica em segundo em Beaurepaires, sai vitorioso num evento sem muita importância em Deerfield Beach, na Flórida, e fica em segundo em Bells.

É o primeiro na classificação mundial.

A ZONA DE CONFORTO

Tinha atingido meu objetivo de ganhar o título mundial. Estava naquela zona confortável sendo o novo campeão, ainda me dando conta de que o objetivo que parecia irreal até aquele momento era agora uma conquista.

Cheguei em Bells Beach flutuando. A imprensa repercutiu muito minha vitória, com várias menções e artigos organizados por Monty. Fiz uma aparição no programa *Bert Newton Show*, em Melbourne. Nunca me esquecerei de quando fui ver o Bert. Eles o chamavam de Cara-de-Lua. Foi incrível ver aquela cabeça: enorme, redonda e feliz. Ele foi superprofissional.

Descolamos o equipamento e tudo começou a acontecer. Entrei em ritmo de festa, mas também queria me dar bem no campeonato. Estava em sintonia com a minha prancha. Entrava numa bateria e conseguia logo assumir o controle. Não me desesperei. Tudo estava ao meu alcance. O impulso dado pela aura de campeão mundial, o fato de todo mundo estar pensando: *Esse cara se esforçou muito e realmente mereceu ganhar. Precisamos dar o lugar a ele, reconhecer seu talento.* As pessoas criam um mito em torno da sua fama e, assim que isso acontece, ela se fortalece.

A essa altura, fica bem difícil perder, porque os jurados estão do seu lado e você é o cara do momento; as pessoas falam sobre o evento, talvez até mesmo sonham com você.

E aí você ganha esse período de bonança, um espaço só seu.

Naquela época, 1984 em Bells, era bem mais simples do que agora.

TC

Havia menos coisas acontecendo, era mais fácil se locomover. O surf, por outro lado, tinha uma energia parecida com a de hoje.

As ondas foram melhorando à medida que o evento avançava e realmente odiei perder para o Cheyne naquela final. Achava realmente que ia ganhar. Eu o derrotei na primeira das três baterias de vinte minutos. Naquela época, passávamos muito tempo na água – a pontuação era calculada com três ondas, havia uma boia de prioridade e corridas de remada, sem auxílio de *jet-ski*. Era difícil remar. Não me lembro do que aconteceu até a final, para falar a verdade. Naquela viagem eu estava relaxando depois de três ou quatro meses de muito esforço.

Acho que ainda estava lidando com o fim do namoro. Ou, para ser mais exato, não estava. Fiz um mergulho interno e bloqueei essa parte de mim mesmo. Elizabeth havia se tornado um físico de mulher e isso, tenho que admitir, não era necessariamente bom. Era como se ela governasse a minha vida. À época, eu não sabia como expressar isso, mas havia abdicado demais do meu poder. Eu a via como a Pessoa Mágica. Pensava: *Sem ela, estou fodido!* O que não era verdade e não me parecia certo.

Muito da atitude que eu tinha na época, da força do meu surf, vinha dessa frustração e energia reprimida.

"Vou conseguir o título mundial só para mostrar a ela que sou sério. Minha vida continua, sou campeão, e ela perdeu tudo isso."

Hoje, olho para trás e acho que foi uma bênção ela ter partido o meu coração. No fim das contas, deu certo.

Quando retorno de Bells, cai a ficha: você é mesmo o campeão mundial do surf profissional.

Sete anos depois do primeiro Pro Junior. Onze anos e meio depois que começamos.

As pessoas acham que títulos são só rótulos, troféus, talvez. Não são. São o ar que respiramos, o sangue em nossas veias, o "eu" ampliado em proporções absurdas. O título de campeão é uma coisa que você usa e que usa você. O franzino Gobbo, aprendiz de funileiro mecânico, parece

A zona de conforto

de repente ter um metro e oitenta de altura, dourado, sorridente, sereno. Gobbo é glamoroso. Um deus.

Com o título vem a fama. A fama de verdade. Já faz certo tempo que você é reconhecido; há tempos me acostumei com isso, os caras chegando e falando: Como vai o seu irmão? Como vai o Tom? Sempre dou respostas padrão. Ele vai bem. Ficou em terceiro na Europa na semana passada. Viaja para o Havaí amanhã. Pode deixar, eu digo que você mandou um abraço. No geral, é legal – surfistas interessados em outros surfistas.

Mas agora... nossa. As pessoas sabem quem você é mesmo não sendo surfistas. Você faz parte dessa nova Austrália pós-recessão, a Austrália de Bob Hawke que ganhou a America's Cup, a Austrália dos anos 1980, saturada de músicas do INXS. Os programas de TV, as primeiras páginas nos jornais, as fotos de moda de corpo inteiro na *Vogue*. A competição da Coca-Cola ganha um suplemento a cores de dezesseis páginas no *Sun*, orquestrado por Sid Cassidy.

A fama começa a distorcer o nosso pequeno universo. Ela cria um mundo em círculos concêntricos, órbitas ao redor dessa massa gravitacional cada vez maior chamada Tom Carroll. Há um círculo externo, o mundo ao redor, e os círculos internos cada vez menores – a comunidade do surf, os fãs, os conhecidos e aliados e o último círculo: a bolha opaca que te circunda que exclui o resto do globo, refletindo o Tom que o mundo deseja enxergar.

Os caras de Newport flutuam nesse espaço sem se deixar afetar por essa distorção. Não estão nem aí para essa redoma da fama; para eles, ela é irrelevante, até mesmo meio engraçada. Eles vêm e vão à vontade. No surf, David Jones rabeia suas ondas, você rabeia as dele. Haley e Hunter fazem piada dizendo que a Mattel vai produzir uma linha de bonecos do Tom Carroll, riem das pessoas que fazem fila esperando entrar nessa bolha. Monty faz parte dela porque foi ele que a inventou. E dá duro por ela: o contrato com o iogurte SKI, o contrato com a Qantas. Mike está dentro dessa bolha, se sentindo meio desconfortável nessa posição, mas está disposto a continuar, a viajar e surfar. Keith também porque ele de certa forma a compreende: ele entende o que precisa ser e fazer para ter direito a um lugar dentro dela. Há uma negociação a fazer e ele é um vendedor nato. Consegue um emprego vendendo anúncios na *Tracks* e transforma em ouro as casuais histórias que conta sobre Tom e ele.

Estou dentro dessa bolha porque preciso estar. Afinal de contas, é a minha função – te proteger. *É isso. Precisamos tomar conta uns dos outros agora.* Lembra? Eu não teria como esquecer. Escrevo sobre as baterias que você ganha; sobre o seu treinamento, sobre os seus rivais. Nunca escrevo sobre as drogas.

E você? Você está no centro de tudo isso, a *raison d'être* aparente, mas, mesmo assim, mostra-se estranhamente passivo. Monty está ali para cuidar de tudo, Keith está ali para dar uma ideia de lealdade, ou um simulacro disso, estou ali e Mike também, se sentindo desconfortável com essa situação – e lá está você. Mas você só pensa em surfar.

—⚓︎—

Estava meio perdido. Monty ficava sempre por perto; tentava se meter entre Redman e mim, e também sair um pouco com o pessoal, o que era embaraçoso, mas mesmo assim conseguíamos fazer tudo o que precisava ser feito. Monty buscava conseguir mais contratos e eu só me concentrava em seguir como campeão mundial. Quando eu entrava nos lugares, adotava um jeito de andar altivo, achava que era O Fodão. E era O Fodão. A prova disso estava ao meu redor.

Em algum momento, tudo isso começou a mudar. No começo, me davam espaço. Depois não davam. Esse espaço mudou. As pessoas passaram a se intrometer. Eu sentia mais responsabilidade diante do mundo. Era assustador. De repente, havia mais gente que sabia quem eu era, mais gente me dando atenção – às vezes, de um jeito bem estranho. Como eu era naturalmente curioso, queria saber por quê. Por que aquela pessoas estava fazendo aquilo?

Lembro que isso me assustava, e às vezes me encantava. Era legal quando eu saía e me divertia, porque aí podia fazer uma pausa, fugir um pouco disso.

Na verdade, eu já tinha sido o alvo da atenção antes, só por ter uma irmã e um irmão mais velhos na escola. As amigas da Jo falavam de mim quando eu passava. No sétimo ano, em Pittwater, andava pelo corredor

A zona de conforto

e algumas delas me viam e diziam: Olha! É o irmão mais novo da Jo, o Tom! Olha que gracinha! Olha o sorriso dele!

E eu pensava: *Putz! O que falo para elas?*

Minha saída era sorrir. A Tática do Sorriso. É uma grande tática, e dá para vê-la no meu rosto até hoje. É meu mecanismo de defesa normal. Entro na situação sorrindo e isso tende a manter as pessoas à distância; as pessoas ficam na delas, o que é algo positivo. Tenho um sorriso legal, cativante. Então esse sorriso cativante era algo que eu usava, um jeito de lidar com as coisas sem precisar me revelar.

Usava o sorriso para lidar com situações em que ficava exposto a pessoas cuja companhia eu evitava, ou que me deixavam sem graça.

Mas eu naturalmente percebia, como campeão mundial, que tinha uma responsabilidade com o esporte. E acho que as pessoas sentiam o mesmo. Eu não era estranho, distante, hostil. Porém, meu jeito de escapar não era necessariamente saudável.

No entanto, outra mudança ocorreu. Alguma parte de mim relaxou. Minha postura mudou. Dá para ver isso na linguagem corporal da pessoa, o peso do mundo que ela carrega nos ombros some de repente quando ela realiza algo dessa magnitude. Depois esse peso volta, mais insuportável do que nunca. E aí a pessoa pensa: beleza, vamos para o próximo objetivo.

1984-85. Você ganha 32.300 dólares em prêmios. Fica em quinto no Spur Steakranch, na Cidade do Cabo; quinto no Country Feeling Classic, em J-Bay; quinto no Renault, em Durban; tem uma vitória no Gunston; fica em segundo em Lacanau; quinto no Fistral; décimo sétimo no Op Pro; segundo no Stubbies, nos EUA; consegue uma vitória em Hebara; fica em décimo sétimo pela Taça Mundial; nono no Stubbies; segundo em Beaurepaires; terceiro em Bells.

É o primeiro na classificação mundial.

Acabaram comigo logo de cara. Fui à África do Sul para surfar num evento de menor importância na Cidade do Cabo, em Outer Kom. As ondas estavam ótimas, lindas esquerdas, mas a água estava gelada.

E Occy estava lá, mandando ver. Surfando daquele jeito superdescolado dele. O movimento de tornozelo baixo e pesado, era muito legal vê-lo girar a parte de cima do corpo de um jeito que ocultava sua técnica. Era meio: *Como ele consegue?* Ele fazia umas manobras inacreditáveis.

A prancha ficava bem na borda e ele a endireitava daquele seu jeito clássico, bonito – muito jovem, muito vibrante.

Eu pensava: *Caramba! Como é que chego nesse nível?*

Foi realmente um desafio. Eu era campeão mundial, mas logo fiquei de joelhos. Depois, fui surfar J-Bay e lá estava o Occy, pirando. Naquele momento, ele era o melhor surfista do planeta, e todo mundo ficava "Meu Deus!". Dava rasgadas em J-Bay com aquela pequena Rusty Preisendorfer, a prancha fazia o que ele mandasse. Ele ditava tudo, interpretava tudo perfeitamente. Era um surf inovador.

Além disso, estava liderando a classificação mundial, e a ASP dizia que ele era o líder na classificação – o que dava a impressão de que era o campeão mundial.

Fiquei bem desanimado com a situação toda. Eu havia relaxado. Tentei me preparar para a turnê, mas ainda estava em ritmo de festa. Não sentia a mesma vontade de antes de obter o título mundial. Sabia que aquilo era comprometimento de verdade e que precisava estar nesse mesmo nível para voltar a ficar no topo.

Em relação ao Occy, achava que precisava aceitar que ele estava numa boa posição. Estava com Mike na época e conversei sobre isso com ele. Tentei absorver o fato, transformar de alguma maneira em estímulo, porque podia sentir as emoções negativas dentro de mim. *Que ele se foda, que todos se fodam!* Podia sentir isso crescendo dentro de mim. *Como ousam chamá-lo de campeão mundial? Como ousam?*

Tive de aprender uma nova abordagem. Depois da lição de humildade na Cidade do Cabo e em J-Bay, eu estava em Durban, no Gunston 500, com uma prancha de que não gostava. Era uma Phil Byrne de 5'9", com canais no dorso e um tanto curvada demais na frente. Pre-

A zona de conforto

cisava de algo mais reto; não conseguia manobrá-la nas bordas do jeito que queria e lutava contra ela o tempo todo.

Pensei: *Tudo bem*. Isso vai ser um exercício para me recompor, para me disciplinar a voltar ao que eu era e deixar minha marca, ganhar com uma prancha ruim. Um desafio para recomeçar do zero.

Sabia que não ia conseguir me livrar do Occy. Não ia me livrar de Pottz, Curren e dos outros caras jovens que estavam surgindo. Mas podia mudar minha própria perspectiva. E era capaz de fazer isso bem rápido. Precisava me concentrar em transformar a minha antipatia pela prancha em algo positivo. E consegui. Ganhei o Gunston 500.

Ganhar o Gunston foi um grande passo para mim, mas estar na África do Sul naquele ano foi bem desconfortável, sob vários aspectos. Eu era campeão mundial e a imprensa transformou minha ida à África do Sul num grande evento. Porém, no âmbito pessoal, cada viagem que eu fazia até lá era mais intensa que a anterior, eu ficava cada vez mais sensível ao modo como as pessoas se comportavam e como tratavam umas às outras sob o *apartheid*. Cada viagem me deixava num conflito interno a respeito do que estava acontecendo. Isso teve um grande efeito sobre mim.

Terminei essa parte da turnê, fui para a França pela primeira vez e para o Reino Unido, onde não fui muito bem no Fistral. Depois, Occy me derrotou na final do Lacanau Pro. Mas eu estava com um pouco de sorte. Começava a me sentir fisicamente forte de novo, prestava muita atenção no estilo de surfar do Occy, em suas pranchas. Todo mundo dizia que ele era o melhor do mundo e a minha reação foi ficar ainda mais focado, ciente do que era capaz, determinando os passos do que precisava para ganhar. Também estava fazendo muita fisioterapia para o joelho direito, tentando deixar a perna mais forte, malhando, alongando, trabalhando minhas capacidades físicas. Foi legal passar um tempo com Mike, e o Haley também apareceu para passear com a gente na França.

O clima era divertido, relaxado, e foi crucial ter esses caras por perto por causa do peso da ideia de que Occy era o campeão mundial incontestável. Pensar nisso não me fazia bem, exceto pelo fato de que me obrigava a ter mais foco.

TC

Fora isso, não havia problemas, mas eu precisava acreditar mais no meu equipamento. Fui até a Califórnia, conheci Rusty Preisendorfer e trabalhei com ele. Eu sabia que havia algum segredo na prancha de Occ que o ajudava muito. Rusty me fez umas pranchas bem legais e fiquei em segundo lugar no Stubbies, depois de Brad Gerlach.

Era só questão de me recuperar, resgatar meu equilíbrio. Gostava da ideia de continuar sendo o campeão mundial só para colocar o último prego no caixão. Mark Richards já tinha quatro títulos mundiais; para mim, seria difícil ter um só.

Ainda éramos muito jovens. Eu tinha apenas vinte e dois anos.

～

Existem duas coisas capazes de penetrar a bolha do seu mundo interior. A primeira é o surf; a segunda, a amizade. Em novembro de 1984, alugamos uma casa em Log Cabins, em Oahu: eu, você, Mike, Haley e Spyder.

Já fazemos parte dessa jovem brigada imortal que se reúne no North Shore em cada um dos incríveis invernos da década de 1980. Os caras do Havaí. Louis, é claro. "Carvin'" Marvin Foster. Ronnie Burns. Mickey Nielsen. Marty Hoffman. Os Kinimakas, de Kauai. Tim Fretz, que chamam de "Taz" porque ele é como um demônio da Tasmânia. Max Medeiros, de Kauai, o Max de sorriso calmo, caçador de tubos. James "Bird" Mahelona, que faz mudança de base para conseguir rasgadas nos tubos de Sunset. Johnny Gomes, que tem quatorze anos de idade mas tamanho de homem adulto. A galera de Sunset: Richard Schmidt e Allen Sarlo, da Califórnia, Don Johnson, Jeff Johnston, Bradshaw, Kong, Butch Perreira e Michael Ho no topo da hierarquia. A galera de Pipeline Underground: Bruce Hansel, Chris Lundy, Bulkley, Adam-12, Tony Roy. Jeff Hornbaker e Aaron Chang, os fotógrafos artistas. Os caras que não conseguiram repetir o sucesso: Joey Buran, o garoto californiano conhecido por fazer rasgadas muito curtas, mas que em Pipeline se torna um surfista completamente diferente, insano, cheio de vontade. Derek Ho, o irmão de Michael, menor que você e que se pendura na face da onda em Pipeline feito uma mosca na parede.

A zona de conforto

Depois, muitos anos mais tarde, reflito que talvez aquela fosse nossa versão de uma zona de guerra. Nossa geração não passou pelo pesadelo da guerra, mas mesmo assim buscamos um simulacro dela, a adrenalina, o sangue jovem sedento dos riscos das ondas incríveis, encerando nossas pranchas, esquivando-se das bombas de quatro metros e meio que quebram no pico oeste de Sunset e no segundo recife de Pipe, o medo, a exaustão, a estranha paz que sentimos no fim de um dia movimentado.

Depois, o vazio da calmaria, o vazio entre as fases de loucura. A quietude inquieta.

Há um pequeno apartamento no subsolo, debaixo da casa em Log Cabins. Depois de mais ou menos um mês, Taz o aluga para fins recreativos do pessoal de North Shore e batiza o lugar de "Laboratório". Ele vem de Honolulu às sextas e entra no apartamento acompanhado de uma garota loira e magrinha e um amigo, um cara famoso da área, chamado Manson.

De vez em quando, conseguimos 3,5 g de cocaína e cheiramos de noite (Newling, o natureba, é sensato e se abstém) e ficamos falando merda metade da noite. Depois, vamos parar na praia de Logs ou Ke Iki, fumando baseados numa vã tentativa de voltar a se acalmar, observando as brilhantes estrelas dos trópicos, tentando identificar as constelações do hemisfério Norte e contando os intervalos dos *swells* enquanto as ondas sibilam e quebram, invisíveis no escuro.

Contamos os segundos entre os estrondos das ondas, igual às crianças que contam os segundos entre um relâmpago e um trovão. Com intervalos de dez ou doze segundos, o *swell* está chegando ou já chegou. Depois de dezessete segundos, ele está a toda e é melhor você estar preparado, com ou sem ressaca de cocaína. Numa noite de sexta-feira em que ficamos muito chapados, o intervalo é bem maior do que dezessete segundos. Temos um sono intermitente de apenas três horas, ao som de alguma música maluca que vem do Laboratório do Taz, e acordamos para um dia com luz difusa e cinzenta e um *swell* forte que vem do oeste, com ondas opacas que quebram com um baque surdo, ao longo do recife de Log Cabins. Qual o tamanho das ondas? A maior parte do *swell* está se afastando da costa e indo para a direita, mas mesmo assim as ondas devem ter uns dois metros e meio ou mais na frente.

Taz, que já está na areia com uma prancha de biquilha pequenininha, acena para a gente e entra correndo na arrebentação durante a calmaria, pega uma onda responsa e tenta sua manobra Taz, um 360° no crítico. Ele é obliterado, simplesmente destruído. Mas logo se recompõe e corre para tentar de novo.

Você aponta para a praia onde, a quase um quilômetro dali, uma quantidade enorme de espuma rola sobre o recife de Pipeline. É o dia final do Pipe Masters.

Newling e eu deixamos você lá com suas duas pranchas Rusty *widowmaker* e rumamos para Sunset Beach. A praia engana em tamanho, parece pequena, e o único sinal de algo mais dramático acontecendo é a reunião de pontinhos no pico do *swell* oeste. Um pequeno e solitário grupo de pessoas reunidas para um grande dia. O surfista havaiano Keone Downing acaba de chegar. Ele diz: "Hoje é um daqueles dias em que a gente não vê a onda chegar."

Ficamos horas surfando. Acho que Newling nem mesmo está usando cordinha. Eu estou e ela acaba se rompendo sob uma série imensa de ondas. A sensação é a de ser atropelado por vários prédios. Eu nado e nado, tonto de tanta adrenalina, e pego uma carona com Sarlo nos últimos cem metros contra a corrente.

Em Pipeline, de tarde, sento perto do jovem profissional australiano Graham "Ces" Wilson e fico observando você surfar na final. Você está bem calmo, sem a agitação da adrenalina, mas a plateia tem olhos para outro, Joey Buran, que está fazendo o show do dia, onda após onda, pegando umas imensas, assustadoras, tubos enormes.

Joey está na liderança quando você pega uma onda grande, um pouco mais longe do recife. A onda ergue-se bem acima do banco de areia – uma parede, não um tubo. Há outra pessoa correndo atrás da próxima. Os olhares se desviam.

E então você sai da base da onda e sobe direto na muralha de água iluminada por trás, a prancha de repente parece uma espada, e no último segundo possível você passa todo o seu peso para a outra borda. A

A zona de conforto

prancha faz uma manobra num arco impossível. É a mesma manobra de dez anos atrás, da onda de esquerda em frente ao Newport Surf Club, mas agora numa onda de três metros e meio em Pipeline. Não é possível.

Você consegue fazer metade da manobra mas aí a borda emperra e você cai. Ces e eu nos entreolhamos. A gente viu *mesmo* isso? Será que as outras pessoas viram também?

A ironia: Pipeline, a onda mais legal do mundo, essa onda que te desafia e que você redefine, está fora da turnê de classificação. Nada disso te ajuda a ganhar o título mundial. Mais tarde, ela vai te ajudar a conquistá-lo.

Escrevo sobre tudo isso, mas não sobre as drogas.

Fizemos muito dinheiro naquele ano. Ganhei o equivalente a uns sete carros.

Não estava prestando muita atenção nisso, mas lembro que tinha uma quantia considerável na minha conta bancária. Eu olhava aquilo e pensava: *Uau!* Monty ficou animado e fomos ver mas porrada de carros diferentes. Fomos a uma concessionária da BMW e testamos uns muito legais. Peguei uma BMW 323i, que já apreciava havia algum tempo, para dar uma volta. Lembrei os anos em que fiquei dirigindo o Chookwagen, pensando: *Este carro é muito ruim. Olha só o daquela pessoa – por que não posso ter um igual?* Keith Redman curtia muito carros, então ele me influenciou.

Mas os preços não faziam sentido para mim. A gente olhou do outro lado da rua, em frente à concessionária, e viu uma Mercedes conversível brilhando ao sol. Monty disse: "Você pode ter uma igual! Você pode!"

E eu: "Não vou comprar um carro desses! Que ideia ridícula."

Minha tática era diferente; já começava a pensar em comprar uma casa, em ter um imóvel, ver o que conseguia comprar. Voltamos para Newport e vi uma casinha que ficava em 66 Foamcrest, uma rua perto de onde eu morava. Já a tinha visto antes e tinha achado bem legal, então dei de entrada o máximo de dinheiro que pude. Ela custava 120 mil dólares e dei 30 mil de entrada, combinando de pagar o restante em vinte e cinco anos. Pensei: *Caramba, vinte e cinco anos!* Nunca vou chegar lá. Era um conceito absurdo, surreal. As

TC

taxas de juros ficavam em torno de 14% e podiam chegar até mais ou menos 18%. Pensei: *Não quero nem olhar para isso, só me deixem surfar e trazer a grana.*

Foi uma decisão importante aos olhos de todo mundo. Ser dono de uma casa! Eu não me sentia diferente dos meus amigos, exceto pelo fato de já estar encaminhado na vida.

Monty continuava a lidar com os contratos. Ele estava enlouquecendo o pessoal da Instinct. Shaun sempre tentava negociar comigo e fugir do Monty. Mas aí eu acabava piorando tudo, de algum modo.

~

Mais uma vez, Bells Beach é a sua "corrida da vitória". Você comparece a esse evento num estado bem diferente daquele do ano passado. Não há entrega expressa de cocaína, nem o peso do título mundial. A paranoia do meio do ano quanto a Occy e Pottz ficou no passado. Você agora carrega certo peso nos ombros que substituiu a sensação de poder, de expansão, de grandeza da primeira vez. Ninguém realmente duvida de que você será campeão mundial mais uma vez.

Ninguém exceto Shaun. O herói de *Free Ride* fez o impossível – na sua última tentativa pelo título, ele deu tudo de si no evento, pensando em qualificar-se por meio das triagens e te enfrentar de cabeça, transformar a coisa em um duelo mano a mano.

Shaun passa tranquilo pela primeira bateria – óbvio. Ele então precisa competir com três pessoas: Gary Elkerton, um jovem surfista brasileiro e eu.

A bateria acontece ao meio-dia, um dia bonito em Bells, com ondas de um metro e meio a dois metros. Não me sinto nem um pouco nervoso. Sei que Kong não está. Nós dois estamos com pranchas de seis canais Allan Byrne, as pranchas mais avançadas da competição, do mundo inteiro. O brasileiro tenta mas parece uma boia. Kong e eu o ultrapassamos repetidas vezes, onda após onda. Shaun fica com a raspa da panela e faz o que pode, mas a onda e o peso da história quebram em cima dele, rolando por cima, deixando-o para trás.

Mais tarde, em um daqueles meus momentos sensíveis de surfista-

A zona de conforto

-escritor, tento entrevistá-lo. Cavalheiro que é, ele me dá um endereço e um número de telefone, mas, quando chego lá, ele já se foi.

E assim os acontecimentos seguem o roteiro predeterminado. Mais ou menos um dia depois estamos no *pub* Torquay, almoçando – você, eu, Monty e um jornalista do *National Times* que veio de Melbourne para pesquisar a fundo e escrever um perfil sobre o jovem campeão, mirrado mas bonito, que por acaso também é filho de V. J. Carroll, conhecido de todos os jornalistas.

O *pub* Torquay está quase vazio, exceto por nós quatro, o que deixa Monty ainda mais à vontade. Ele despeja sobre o jornalista histórias de triunfo e grandeza. Diz que todo o mundo do surf profissional está à nossa mercê. "Chamam a gente de Santíssima Trindade", diz ele. "Tom, Nick e eu. Ficam ressabiados porque sabem que juntos somos invencíveis, juntos somos intocáveis."

O jornalista é cortês. Olho para ele e penso: *Ele está nos observando com mais atenção do que imaginamos.*

Eu não estou muito atento em você.

O jornalista te pergunta sobre a próxima temporada e do nada você solta a bomba:

"Bom, decidi não competir na África do Sul este ano. Acho que é importante para mim, como campeão mundial, tomar uma posição quanto ao *apartheid*. Tenho opiniões fortes sobre o assunto e, se há algo que eu posso fazer para tentar mudar a situação, acho que é isso."

A Santíssima Trindade fica confusa. Secretamente, fico muito animado com o que você diz e preciso me conter para não demonstrar. Monty fica quase apoplético. Ele neutraliza a situação com maestria: "Tom ainda não sabe com certeza como faremos. Vamos anunciar em uma semana, mais ou menos." Estratégia digna de chefe de Estado.

O Monty tirou aquilo do nada; nenhum de nós nem tinha ideia daquilo. Mais tarde, quando tudo fica mais ou menos calmo – depois que a Instinct te abandona e Monty consegue, no meio da cagada, um novo contrato maior com a Quiksilver, depois que alguns surfistas falam mal de você e outros te apoiam, depois que as cartas de pessoas furiosas param de chegar e você emoldura a carta de apoio que recebe do Primeiro-Ministro –, eu penso com meus botões: *Bom, Thomas, acho que você jogou o Monty na fogueira, não?*

Mas você se atirou na fogueira primeiro. Como numa onda em Pipe. Você fica sentado, sente a onda vindo, o momento. Quando ela vem, você confia no seu instinto. Vira, rema, dropa em queda livre.

Como numa onda, mas isso não é uma onda. É só o seu bom senso que te diz o que é certo e o que é errado. Em algum lugar dentro desse nevoeiro de sonhos que é a sua cabeça, entre as ondas, está essa outra coisa, esse pequeno núcleo duro. As ondas se chocam contra ele em vão.

É mais duro que qualquer coisa dentro da minha cabeça, apesar de toda a minha energia e loucura. Será que eu teria tido coragem de fazer o que você fez, na frente de um repórter, ali no *pub*? Quase jogar minha carreira pela janela porque era... o certo a fazer?

Quando tomei essa decisão do boicote, descobri que muito da minha sensibilidade diante do fato surgiu porque via que a mesma coisa acontecia por aqui, no nosso quintal, na minha cabeça. Então resolvi tomar uma atitude, mas com isso ganhei a responsabilidade enorme de insistir na minha decisão.

Mas não queria entrar na onda de ativismo. Sei que ela só serve de combustível, que é outra camada de lixo. Ouvia muita gente falar que eu devia me juntar a tal grupo ou fazer tal coisa, e ficava pensando: *O que há de errado comigo? Por que não quero ser ativista pela causa?* Mas algo dentro de mim dizia que não era o certo. Na época, estava viajando com um cara que cogitava entrar para a política nos EUA. Eu o vi mais ou menos um ano depois, na Califórnia. Batemos um papo e eu me sentia muito confuso, sem saber como deveria agir a respeito dessa minha decisão, se devia fazer algo além de simplesmente tomá-la.

Ele deixou *tudo bem* claro: se por causa do que eu disse uma única pessoa tivesse questionado aquele sistema, já tinha feito minha parte.

Essas palavras me impressionaram. Eram elas que minha consciência tentava alcançar o tempo todo.

A zona de conforto

África do Sul, onde tomei uma atitude com a minha influência de campeão mundial e como alguém no ápice da carreira que podia gerar grande impacto – isso foi grande. Quando o assunto são essas coisas, o lado humano, nem sempre sou capaz de ser magnânimo. Várias vezes ajo contra minha vontade, ou não sou leal ao que sinto – talvez por não saber como agir. Eu não sabia como bater o pé em relação a minhas convicções, não tinha o instrumental para isso. Não queria ouvir a voz que dizia: *Bom, neste assunto você vai agir dessa maneira, Tom.* Nem sempre ouvia minha consciência.

Tomar a decisão moral de ser sincero foi uma atitude para tentar me curar, mas a escolha foi muito, muito dolorosa. Despir a máscara e voltar o olhar para dentro de mim mesmo, sabendo que isso afetaria todos ao meu redor. Foi um despertar.

Acima: Amostra do lado não muito cool dos anos 1970, em um estacionamento de Newport (esq. para dir.): Scott Beggs, Robert Hale, Peter Phelps, Greg Fearnside, Rod Hynd, Andrew Hunter (na bicicleta), Nick, Sam Seiler e Derek Hynd. (Foto: Tom Carroll)

À esquerda: Haley e Hunter, apostando corrida de bicicleta no quintal, 1982. (Foto: Tom Carroll)

Abaixo: Tom em seu quarto na casa de Keith e Jill, fim de 1982.

Palhaços em turnê (esq. para dir.): Kong, Ross, Rod Kerr, Dooma Hardman, Jeff Booth, Bryce Ellis, Glen Winton e Simon Law em Hebara, Japão. (Foto: Tom Carroll)

Na praia em Logs, 1984. Em pé (esq. para dir.): Mike Newling, Peter Crawford, Haley e Spyder. Agachados: Tom e Nick.

Em sentido horário, de cima para baixo: Haley em missão pela França em 1985, com Mitch Thorson e Kingsley Looker. (Foto: Tom Carroll)

MR, o Primeiro-Ministro Bob Hawke e Tom no Parlamento australiano, 1985.

Tom Curren em um momento tranquilo no Op Pro, 1984. (Foto: Tom Carroll)

Jeff Hornbaker, no México, desta vez trocando de papéis e se deixando fotografar. (Foto: Tom Carroll)

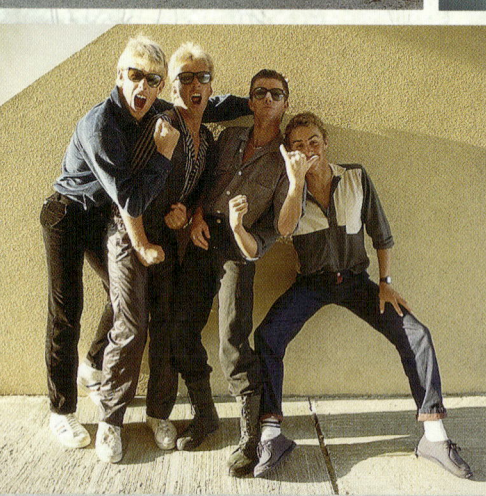

Página ao lado: A pequena Jenna, feliz num balanço na França, 1992. (Todas as fotos: Tom Carroll)

No topo: Kong e Pottz, náufragos em Allentown, 1985.

Acima, à esquerda: Monty com um amigo, fazendo escala nos EUA, 1986.

Acima: Autorretrato em Tóquio, 1986.

À esquerda: Bryce Ellis, Kong, Rabbit e Gary Green na França, 1985.

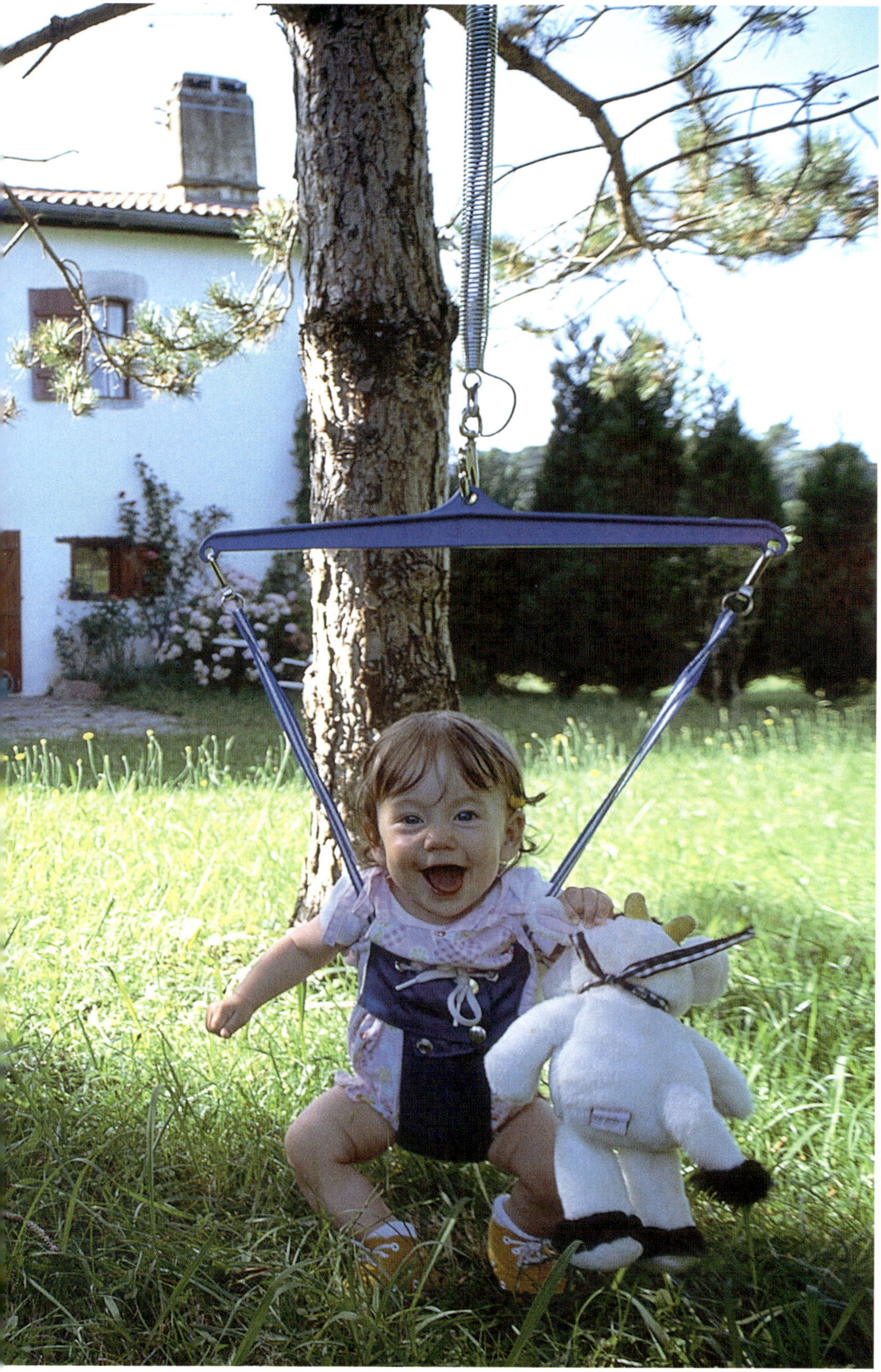

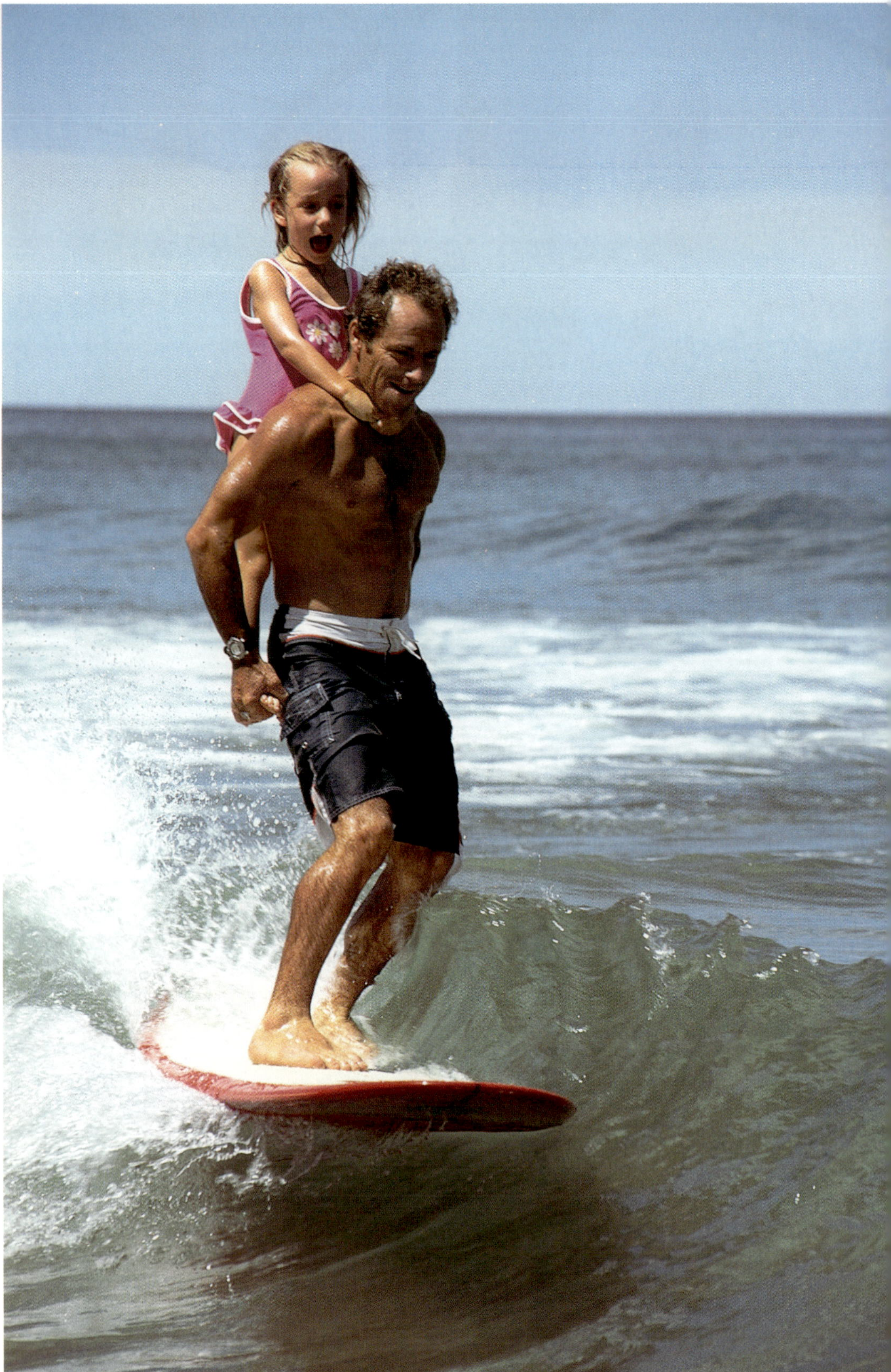

Página ao lado: Jenna nos ombros do pai bobão, Newport, 2001.

Martin e Ross à vontade no convés de um Indies Trader.

Abaixo: Meninas levadas: Mimi e Jenna aprontando dentro do Volvo, 2003. (Foto: Tom Carroll)

Ross e Tom, *grommets* eternos, no gio da popa durante o Crossing da Quiksilver, início dos anos 2000.

Abaixo: Lisa com as duas filhas mais velhas. (Foto: Tom Carroll)

Abaixo, à direita: A pequena Grace correndo, 2004. (Foto: Tom Carroll)

MACACO DE LABORATÓRIO

1985-1986. Você ganha 32.925 dólares em prêmios. Uma vitória em Nii-jima; uma vitória em Allentown; quinto lugar em Atlantic City; décimo sétimo em Lacanau; nono no Fistral; nono em Hebara; terceiro no BHP Steel Newcastle; segundo no Op Oz Bondi; uma vitória em Margaret River; terceiro em Beaurepaires; uma vitória em Bells; décimo sétimo no da Coca-Cola.

Fica em terceiro na classificação mundial.

Ferimento do Tom Carroll Número Três (versão número 1 do tornozelo).

Saí da minha zona de conforto com um ferimento. Lembro o momento exato.

Ganhei os dois primeiros eventos do ano. Estava mandando ver, engolindo a turnê. Arrasei com o Curren no Japão e depois na piscina com ondas de Allentown. Em Atlantic City, havia uma regra de interferência idiota: se te pegassem remando na mesma linha de *swell* que o cara que tinha prioridade na onda, já era, mesmo se você estivesse a quilômetros de distância. Mesmo se só fingisse que ia pegar a onda. Então levei a pior numa interferência, contra o Bainy, na quarta de final. Não sei de onde tiraram isso de linha de *swell*. Eu estava com tudo. Achava que estava indo muito bem.

Acabei voltando para casa, sentindo necessidade de voltar ao treinamento, concentrado, ainda liderando a classificação mas querendo mais. Estava treinando em Whale Beach, surfando na parte sul e estudando movimentos importantes, manobras bem fechadas no *lip*. Consegui um *floater* bem quando a espuma estava vindo na minha direção, mas aí a prancha acabou sendo jogada para cima de mim. Ouvi o som de algo se partindo e fiquei rolando no banco de areia, como se tivesse quebrado a perna. Eu estava com dois ossos separados na base do tornozelo, uma lesão de sindesmose, embora não estivesse ciente disso na época. A lesão fez alguns ligamentos ficarem desordenados, o que deixou meu tornozelo bem estranho; eu sentia toda a perna muito fraca.

E foi isso. Meu ano ficou completamente fodido. Eu estava fora da turnê. Não podia voltar. Perdi toda a minha esperança no surf. Penso nessa lesão como a mais devastadora da minha carreira. Lá estava eu, na flor da idade, no topo do mundo – e *bam*! Na época, não se sabia muito sobre tornozelos como sabemos agora. Hoje, teriam feito a cirurgia, colocado um pino, imobilizado a articulação até ela se recuperar e depois de dois meses e meio eu estaria de volta à ativa. Mas naquela época não sabiam o que fazer. Disseram: "Ah, é só um problema no ligamento, você vai ficar bem."

Usava uma tornozeleira que ficava bem justa e isso parecia resolver, mas tentar fazer manobra na espuma, e depois tentar não cair da prancha? Era tudo desengonçado. Fui para a França e tentei competir, mas só sentia dor. Fiz acupuntura. Coloquei gelo até não aguentar mais, o tempo todo, e o inchaço diminuiu, mas a lesão havia alterado o comportamento dos músculos. Estava achando tudo difícil e não conseguia me livrar da dor. Isso me derrubou num buraco de negatividade do qual eu não conseguia sair.

Fui para a Califórnia e encontrei um conhecido do Kong lá em Encinitas chamado Garth Murphy. Garth me disse que havia uma senhora em Encinitas que fazia um tratamento usando a energia do calor. Eu estava desesperado e disposto a tentar de tudo.

Então fui lá ver essa senhora, em seu apartamento com jardim. A sala onde atendia era toda laranja, cheia de velas, mas ela parecia bem séria. Não quis perder tempo. Me colocou deitado e seminu em cima da mesa e começou a movimentar as mãos sobre a pele, aumentando o calor. Ela

A zona de conforto

juntou todo o calor do corpo e levou até o tornozelo. Senti meu tornozelo em chamas. Olhei para ele e vi a área muito vermelha, suando.

Ela agarrou meu tornozelo e disse: "Pode ser que agora doa um pouco." Segurou a base do calcanhar com os dedos e puxou a articulação até ela se separar. Ela estava com os dedos realmente dentro da articulação, cutucando alguma coisa. Eu quase entrei em choque. Não sabia se gritava ou vomitava. Ela soltou o pé e ele voltou com um movimento elástico para o lugar certo.

Pensei: *Ela acabou de foder com a articulação.* Ela disse que eu ainda ia sentir dor durante mais ou menos uma semana. "Quero que você volte em uma semana, mas acho que já deu certo." Havia ligamentos fora do lugar, um estava superposto ao outro, e eles precisavam voltar ao normal.

Paguei a consulta e saí de lá pensando: *Ela fodeu tudo, piorou o meu pé.* Mas quando voltei uma semana depois para vê-la, estava me sentindo até bem e ela ficou satisfeita. Disse: "Está indo exatamente como eu imaginava. Dentro de mais ou menos uma semana você vai voltar a poder surfar." A articulação foi ficando cada vez mais forte. Eu estava de volta.

Mas era tarde demais. Tom Curren agora controlava a turnê. Nem liguei para isso, estava muito animado por poder voltar a surfar. Minha prancha era uma Pat Rawson de 6'8" que me deu confiança de novo. Lembro de chegar em Margaret River e pirar no evento. Precisei derrotar o Tom naquela final. As ondas estavam feias, grandes, de vento noroeste – feias mas perfeitas para a 6'8". Tudo voltando ao normal.

Foi uma experiência extraordinária. A articulação desse meu tornozelo nunca mais deu problema. Ela cede um pouco mais do que deveria, sem dúvida. Mas funciona.

Levou um mês até eu conseguir voltar a surfar direito e o tornozelo ficar do jeito que eu queria e se acomodar. E olha que eu não estava dando moleza para a articulação. Estava desesperado para dar tudo de mim no surf. Já tinha ficado meses frustrado, obcecado com aquilo. Curren, Occy e Pottz eram basicamente os meus principais adversários. Eu era mais velho que eles, então tentava o tempo todo ficar no topo, aprender a surfar melhor, descobrir novas maneiras de fazer isso. Curren estava a toda. Tive oportunidade de derrotá-lo em Margaret River e foi isso que fiz. Depois, derrotei-o em Bells Beach, quando ele ganhou seu primeiro título mundial. Minha vitória foi ofuscada pela grande semifinal que ele teve com Occ, mas mesmo assim foi gratificante ganhar.

Comecei a fazer experiências com treinamentos diferentes – mais exercícios de core, umas coisas realmente bizarras, com um cara chamado Nigel Websdale. Nigel tinha ideias bem firmes sobre como os atletas deveriam abordar holisticamente seu dia a dia e o esporte. Ele enfatizava muito a nutrição, uma dieta com muito missô, muitos grãos. Ele fazia você usar a barra para trabalhar o core, levantando as pernas retas, e também exercícios pliométricos com a bola, pulando e quicando. Tudo muito legal e à frente do tempo.

Ele era um cara bem doido, intenso, mas eu costumava atrair esse tipo de gente. Acho que passava a impressão de ser um competidor intenso, então atraía pessoas de ideias pouco convencionais, que perseguiam essas ideias intensamente. Havia muita loucura ao meu redor. Isso nunca foi uma troca incondicional e em algum momento eu acabava descobrindo que minha fama estava sendo usada de alguma maneira para alavancar essas pessoas. Geralmente era algo velado, sorrateiro.

É como se aquela pessoa fosse totalmente diferente desta que sou agora. Eu me sinto outro. Quando olho para o passado, vejo que, para mim, não era natural ser competitivo. Nem sei como cheguei até onde cheguei. Caras como Bruce Raymond ainda me enchem o saco com isso. Ele vive dizendo: "Olha, Tom, o que vou falar na verdade é um elogio: você deve ter sido o pior campeão mundial da história... Se você tivesse sido melhor em termos estratégicos, poderia ter ganhado muitos títulos." Quando eu competia, tinha essa ideia de quem eu era a partir do exterior, Tom Carroll, a Estrela do Surf, que estava em descordo com o que eu era por dentro num nível mais profundo, uma pessoa menos competitiva. Tudo parecia tão forçado. Hoje, olho para trás e penso: *Não à toa eu sentia um conflito tão grande dentro de mim.*

Parte de mim talvez quisesse fugir, de certo modo. Meio "Bom, já perdi o título mundial, então não quero mais competir." Sou uma pessoa radical por natureza – tudo é oito ou oitenta – e havia uma parte de

A zona de conforto

mim que queria pular do trem, abandonar tudo. Ainda não sabia como separar o surf de todo o resto. Na minha cabeça, eu era surfista profissional todos os dias da semana, vinte e quatro horas por dia. Isso exigia demais e não deixava espaço para muita coisa.

Teria sido a época ideal para dar um tempo naquilo tudo – uma chance de voltar à superfície e respirar, descansar um pouco e recalibrar a vida. A lesão foi algo que provavelmente aconteceu para que eu me permitisse parar um pouco. Mas a minha natureza não permitia. Então nunca descansei.

1986-1987. Você ganha 31.940 dólares em prêmios. Fica em décimo sétimo em Marui, no Japão; décimo sétimo no Gotcha Pro; décimo sétimo em Lacanau; terceiro no Fistral; quinto no Op Pro; décimo sétimo no Brasil; segundo no Stubbies, nos EUA; tem uma vitória em Margaret River; fica em terceiro no Op Oz; segundo em Pipe; décimo sétimo em Bells; uma vitória no da Coca-Cola.

Fica em segundo na classificação mundial.

Os dois filhos mais velhos de Victor Carroll estão casados: eu com Wendy Harvey, a diretora de arte da *Tracks*, de cabelos escuros e olhos azuis, e Jo com Damien Pignolet, o chef do restaurante onde ela trabalha. Claude's, o restaurante, é muito popular na cidade.

Como passo o tempo com Wendy e você viaja muito, acabamos nos afastando um pouco. Surfamos menos juntos. Vejo suas baterias cada vez menos. Você fica meses fora e a cada vez volta um pouco diferente. Sempre traz objetos inesperados – presentes que ganhou, livros de assuntos estranhos como numerologia ou astrologia, histórias sobre as pessoas que conheceu.

E fotos. Você tira inúmeras fotos. Dos colegas de turnê nos trens do Japão. Miniaturas estranhas de plantas e animais. Fotos panorâmicas de ruas de favelas e vielas francesas. O seu lado artístico de viajante ocupado pelos mundos que percorre. Como se fosse outra pequena e fascinante vida que está abaixo da vida maior, esse estandarte da Grande Estrela

TC

do Esporte Internacional, Tom Carroll, que Monty vive remendando sem parar. Quase não há fotos de surf.

Você e Newling são como monges. Para vocês, tudo é questão de fazer uma limpeza, até mesmo eliminar a gordura do corpo. Newling acha que você consegue chegar a 3%. Você está absurdamente em forma, com olhos límpidos, mas também começa a ficar estranhamente distante. Às vezes você "desliga".

Estamos falando ao telefone e, no meio da frase, percebo de repente que você não está ali. Está segurando o telefone do outro lado, mas sua atenção está em alguma outra coisa, como se você tivesse abandonado a conversa e ido embora – sai voando feito uma pluma. Sonhando.

"Alô?", eu digo para o nada. "Alô?"

"Ah! Oi, sim", você diz. "Estou te ouvindo."

Mas será que está mesmo?

Fiquei seguindo aquele programa de treinamento um bom tempo, entrando e saindo. A ideia de tomar um monte de missô era bem legal. Eu estava cuidando da minha dieta como Mike havia dito para eu fazer. Comia trigo sarraceno, legumes, suco de verdura – muito suco –, o máximo de comida natural e crua que conseguisse.

Por outro lado, fazia o oposto disso tudo. Eu tinha essa vida limpa mas, de vez em quando, sempre que havia oportunidade, cheirava muita cocaína, de um jeito excessivo. Eu me permitia: se fosse bem numa competição, ou se houvesse uma pausa no cronograma ou a pressão fosse menor, era isso que fazia.

Passei a ter contato com pessoas no Havaí que usavam muita cocaína. Também eram surfistas e usuários pesados, e eu era vulnerável a gente intensa assim. Queria conseguir o máximo que pudesse e tinha acesso a quantidades inimagináveis. A cocaína combinava tão bem com a minha patologia que, sempre que aparecia uma oportunidade, eu cheirava. E, quando voltava ao normal, achava que nunca era suficiente. Ela combinava com a pessoa que eu era por dentro. Mordi a isca e

A zona de conforto

adorei. Imaginei que fosse assim com todo mundo. Não conseguia imaginar nada diferente daquilo. Havia vários outros caras nessa também; muita coisa acontecendo.

Nunca pensei nisso como uma atividade ilegal. Quando penso nessa época, sei que estava seguindo o caminho de pessoas que admirava – Michael Peterson, Jimi Hendrix e todo o resto, pessoas que, aos meus olhos, eram notáveis. Cheirar cocaína era novidade. De lá para cá, muito tempo se passou e já temos mais experiência sobre o assunto, mas naquela época mergulhamos na coisa. Esses caras viveram na década de 1970; eu via Michael Peterson surfar e se desintegrar por causa das drogas e pensava: *Bom, isso é normal.* É o que todo mundo faz, de certa forma.

Naquela época, era muito legal ter uma vida intensa e cair na balada. Parecia a coisa normal a fazer. Se era ilegal... sei lá. Em muitos dos meus círculos era aceitável o uso exaustivo de drogas. E se você conseguia voltar ao normal no dia seguinte, fazer o que precisava fazer... então tudo bem, estava no topo do mundo. Era O Cara.

Eu me sentia como uma estrela do rock. Achava que podia entrar naquela porque eu era especial.

Esta ilusão continuou num nível mais amplo, eu não queria pensar nas consequências... mesmo se no fim do uso eu sentisse certa vontade de cortar os pulsos. *Droga, não tem mais cocaína, vou ter de voltar ao normal.* O barato desaparece e a sensação é de que tudo que você era se esvaiu, como se não tivesse sobrado nada.

Surfar, comer, tudo aquilo que você adora fazer – tudo isso vai embora. Só por causa daquele momento.

E aí você começa a ficar bem, o seu corpo retoma o desempenho, sempre querendo estar vivo. Tudo volta e – *bam!* – cá estou eu!

Eu era como o macaco de laboratório que fica o tempo todo apertando a barra da jaula em troca de comida. Eu apertava e apertava até não sobrar mais nada. Assim foram os anos loucos que passei no Havaí. Não sei o que estava acontecendo em outros lugares, mas onde eu estava as coisas eram bem pesadas.

EM MEMÓRIA DE MINHA IRMÃ

Eu tinha mesmo me mudado para o Havaí naquele ano. Passava mais tempo lá do que deveria, ia para a farra, surfava ondas grandes, andava com o Mickey Nielsen. Mansted estava tentando entrar em contato para me fazer sair de lá. Chegou o Ano-Novo e pensei que seria melhor ligar para a Austrália e dizer para todo mundo que eu estava voltando para casa, dar um pouco de esperanças. Voltei para Sydney e entrei no meu programa de treinamento, e foi aí que comecei a me relacionar com Lisa Merryman.

Lisa trabalhava com Mansted em seu escritório. Ela o ajudava na recepção. Pottz saiu com ela um tempo. Era amiga do Boj e se tornou amiga de surf de Stuart Bedford Brown, que veio da Austrália Ocidental para ficar com a gente e treinar. Eu estava treinando com ele, tentando não mergulhar demais nas drogas e nas festas, seguindo a cartilha – cair na farra e depois treinar, entrar nos eixos.

Realmente me sentia atraído por Lisa, mas por algum motivo achava que nunca chegaria perto dela. Também ainda estava sofrendo por causa da Elizabeth, então não sabia como processar aquilo. Não havia o que processar! Afinal, caramba!, eu tinha vinte e dois anos, era o campeão mundial. Era o Rei! Podia fazer o que bem entendesse.

Meus relacionamentos com mulheres, porém, estavam num impasse. Eu sempre buscava o que me obcecava na Elizabeth, o que quer que

TC

fosse. Depois de ser campeão mundial pela segunda vez, fiquei um ano namorando Sandee Jonsen. Estava muito ensimesmado, em outro planeta, não estava preparado de verdade para me abrir para outra moça. E ela era linda! Umas meninas lindas. Puta que pariu. Eu não tinha a menor ideia do que estava acontecendo comigo, só sabia que ainda sofria por causa do que acontecera três anos antes.

E aí, com a Lisa, simplesmente rolou. Ficamos uma noite e algo se encaixou. Era muito divertido estar perto dela. Não era como o meu relacionamento com a Elizabeth, uma coisa assim "uau!". Não tinha a mesma intensidade. Na época, era muito bom ter um amiga mulher e achei que poderíamos ser mais do que amigos. Não estava preparado para abrir meu coração, havia uma muralha ao meu redor, e ainda estava muito centrado no meu surf e nas viagens. Eu tinha permissão para ser assim. Na época, ter um relacionamento significava ser subserviente. Sei que soa mal, mas qualquer pessoa acabaria ficando em segundo lugar depois do surf, do esporte, do meu compromisso com isso.

Ainda estava fazendo minha cena como campeão mundial, o Tom da esfera pública, e essa outra parte estava evaporando.

1987-1988. Você ganha 34 mil dólares em prêmios. Fica em quinto no Stubbies, nos EUA; décimo sétimo no Op Pro; nono em Lacanau; segundo em Hossegor; quinto no Fistral; terceiro em Anglet; tem uma vitória em Florianópolis; fica em nono em Hebara; uma vitória em Margs; outra em Newcastle; fica em décimo sétimo no Billabong Pro; tem uma vitória em Pipeline; fica em décimo sétimo em Santa Cruz; segundo em Bells; terceiro em IMB; quinto no da Coca-Cola.

Uma vitória em Pipe.

Fica em quarto na classificação mundial.

Ferimento do Tom Carroll Número Quatro: o Acidente da Quilha na Bunda. No Japão, você pratica durante um pré-evento e sua prancha vira embaixo de você numa manobra no *lip*, o bico fica preso na areia e você aterrissa de bunda na rabeta. Resultado: uma enorme e grotesca

A zona de conforto

laceração perto do ânus. No hospital, não conseguem dar os pontos direito porque é mais uma perfuração do que um corte. O médico cuida do ferimento e o enche de gaze, depois te dá um frasco com uma solução antisséptica bem forte para evitar a possibilidade de você ter uma infecção, e a chance é alta.

Obedientemente, você usa a solução dia e noite, sem saber que precisa diluir uma parte de solução para cada dez partes de água.

Você acaba correndo pelas ruas de Tóquio às quatro da manhã, gritando de agonia porque o treco queimou metade da pele das suas bolas.

A reação do Monty é a melhor parte. Ele faz um *espetáculo*. Combina para que a ambulância te pegue no aeroporto de Sydney e alerta a imprensa. Campeão de surf fica ferido – é levado às pressas do aeroporto para o hospital! Prancha de surf na bunda! É o preço da fama, ou pelo menos um dos preços. Os caras de Newport choram de rir. Adoram aquilo. Mais uma oportunidade para te sacanear.

Uma enfermeira precisa te visitar de tempos em tempos para limpar sua bunda.

Alguns dias antes de eu fazer a minha viagem ao Havaí daquele ano, Jo e Damien me convidam para jantar no Taylor's, o restaurante italiano de seus amigos em Darlinghurst. Damien se atrasa; está vindo de carro de Melbourne, onde foi comprar o carro dos seus sonhos: um Citroën DV6 do fim dos anos 1960.

O jantar é o máximo. Jo quase nunca tem folga do seu trabalho no restaurante Claude's, mas está em ótima forma. Mais e mais pessoas chegam, os Taylors e clientes conhecidos, e a conversa flui cheia de otimismo e alegria. Estamos no final dos nossos vinte anos ou início dos trinta, com a vida sob controle. O futuro se apresenta como a refeição sobre a mesa do restaurante e todos nos sentimos prontos para desfrutá-la, vivê-la ao máximo, sem deixar de provar um só pedaço. Qualquer resquício de passado fica para trás.

No Havaí, acontece algo que eu e você nunca vimos antes: começa a chover. A chuva vem certa tarde, se torna mais pesada à noite e não para nunca. Uma chuva tropical insana que dura uma semana. Depois,

TC

uma manhã com céu nublado e ondas pequenas, e aí chove de novo. O Pipe Masters é adiado, mas não dá para competir naquele tempo. Todo mundo fica preso dentro de casa, exceto quando ficamos sem paciência e vamos jogar rúgbi na lama.

Um dia, no fim da tarde, a chuva começa a parar e as ondas, a surgir. Surfamos em Sunset, num mar quase negro por causa das águas da chuva, com um sol poente lívido tingindo-o de vermelho.

Na manhã seguinte, o céu está limpo, a umidade das estradas começa a evaporar e a casa de Hornbaker, onde estou hospedado, estremece com o impacto do *swell* nos recifes, a quatrocentos metros dali.

Desço correndo para ver Pipeline e dou de cara, boquiaberto, ondas opacas de quatro metros e meio saindo do segundo recife. Tom Curren está lá com Kong, talvez mais uns dois caras. Curren pega uma onda muito, muito grande, a água marrom suja crescendo sobre ele como um penhasco surreal empurrado por uma mão gigante.

Sem saber o que fazer ou que prancha usar, volto para a casa do Horny e ele me diz: "A Wendy está te ligando sem parar. Parece que é urgente, cara."

Ligações internacionais não acontecem todo dia, não quando você está no Havaí na década de 1980. Ligo para casa meio apreensivo. Wendy atende chorando.

"O Damien teve um acidente de carro", ela me diz. "Eles tinham ido passar o dia em Canberra e bateram quando estavam voltando para casa. Ele sobreviveu, mas a Josephine, não."

Não consigo me esquivar do golpe. Sou atingido bem lá no fundo, de uma vez, um golpe gélido.

Fico horas perambulando por North Shore, quase em pânico, até te encontrar, o tempo todo pensando: *Sou eu que preciso dar a notícia a ele*. Precisa ser eu. Somos irmãos, porra. Ele não pode simplesmente *ouvir* isso de outra pessoa.

Quando penso no assunto, lembro que minha primeira reação foi sentir raiva. Não chorei nem nada, só senti uma raiva absurda. Que é uma

A zona de conforto

reação típica perante a morte de um ente querido. Depois de tentar entender aquilo, conversei com papai ao telefone e pensei em voltar para casa. Ele falou: "Não, não faz isso, fica aí. Eu sei que a Jo ia querer que você ganhasse a competição."

E aí, no dia seguinte, aconteceu o Pipeline Masters e tudo o mais que estivesse se passando naquele dia, e nunca senti nada parecido desde então. As coisas triviais ficaram em segundo plano. Eu me sentia completamente frágil, vivendo no momento. Havia muito pouco entre mim e o que gosto de fazer no surf. Foi incrível, como se o Destino dissesse: vou te dar um dia para surfar Pipeline, vamos lá. É uma oportunidade de ganhar em memória da sua irmã.

Inacreditável ter a oportunidade de expressar essa memória. Eu não tinha ideia do que estava acontecendo, mas nada surgia para me impedir, eu não conseguia fazer nenhum movimento errado, todas as ondas colaboravam.

Naquela manhã, me desentendi com Johnny Boy Gomes. Eu tinha entrado remando com Doug Silva a partir de Rockpile, na parte de trás da Pipeline. Era uma manhã sem vento, mas a água estava marrom. Um *swell* que tinha acabado de chegar do oeste. Eu não tinha ideia do tamanho da onda. A manhã estava nublada, mas muito serena. O sol ainda estava bem oculto atrás da escarpa e já havia alguns caras lá. Vi a parte de trás de Pipeline explodindo e percebi que as ondas estavam bem grandes. Eu usava capacete. Remei até lá e peguei umas ondas, bem pesadas, com espuma. Doug foi logo derrubado. Remei e entrei numa outra onda de recife, mas aí Johnny Boy Gomes remou, fazendo a volta, ficou em cima de mim, agarrou minha cordinha e puxou bem na hora em que eu estava começando a dropar. Não consegui ficar em pé e despenquei do *lip*. Um ato irresponsável, perigoso e idiota, e minha resposta automática foi remar até ele e dizer que ele tinha feito uma coisa muito estúpida.

Ele estava morrendo de raiva. Mas podia ver que eu trazia um olhar diferente – que eu estava diferente –, e ele não estava muito seguro, eu o vi se afastando. Eu estava de capacete, não estava nem aí se ele me queria me bater. Normalmente jamais o teria confrontado daquela maneira. E imediatamente me senti diferente, senti o peso do que estava acontecendo comigo naquele dia.

TC

E tudo deu certo.

No fim do dia, homenageei minha irmã na cerimônia e depois só quis tentar me divertir. Queria escapar daquela loucura. Não entendia o que estava acontecendo, aquele monte de jornalistas falando da nossa irmã.

Lembro do Nick falando: "Olha, essas pessoas vão vir falar com a gente e elas não tem nada que ver com isso. É um assunto nosso."

Pensei: *Sim, é um assunto privado*. Nunca soube muito bem com quem falar sobre essas coisas. Não me lembro das entrevistas, mas lembro que fiquei desconfiado de um jeito que nunca me senti antes, então eu só queria mergulhar para dentro. Estava com a Lisa, era nossa primeira viagem ao Havaí juntos, mas ainda não sabia o que estava acontecendo entre a gente. Ainda me sentia muito retraído. Assim que pude, peguei meu equipamento e fui tentar afogar os sentimentos que me deixavam tão confuso.

E foi assim que lidei com o assunto na semana seguinte, e talvez até durante um bom tempo. Desapareci dentro de mim mesmo. Encerrei o assunto internamente. Era uma mensagem profunda que a família me passava: *você vai ficar bem*. Triste, mas era assim que a gente lidava com as coisas. Uma coisa clara, devastadora. Isso realmente mexeu comigo.

Todos os jornais dão a notícia: Tragédia na Vida do Campeão. Tom Carroll compete em Pipeline sem saber da morte da irmã. Outro preço a pagar pela fama: Josephine vira combustível para as manchetes dos tabloides sensacionalistas.

Você fica no Havaí com a Lisa. Eu pego o primeiro avião para casa. Dois dias depois do Natal, papai e eu vamos de carro até o depósito de carros da polícia de Goulburn para ver se havia objetos pessoais dela no carro. Papai não fala diretamente durante a viagem sobre como a morte repentina de sua filha primogênita o afeta. Em vez disso, com um leve sorriso ou franzindo a testa para tentar se lembrar, ele começa a me contar sobre a história da nossa família. Histórias que nunca ouvi, sobre

A zona de conforto

os mineiros de ouro em Ballarat e os taberneiros em Kalgoorlie, sobre a Grande Guerra e o internato em Charters Towers, sobre a estrada de carroças puxadas por boi que ia de lá até a planície na costa, passando por baixo do Planalto Atherton, onde metade da minha família finalmente se estabeleceu, ajudando a fundar as vastas fazendas de cana-de-açúcar na grande planície do litoral.

Ouço fascinado essas histórias que só conseguia imaginar, pensando ao mesmo tempo em como são frágeis esses fios que nos ligam – em como aqueles mineiros e fazendeiros não tinham como imaginar que seus descendentes chegariam ali, aqueles dois rapazes que viajavam pelo mundo obcecados por pegar onda.

No depósito da polícia de Goulburn, encontramos o Citroën onde Jo morreu. O carro está extremamente amassado na parte da frente, uma prova da velocidade combinada dos dois veículos envolvidos na colisão; os dois bateram de frente a cem quilômetros por hora. Damien ainda está inconsciente no hospital. Nos destroços de seu carro, encontramos a bolsa de Jo, um ou dois objetos menores e o pequeno guarda-chuva de bolinhas dela – bolinhas brancas sobre fundo azul-escuro, seu guarda-chuva favorito.

Assinamos os papeis para liberar seus pertences, entramos no carro e saímos de lá, passando pela curva estranha, quase surreal, onde ela morreu.

Sou encarregado de dar a notícia a Nam. Ela reage com o estoicismo de praxe, mas não acredito que tenha de fato entendido. Algum tempo depois, Gigi, a irmã dela, fica doente, e viajo até Surrey para conseguir melhores acomodações para as duas num lar de idosos. Nam já está com noventa e tantos anos, mas ainda bastante lúcida; em diversas ocasiões, ela me pergunta sobre Jo, mas aí logo se corrige: "Ah, sim, claro."

Não muito tempo depois disso, ela morre, aos noventa e sete anos de idade. A última conexão que temos com o passado.

Sei que Jo nos trouxe muitas alegrias. Sempre volto para a última memória que tenho dela. Foi na nossa casa, em Foamcrest Avenue. Chegou, estacionou o carro e entrou. Estava bem triste, preocupada, tentando descobrir o que queria da vida. Disse que tinha muita vontade de ter filhos. Não me lembro se foi uma visita planejada ou se ela simplesmente resolveu aparecer. Em todo caso, foi me visitar para dizer que achava que já estava chegando sua hora de ter filhos. Tinha trinta e um anos. Fiquei muito feliz por ouvir aquilo; pensei: *Uau, vou ser tio*. Fiquei muito contente por ela.

Volto a essa memória sempre e, com o tempo, passei a reparar nos dons que ela recebeu da vida. Passava de carro pelo Claude's e sentia vontade de entrar e jantar todas as noites. Nunca fui muito bom nisso de lidar com memórias ou as emoções que cobrem as memórias. Tenho mais talento para a negação: reprimo minhas emoções e nego as memórias.

Também nunca tive nada contra o Damien, mas não sei bem a razão disso; por que não o confrontei, por que não quis confrontá-lo. Sabia que minha irmã nunca mais voltaria à vida. Acho que consigo escapar melhor de coisas assim. Chorei muito com o passar dos anos. Chorava sozinho, longe das outras pessoas.

Para mim, no entanto, a morte dela não assombrou Pipeline. Desconectei as coisas. Ao mesmo tempo, foi o que me permitiu conhecer Pipeline mais a fundo. Criei um laço ali. Desenvolvi uma intimidade com aquele lugar. Quando você se sente parte da onda e não existe nada mais entre você e ela.

Parte três

Vida Adulta

"Por mais estranho que possa parecer, a missão de vida de Tom Carroll não é buscar a glória eterna em cima de uma prancha de surf, e sim a confiança, a crença em si próprio. Nas palavras dele: 'Preciso trabalhar minha confiança. Isso sempre foi um problema, mas é um padrão muito difícil de ser rompido. Sou bastante autocrítico. Exijo demais de mim mesmo, o que já foi identificado por amigos diversas vezes. Mas quero fazer o meu melhor'."

– *The Sydney Morning Herald*, outubro de 1990.

Nunca temi pela minha vida no mar. Acho que nunca tive nem mesmo um momento de pânico absoluto, aquela sensação gélida de pavor. Nada do tipo. O oceano é o meu lar, de certa forma. Mas todo mundo sabe que ele pode, rapidamente, te carregar, te levar embora em um segundo. Faz parte da experiência de estar ali. É uma possibilidade.

Uma vez eu estava em Sunset, só eu e o Mike, com ondas de vento maral, ruins e grandes. Tomei uma vaca já na saída e Mike foi remando me buscar porque viu metade da minha prancha para fora da água, na vertical. Ele tinha acabado de chegar quando consegui subir à superfície. Eu não sentia meus membros. Não conseguia controlar os braços e as pernas. Via tudo escuro, com um único ponto de luz. Sabe quando as pessoas dizem "eu só via um túnel de luz"? Era como se minha consciência tivesse encolhido até virar um buraco mínimo. Subi à superfície e respirei fundo e, assim que respirei, ele se abriu, *puffff*. Por sorte não vinham outras ondas. Voltei bem rápido.

Esse foi o momento em que mais cheguei perto da morte, pelo que me lembro. Não tenho essa ilusão de ser imortal, algo comum na juventude, quando você não tem noção das coisas. Em vez de ficar paralisado

TC

pelo medo, é mais *Tá, e agora, para onde vou?*. Me sinto muito seguro quando estou no mar.

Na verdade, tenho mais medo de morrer fora do mar, com outros seres humanos, principalmente ao perceber como as pessoas tratam umas às outras. Mas ter medo de uma onda? De levar uma vaca? Talvez isso meta medo nos outros. Em mim, não.

───⌒───

Abril de 1988. Monty consegue algo memorável, o contrato do século. Cinco anos com a Quiksilver. Trocando em miúdos, uma média de 200 mil dólares por ano, o primeiro contrato milionário de um surfista na história. Ele estabelece um precedente para o futuro, quando surfistas pegarão uma onda que jamais imaginariam, assinando contratos exclusivos por dez vezes esse valor com empresas de surf que valem bilhões.

Você, Bruce Raymond e Monty posam para as câmeras, de caneta em punho, o contrato na mesa – uma cena ensaiada pelo seu valor promocional e perfeitamente executada, mas estranhamente sombria. Não parece um começo, e sim o princípio do fim. Você e Monty estão se afastando, embora nenhum dos dois esteja preparado para admitir isso.

No meio daquele ano, alguém, talvez Bruce, decide mandar Tom Carroll, o novo nome milionário da Quiksilver, para um "surfári" em Grajagan, a misteriosa e selvagem arrebentação de recife localizada na ponta sudeste de Java. É o Renascimento do Surf-Aventura. Pegamos um avião até Bali com uma equipe de filmagem – você, eu, Spyder, Hornbaker – e você confessa que trouxe um monte de ácido escondido no sapato.

Nem por um segundo pensamos *Ai, meu Deus, vamos ser presos, vamos parar na cadeia*, mesmo que eu tivesse, na *Tracks*, me correspondido com Jimmy Cook, um cara de Cronulla condenado a uma pena de vinte e cinco anos na prisão de Denpasar pela posse de pouco mais que alguns quadradinhos de ácido. *Não, imagina, isso nunca vai acontecer conosco. Somos invencíveis.*

Chegamos em G-Land de barco, saímos do vilarejo, atravessamos a baía e ficamos dias sem lembrar do ácido. Grajagan, por si só, já é algo

Vida adulta

absurdo: o vasto recife abraçando a baía, as ondas compridas e improváveis, as tardes lânguidas à espera da maré, as enormes pegadas de animais na areia, as histórias sobre panteras na selva ali perto.

Depois vem a noite, quando os ventos alísios morrem, e a manhã chega envolta em uma estranha névoa que desce da copa das árvores. Não temos permissão para tirar fotos do surf. Hornbaker, bom de anzol, decide que é hora de pescar, e Paul King, que está gerenciando a excursão, sai para organizar o barco Zodiac que descolou para a gente. Afinal, é o Tom Carroll! O barco precisa ser potente.

Decidimos que é hora de tomar o ácido.

Meia hora depois, estamos no Zodiac com algumas linhas de pesca na água, velejando para lá e para cá na parte de trás do recife Money Trees. O tempo passa e nada de peixe. Nada de vento. O dia fica cada vez mais quente e a névoa se dissipa sob o sol. Tudo parece completamente banal. Muito decepcionante.

E aí... *Bam!* Alguma coisa morde a isca de Hornbaker. Ele pode ser um hippie, mas também é um Hemingway; não há peixe que morda sua isca e viva para contar a história. Ele faz força e consegue puxar o xaréu-gigante para dentro do barco.

Ficamos espantados, mas não tanto quanto o peixe. Ele se sacode todo, praticamente um Mike Tyson com escamas, mas Hornbaker simplesmente o joga com desdém na popa. "Mata o bicho", diz ele, fazendo um gesto vago para um porrete de matar peixes, mas Spyder e eu só estamos a fim de colocar mais iscas para fora do barco.

Lentamente, as vozes animadas dos tolos pescadores principiantes diminuem e só aí percebemos o ruído de pancadas vindo da popa. O som nauseante de carne sendo atingida por algo mais duro.

Todos se viram e veem você, de olhos semicerrados, músculos retesados e porrete na mão, batendo sem parar na cabeça de Mike Tyson.

Muitos segundos se passam e nós só ficamos olhando, boquiabertos, para essa cena extremamente grotesca, Gobbo contra o Peixe. Sangue e escamas voam pelos ares, Tyson já morreu há muito tempo, mas você continua a bater feito um guerreiro ensandecido numa antiga batalha celta, soltando um grunhido de vez em quando – quase um grito abafado de triunfo.

TC

Caralho, o que foi que te deu?

E aí você parece cair em si. Vira para nós com um sorriso terrível e, bem na hora em que sentimos o ácido explodir dentro de nossas cabeças, você diz: "Pegar esse peixe fez o ácido bater."

Escrevo sobre tudo isso, mas não falo das drogas. Bom, quase falo, dessa vez.

De volta a Sydney, percebemos que os dez anos de esforço, seus e de MR, a habilidade e o carisma de Occy, o jeito para lidar com a imprensa de Cassidy, além do dinheiro de patrocinadores talvez um tanto confusos, ajudaram a cimentar o surf como o esporte profissional da década. O analista esportivo Frank Hyde acredita que o surf vai ser algo maior do que a Liga de Rúgbi.

Você é o atleta australiano *du jour* e precisa ter um carro à altura. Vai em algumas lojas e decide comprar um Alfa Romeo GTV6 vermelho. Afinal, estamos nos anos 1980! Os absurdos anos 1980. Leigh Moulds compra um Porsche amarelo-canário e, depois das noitadas no Metropolis, a boate dele no norte de Sydney, vocês dois apostam corrida na ponte Roseville a 220 quilômetros por hora. A estrela do surf e o dono de boate: duas histórias de sucesso com aqueles cabelos armados.

Há uma casa no alto do penhasco acima do Caminho que vai ser leiloada. Um verdadeiro símbolo de status. O agente imobiliário mal consegue acreditar quando fica sabendo que Tom Carroll pretende fazer uma oferta. No leilão, o preço vai subindo cada vez mais. A sua oferta é de 700 mil dólares, uma soma inédita. "Dou-lhe uma para o Sr. Carroll", diz o leiloeiro com alegria, já vendo as manchetes. "Dou-lhe duas...", e outra pessoa interessada oferece uma quantia maior.

Você deixa para lá e gasta bem menos numa outra, velha, de tijolos, no morro acima do Pico, bem perto da casa dos pais de Bill Wawn.

A sensação é de que esses são os seus anos dourados. Também começo a relaxar e a me concentrar na minha própria vida, tento parar de me preocupar sobre como vai ser seu desempenho na próxima bateria, na próxima competição.

Você está com vinte e cinco anos. Ninguém nunca conseguiu recuperar um título mundial. É uma meta, uma boa meta. Você volta ao trabalho.

Vida adulta

Eu queria ser campeão mundial pela terceira vez. Tinha passado por alguns anos de frustração, indo e voltando com Curren, Elko, Barton e Domma, todos esses caras. Occy já estava fora de cena. Eu tentava resgatar a mentalidade de campeão mundial, me reorganizar para conseguir o título pela terceira vez. Tive um ou dois anos bons de treinamento com Mike, organizando as coisas na minha cabeça, e sentia que meu surf estava no ápice, tudo muito redondo.

Lisa estava morando comigo nessa casa, em 66 Foamcrest Avenue. A essa altura, Redman já era. Eu já tinha percebido que tipo de pessoa ele era. Precisei pagar uma quantia pelo carro dele porque fui seu fiador, mais ou menos 8 mil dólares – naquela época, muito dinheiro. Então meio que o risquei da minha lista.

Naquele tempo, a nossa área, Northern Beaches, era sem dúvida o berço de muitos talentos. A cena pegava fogo. Surfistas iam de mudança para dar o passo seguinte na carreira. Pottz estava lá, insistindo em seu estilo; havia virado membro do Newport Plus e treinávamos juntos. O estilo oitentista do surf estava no auge: explosivo, musculoso, machão e competitivo – e muito tenso, de certa forma. Shorts de surf justos. Tudo justo. Neon. Cores berrantes.

Eu ainda estava entre os três ou cinco primeiros colocados, dando duro, e 1988 foi, para mim, o meu ano.

Mas dessa vez tudo estava um pouco diferente porque meu relacionamento com o Monty azedou um pouco. Quando ganhei os títulos mundiais anteriores, foi um trabalho de equipe; dessa vez, eu me sentia distante dele. Estava tentando amadurecer e não queria ir na direção que ele apontava. Nem sabia direito para que lado ele queria que eu fosse. Ele andava tocando a vida dele sem se comunicar comigo e não estava agindo nos bastidores, como empresário; estava cuidando de seus próprios interesses, não necessariamente em meu favor. Eu tentava descobrir no que Monty estava se metendo e ele dizia: "Não, pode deixar, já está tudo resolvido, não se preocupe, vai lá surfar."

TC

Eu não estava muito disposto a confrontar a situação. Decidi que não tinha tempo para desconfiar. Achava que o único jeito de lidar com aquilo era voltar a entrar numa fase de vitórias. Eu só queria surfar, competir, dar o melhor de mim. Estava viajando muito e, quando voltava para casa, me concentrava em treinar, em aprimorar minhas pranchas. Todo o foco era o progresso, melhorar o desempenho – quase uma obsessão, depois de alguns anos sendo derrotado ou me lesionando. Estava perto da minha melhor forma física desde quando ganhei o título mundial.

Também lidava com o fato de ter uma vida mais pública, dirigindo por aí no meu Alfa, fazendo farra na rua. Apostava corrida comigo mesmo indo até Wollongong e voltando, mas sem conseguir quebrar o recorde do Chookwagen. Não sei bem por quê. Talvez fosse questão de momento porque, afinal, o Alfa fazia 230, 240 quilômetros por hora na estrada.

Eu estava realmente levando aquele ano a sério. Me concentrei muito na minha performance. E meu relacionamento com Lisa florescia. Estávamos montando um lar juntos. Foi uma época ótima para nós, por mais que eu estivesse absolutamente autocentrado, cego para tudo. Ninguém chegava para mim e dizia "Talvez você devesse ouvir o que outras pessoas têm a dizer em vez de só a si mesmo." Tudo girava ao meu redor. Eu vivia daquele jeito clássico dos anos 1980: de corpo inteiro, no improviso. A gente ia inventando a vida à medida que ela acontecia.

Para treinar, eu pedalava bastante e nadava de manhã cedo, fazia treinos de velocidade na piscina de Bilgola, o que era muito bom. Primeiro nadava e pedalava; depois, fazia uma sessão de musculação. Pottz vinha participar junto com Justin Rose, que Monty enfiou no meio, acho que para fazer companhia a Pottz. Monty estava ocupado, cuidando de seus sucessivos casamentos, rompimentos e divórcios, morando uma hora em Whale Beach e outra em Drummoyne ou Bondi – bem confuso. Ele tinha conseguido um bom contrato com a Qantas para mim, um ano inteiro viajando de primeira classe, mas o contrato miou. Certa vez, eu nem mesmo quis comparecer a uma das reuniões; fiquei zoando com os

Vida adulta

amigos e desapareci. Estava atrasado por causa do trânsito, cheguei até o fim da Wakhurst Parkway, mas aí dei meia-volta e fui para casa.

Ainda assim, lá por 1988 eu sentia que tinha os pés no chão, já que Lisa estava na minha vida. Me concentrei em ser o melhor atleta profissional que pudesse e reconquistar o título mundial. Em Newport, nos sentíamos os maiorais. Estávamos muito satisfeitos com nós mesmos, com o nosso surf. Sempre que queríamos, íamos atrás de desafios maiores – Deadmans, Dee Why Point –, muito determinados, adorando tudo aquilo.

1988. Você ganha 65.750 dólares em prêmios. Fica em nono em Nii-Jima; quinto em Gotcha; segundo em New Smyrna, na Flórida; quinto em New Jersey; quinto no Stubbies, nos EUA; quinto no Op Pro; uma vitória em Lacanau; uma vitória em Hossegor; segundo em Fistral; terceiro em Anglet; segundo em Zarautz; uma vitória em Florianópolis; décimo sétimo em Hebara; décimo sétimo em Bondi; décimo sétimo em Newcastle; uma vitória em Sunset; nono em Pipe; nono no Billabong Pro.

É o terceiro na classificação mundial.

Não me lembro de todos os resultados. A Europa foi uma grande mudança para mim. Consegui algumas boas colocações em sequência – e isso realmente aumentou minha pontuação. Derrotei Barton Lynch. Barton ficou revoltado! Me acusou de tomar anabolizante e anfetaminas, todas essas drogas que melhoram o desempenho. Barton me odiava porque eu o estava derrotando, e ele achava que eu trapaceava. Eu vivia o impulso do momento – dava para sentir –, então comecei a melhorar.

No Havaí, contudo, foi complicado. Tive uma vitória em Sunset e me sentia muito bem, mas acabei doente. Surfei ondas enormes em Pipeline um dia depois de Sunset com minha prancha de 8'6", com Stretch e Pottz, e no dia seguinte adoeci, peguei uma baita infecção nos pulmões. Sentia, cada vez mais, a pressão de obter o título mundial.

TC

Toda vez que via o Monty, ele estava visivelmente tenso, e eu reagia à altura. Ele sentia a tensão ainda mais do que eu, e eu sentia que o estava carregando nos ombros. Não sabia como lidar com isso.

Precisei apelar para os médicos esportistas, o médico de Horny. Tossi e expeli coisas amarelas a noite toda, zonzo, aéreo. O Pipeline Masters aconteceria dali a poucos dias e eu precisava estar em forma. Era um evento importante; tinha de manter minha pontuação. Fiquei muito estressado e tudo desencadeou essa infecção.

Então fui ver o tal médico, que disse: "Olha, Tom, tem a medicina e tem a medicina dos atletas. Podemos ficar na medicina – você toma antibiótico, descansa, vai com calma – ou podemos apelar para a medicina dos atletas, que é você tomar esteroides."

O treco simplesmente detonou a doença. Eu estava acabado, mal conseguia me mover, tossindo e me sentindo péssimo, e aí, dois dias depois, estava radicalmente melhor. Porém, ainda me sentia meio aéreo. Não estava ali.

Lembro de tentar obrigar meu cérebro a funcionar: *Vou participar de Pipeline. Vou surfar no Pipe Masters. É uma competição*. Depois da lucidez em Sunset, agora me sentia confuso. As ondas em Pipe estavam pequenas, chovia, e Rob Page ganhou. Usei minha prancha de 7'2", pequena para Pipe naquela época, e não consegui entender muito bem a onda quando entrei. Estava surfando em braile, basicamente. Chegava ao final das baterias por pura sorte. A infecção tinha ido embora, para onde eu não sei, e eu conseguia andar e agir como se estivesse bem, mas estava bem chapado.

Ainda batalhava pelo título, é claro, já que havia também o evento da Billabong. Muita expectativa na espera pela competição, o que foi brutal. Se você pensar no pessoal das Northern Beaches de Sydney daquela época, havia Barton, eu e Dooma, todos entre os cinco melhores do mundo, o que era muito bacana. Mas não existia nenhum sentimento de camaradagem entre nós. Não tinha amizade como agora. Muita coisa aconteceu conosco desde então.

Vida adulta

Quando chega o Havaí, a coisa começa a pegar. Três surfistas na corrida pelo título: Barton Lynch, Damien Hardman e você. Você se sente preparado, determinado, confiante, mas quer alguém para apoiá-lo. Pede para que eu o acompanhe nesses últimos três eventos que desembocarão no que sem dúvida parece ser o seu destino.

Quero que você ganhe. Mas não sei se quero assistir. Ver você numa bateria às vezes é uma maravilha. Na maior parte do tempo, é um tormento. Com o passar dos anos, em vez de perder importância, fica mais difícil. Eu, um competidor nato, e meu irmão caçula, o surfista brilhante, vigoroso, intuitivo, mas que, como Bruce observa mais tarde, é a pessoa menos competitiva a ganhar um título mundial.

Fico lá sentado, coração na boca, impossibilitado de te proteger ou proteger a mim mesmo, tentando não questionar suas decisões e ver que no fim elas dão certo – boas viradas, vacas, guerras de prioridade pela onda, vitórias ou derrotas. Ter de falar com as pessoas depois. "O Tommy foi bem?" "Sim, foi ótimo."

Não quero ver. Mas fico preocupado do mesmo jeito, estando lá ou não. Então dane-se, eu me inscrevo.

Você, eu, Wendy e Lisa fixamos residência em um grande e bonito condomínio de Kuilima. Pat Rawson e Jack Reeves, os maiores fabricantes de pranchas de surfe da era moderna, preparam várias unidades, perfeitas, com design eclético. Um ofício extremamente específico para atender ao surf mais radical do mundo.

E a primeira competição, a Taça do Mundo em Sunset Beach, é uma maravilha.

A final é o máximo. Você e Elko em ondas perfeitas de três, três metros e meio em Sunset, eu e Darrick Doerner no canal, servindo de suporte, segurando pranchas sobressalentes. Estamos tão perto que quase dá para esticar a mão e tocar os dois. Gary sai rasgando de trás do pico noroeste em sua AB de 8'0" de seis canais a um milhão de quilômetros por hora, um enorme sorriso estampado no rosto. Ele já está gastando o dinheiro do prêmio ali mesmo, e Derrick também; fica gritando "Quanto é 10% de 15 mil dólares?", referindo-se à taxa habitual paga ao cara que faz suporte.

Mas você pega a onda seguinte, e em vez de entrar paralelo à linha dela, como Gary faz, vai direto para a parede, no meio do pico. Deixa tudo mais lento. E aí você arremessa a enorme Rawson de 8'3" novamente para cima – um movimento de músculo puro, mas feito de um jeito casual, como se você estivesse naquele dia tranquilo na Piscina, dez anos atrás.

Simplesmente incrível.

Você fica doente e basicamente desistimos do Pipe Masters e, de qualquer modo, as ondas nunca ultrapassam dois metros. E aí o mar fica calmo e começa a chover. Parece um *replay* do que aconteceu em 1987. Isso te dá tempo para se recuperar, mas a tensão aumenta. Tentamos surfar desesperados nas ondas de um metro, sem ninguém além da gente na água.

Depois o *swell* volta para o dia final do Billabong Pro. O evento é móvel; pode ser realizado em qualquer lugar de North Shore. Resolvem fazer em Pipeline: ondas perfeitas, letais, transparentes, aumentando de tamanho. Lembra aqueles velhos pôsteres com Jackie Dunn.

Derek Hynd, agora empresário de uma equipe de surf da Rip Curl, um emprego que ele mais ou menos inventou, é responsável pelo seu rival número um, Damien Hardman, que lidera a classificação. Derek chega para mim e diz: "O que você acha que vai acontecer hoje?"

Respondo, quase sem pensar: "Tom vai ganhar a competição e o título mundial. Só de olhar a gente já sabe, Derek."

Ai, merda, penso imediatamente depois. *Por que eu fui dizer isso?*

Mas nunca tive tanta certeza de que você ganharia algo como tive naquela manhã, com seu novo capacete azul transparente e a prancha Rawson, fininha feito uma agulha. Todo mundo te olhando enquanto você faz sua dança com maestria pela primeira bateria contra o havaiano Noah Budroe, e o resultado te deixa menos nervoso.

Depois, estão na água você e um cara jovem e todo animado, Todd Holland, da Flórida. E você se esquece da regra mais óbvia e mais estúpida e desnecessária do surf competitivo. A interferência da prioridade na hora de remar. Se o cara com prioridade rema para pegar a onda, a outra pessoa não pode ir.

E você vai.

Vida adulta

Aquele incidente me deixou bem abalado. Estava a toda e tentava me acalmar. Acho que não tinha maturidade naquela época para controlar as emoções ou entender a situação. Minha determinação em controlar os acontecimentos era enorme. Seguia ganhando a bateria e não precisava pegar aquela onda, não precisava pegar onda nenhuma, mas não estava prestando atenção na situação. Precisava olhar para cada onda que passava, ficar na vantagem. Queria conseguir a melhor pontuação possível.

Aquilo era Pipeline. Naquele estágio, as ondas ainda estavam meio feias; não eram as boas. O vento ainda não soprava como deveria. O *swell* era bom. Porém, o dia estava para mim. A bateria com o Noah de manhã fluiu, foi legal.

A bateria com Todd Holland foi mais desengonçada e menos previsível. Observei que durante todo o inverno Todd tentava pegar qualquer coisa, enlouquecido. Acho que ele andava meio perturbado, eu notei que ele não ligava a mínima para a própria segurança. Fui até Pipe algumas vezes naquela estação e o vi ser completamente aniquilado pelas ondas. Ficava lá surfando sozinho nos dias de vento maral. Era um surfista muito bom e sempre nos demos bem, mas naquele momento ele era um cara com uma missão.

Então lá estava eu na bateria, sentindo que precisava dar o melhor de mim porque ele talvez pudesse conseguir uma pontuação bem alta. Eu já não concordava com aquela regra da interferência de prioridade. Naquele ano, eu furei a regra uma vez, bem longe do outro cara, totalmente separado dele, e isso me impediu de continuar na quarta de final. Simplesmente não entendia a regra.

E eu era tão estupidamente arrogante que achava que podia ignorá-la. Deixei para lá. Era esse o meu nível de arrogância – *fodam-se as regras*! Arrogante e ignorante.

Portanto, não estava preparado para lidar direito com isso.

Eu olhava para a onda que vinha. Parecia ser boa – boa o suficiente para mim, no meu estado de espírito. Pensei: *vou averiguar*. Avaliei que Todd não tinha um bom posicionamento para pegar a onda porque estava mais longe, no *inside*. Para ele não importava onde ele estivesse, desde que ficasse no inside. A prioridade era dele. Ele marcava cada movimento meu.

Lembro de virar para a direção de Ehukai, olhar a linha, perceber que a onda não era boa e desistir. E aí, quando me virei, ele sumiu! Pegou a onda. E como eu também tinha feito o movimento de pegá-la, sabia que podia ser uma interferência.

Ele pegou Backdoor e foi detonado por uma fechadeira, mas chamaram isso de interferência.

Fui embora, entrei no carro que tinha alugado e soquei o volante.

∼

Naquela manhã, na areia fria de Pipeline, perto do Monty, que está espumando de raiva, me dou conta do quanto odeio assistir às suas baterias. Simplesmente odeio. Sempre odiei. Odeio a preocupação, o fato de me importar, a minha impotência.

Barton sai a toda, derrota Luke Egan na final e vai de último para ganhador do título mundial, em um dos melhores desempenhos da história do surf profissional.

Todos saímos para jantar, Tom Carroll e Sua Equipe, ao redor de uma grande mesa no Turtle Bay Hilton. Monty desatando a falar, você na sua, intocável, sorrindo de leve – o sorriso da máscara. Ficamos uma hora ali sentados, sem falar sobre o único assunto que ocupa a cabeça de todos. Ninguém sabe o que te dizer ou sobre o que falar. Seria uma situação hilária se não fosse um saco.

Sentado ali, penso, com crueldade: *Eu jamais teria feito o que ele fez, desperdiçar uma chance dessas.*

E aí tenho uma pequena revelação fraternal. Penso: *Ah, e daí? Já era. Já foi. Tom nunca mais vai se empenhar para ganhar o título mundial desse jeito, nunca mais.*

Então eu sei que nunca mais vou ter de me importar com suas baterias porque sei que você não vai. Não da mesma maneira. Nunca assim.

∼

Vida adulta

Na época eu não sabia mas, naquele dia, perdi minha fé no sistema de pontuação. Já tinha me ferrado com essa regra umas duas vezes e me sentia totalmente impotente diante dela. Nunca questionei os jurados. Sempre aceitei a decisão deles, qualquer que fosse. Só competia. Não queria me meter nessas coisas. Então decidi tentar deixar para lá, do contrário, internalizaria tudo.

Poucas horas depois, decidiram ignorar a regra. Então como eu poderia colocar o meu futuro e o meu destino nas mãos dessas pessoas?

Resolvi que não investiria mais toda a minha energia em um ano, para sofrer com um resultado como aquele. De jeito nenhum. Só compareceria aos eventos que quisesse. Ainda queria atingir novos patamares no meu surf, sabia que tinha muito a oferecer, mas não queria ficar preso à turnê.

Comecei a me afastar do surf competitivo naquele ponto. Lentamente, porque não dava para ser de uma vez.

1989. Você ganha 43.525 dólares em prêmios. Fica em terceiro no Cronulla IMB; décimo sétimo em Bells; quinto no da Coca-Cola; décimo sétimo em Nii-jima; terceiro em Gotcha; nono em Op Pro; quinto em Fistral; quinto em Lacanau; décimo sétimo em Hossegor; décimo sétimo em Biarritz; nono em Hebara; segundo em Margaret River; uma vitória em Newcastle; nono na Taça do Mundo; quinto em Pipe e quinto no Billabong Pro.

Fica em quinto na classificação mundial.

1989 foi um ano bem difícil. Tentar voltar depois de perder a chance de ganhar o título mundial, tentar me agarrar à ideia de que ainda era o mesmo competidor que fui em 1988... era horrível. Não conseguia terminar uma bateria.

No começo do ano, decidi por fim à relação que tinha com Monty, não deixá-lo mais se envolver nos meus negócios. Havia uns dois anos que tentava ter coragem para fazer isso, para navegar sozinho.

Foi uma época de muita insegurança. De qualquer modo, ele estava começando a depositar suas energias no Pottz, e tudo bem – fiquei feliz por eles. Quando olho para trás, penso que o Monty talvez tenha depositado no Pottz a energia que não conseguia depositar em mim, porque eu não deixava, e o Pottz era mais receptivo.

Monty sabia o que era bom para as pessoas. Ele conseguia administrar e concentrar a energia indomável dos outros; acho que esse era um de seus grandes talentos. Não era capaz de administrar a dele, mas sabia o que outras pessoas queriam e podia ajudá-las a alcançar essas metas.

Assim, conseguiu fazer o Pottz ganhar o título mundial de maneira extraordinária. Pottz aniquilou todo mundo. Atingiu tal patamar que eu nem conseguia terminar a bateria. Eu morria por dentro com isso. Despejava tudo na prancha. Estava fodido, já era. Foi um ano horrível, competindo sem querer, tentando fingir que eu era algo que não era. Eu estava cheio de problemas.

Tudo me dizia para abandonar o barco, descansar um pouco. E foi o que acabei fazendo, lá pela parte europeia da turnê. Voltei para casa com o rabo entre as pernas, muito preocupado, pensando o tempo todo que a coisa ia explodir na minha cara e eu não teria tempo de agir. Será que a Quiksilver ainda me patrocinaria? Todas essas preocupações. Mas eles me patrocinaram.

Eu queria eliminar tudo da minha vida. Voltei, terminei com a Lisa, expulsei todo mundo da minha casa, cortei os laços com o Monty. A casa agora era só minha, mas foi uma época bem triste. Chegou o dia em que todo mundo tinha ido embora e eu estava ali sozinho, em pânico. Fiquei desolado. Chorava muito. Estava emocionalmente confuso, sem saber a quem recorrer, para onde ir.

Eu tinha um furgão Commodore vermelho, típico carro de surf, e um dia precisei tirar algo do porta-malas. Tinha de deixar um pedaço de madeira apoiado na porta porque os suportes não faziam pressão suficiente para deixá-la aberta. Coloquei o pedaço de madeira ali e simplesmente comecei a chorar sem parar.

Vida adulta

Acontece que Lisa estava passando por ali bem naquela hora e me viu. Fazia tempo que eu não a encontrava, então ela se aproximou e me confortou. Foi um grande momento entre a gente, eu percebi que ela era uma pessoa especial para mim, e isso reacendeu a chama. Lentamente começamos a namorar de novo, e em 1990 já estávamos num relacionamento. Era bem melhor, já que todas aquelas coisas, o meu pânico e minha tristeza, estavam no passado.

1990. Você ganha 42.525 dólares em prêmios. Fica em décimo sétimo no Bundy Rum, em Burleigh; décimo sétimo em Bells; terceiro no da Coca-Cola; nono no Oceanside; décimo sétimo no Op Pro; segundo em Zarautz; décimo sétimo em Hossegor, Biarritz, Sopelana, Hebara e Margarets; vigésimo quinto em Haleiwa; consegue uma vitória em Pipe; fica em décimo sétimo no Billabong Pro.

Fica em décimo terceiro na classificação mundial.

A vitória de Pottz delimita uma era do surf, embora na época não soubéssemos disso. A década de 1980 está chegando ao fim. E aí ela acaba, junto com os shorts justos, os cabelões armados, os músculos e o neon, a hegemonia australiana no esporte, a grande ascensão da imagem do surfista nas embalagens de Coca-Cola, nos produtos da Ocean Pacific, da Foster's, da Subaru, de várias empresas de seguros, nas lojas de departamento japonesas, nos suplementos de dezesseis páginas do *Sun*.

O mundo muda. *The Sun* chega ao fim; Graham Cassidy agora é editor-chefe do *Sydney Morning Herald* e administra a ASP a partir de uma caixa postal na Broadway. A relação entre Pottz e Monty azeda por causa das imensas dívidas que eles acumularam com o Taxation Office. John, o açougueiro, agora um empresário de sucesso, vende a Peak Wetsuits para a Rip Curl por uma grande quantia e começa a procurar outras oportunidades. Newport Plus ganha seu último grande desafio de equipe nacional e gasta todo o caixa do prêmio numa festa dentro

TC

de uma suíte de hotel, e o clube basicamente implode.

No meio de tudo isso, você parece alegre, de um jeito que não vejo desde que ganhou o primeiro título mundial. A bolha que Monty formou ao seu redor já estourou e você ainda está inteiro – ainda é a estrela do surf australiano, mas não é mais tão opaco, você não é mais Gobbo, o Deus do Glamour. Viaja menos naquele ano. Surfamos juntos um pouco mais. Você e Lisa aparecem para jantar como qualquer outro casal de classe média.

Acho que você começa a voltar a ser o que era. Meu irmão caçula cheio de sonhos, que ao telefone fala de um jeito vago, sardento e com um sorriso abusado, o *grommet* que todo mundo adora.

E você sempre teve sorte. Sorte com Charlie Ryan, com Col Smith, com os patrocinadores, com os amigos, com os aliados. E agora deu sorte de encontrar a Lisa.

Tudo está uma maravilha. Sempre esteve.

Em dezembro, diferentes mundos entram em colisão. Papai, agora aposentado do jornal e animado para conhecer o lugar de onde a gente nunca sai, aparece em Oahu para passar férias com Valerie, Lucy e nossa nova irmãzinha, Annie. *Caramba*, eu penso, ansioso, *será que vai dar certo?* Não é exatamente como era em Paddington.

Alugamos uma casa grande em Backyards. A situação fica meio estranha às vezes, mas papai parece gostar, sua mente curiosa e observadora analisando as diferenças entre os litorais, os ventos elísios e os *swells* enormes que chegam de noite e explodem nos recifes. Ele conhece Doerner e Marty Hoffman; discutem surf e se despedem com respeito mútuo. Ele tem certo fraco por caras diferentes.

Observo de lanai ele passeando pela praia rumo a Sunset, o cabelo ralo castigado pelo vento, e fico pensando se ele não sente saudade desse mundo, já que agora mora na cidade; se não sente saudade da praia, do espaço e da solidão que tinha quando éramos crianças, e talvez até mesmo antes disso, quando ele próprio era pequeno, andando pelos areais de Mackay.

Tem muito dele em você, e de você nele.

Vida adulta

Surfamos juntos até não aguentar mais nas maravilhosas ondas constantes do fim do inverno, sabendo que logo nos separaremos. Recebo uma proposta de emprego da revista *Surfing* e ganho visto para trabalhar nos EUA. Wendy e eu vendemos os carros, empacotamos tudo e vamos para a Califórnia com nossa filha, Madeleine Rose, que está com dez meses, sem saber no que estamos nos metendo, mas com a certeza irracional de que tudo vai dar certo.

Foda-se. Afinal, é hora de amadurecer.

TRANSIÇÃO

Agora, olhando para trás, acho isso engraçado. Eu havia começado a tomar decisões com vinte e poucos anos a respeito de como seria essa carreira no surf. Naquela época, não existia isso de ser surfista profissional aos vinte e cinco anos de idade. A ideia de um surfista profissional de trinta anos não fazia sentido. Isso não se encaixava no escopo das coisas. Achavam que a essa altura você já teria mudado de vida. E era assim que eu organizava as coisas, colocando tudo em suas devidas caixas: *já risquei isto da lista, agora vou fazer aquilo.*

Certas coisas estavam virando realidade para mim. Eu era campeão mundial e tinha alguma autonomia sobre esse meu papel. No começo, estabelecia limites, de modo a controlar minha vida de campeão mundial. Aos trinta, imaginava que já estaria começando a pensar em ter filhos, embora essa ideia tivesse me chocado aos vinte e dois, e achava que já estaria pronto para me aposentar.

E, claro, tudo começou a acontecer bem na minha frente. Tomei a decisão de que seria melhor ter uma família, me casar, essas coisas todas..., e o tempo seguiria seu rumo como sempre faz.

Essas decisões eram um jeito de garantir algum tipo de controle sobre minha existência em comparação com o surf competitivo, em que quanto mais controle eu buscava, menos eu tinha, o que era absurdamente frustrante. Mas ainda não me sentia preparado para abandonar as competições, a estrutura delas, a turnê – pelo menos não as partes que eu gostava.

Curren retornou e ganhou o terceiro título mundial em 1990, meu objetivo de 1988, o que me deixou de extremo mau humor – meu ego não gostou daquilo, mas eu era capaz de perceber que não estava mais afim de correr atrás. Conquistou seu lugar com um surf muito bonito. Eu não tinha como contra-atacar, mas mesmo assim não queria aceitar o fato. Tinha um monte de problemas que agiam em diferentes níveis emocionais; na época, não havia as ferramentas e o entendimento que temos hoje – psicólogos do esporte, mentores e terapeutas. Era assim: "vira homem, se vira". As pessoas nem falavam do assunto. Era algo velado. Ninguém percebia. Era um jeito muito diferente de se comportar. Todas essas coisas ficavam ocultas.

Resolvi me concentrar no Pipeline Masters e na competição de Margaret River – eventos nos quais eu adorava surfar e abusar da performance. Comecei a ficar fissurado em ioga. Conheci Simon Buttonshaw e praticava ioga em sessões bem prolongadas, de uma intensidade absurda.

Aí veio o sistema de duas fases nas competições, a turnê de qualificação, e Kelly Slater surgiu.

Lembro de outras ocasiões em que essa escolha se apresentou de maneira bem clara: eu podia resistir à mudança ou aceitá-la. Estava nítido para mim. Já tinha acontecido antes, quando precisei competir com Occy em 1984 e ele dominava. Meu ego dizia: *Quero que esse cara se foda! Foda-se tudo isso!* Era questão de resistir ou aceitar e trabalhar junto, tentar melhorar, fazer o possível para se aprimorar.

A mesma coisa aconteceu em relação a Kelly: *Quem é esse sujeito que está surgindo?* E aí você estufa o peito, combativo – bom, eu fiquei, lá no fundo. Tinha esse desafio sobre a minha posição dentro da Quiksilver. Não fiz disso um assunto com ninguém, mas sabia que isso viria à tona.

Em 1990, eu estava em Tavarua, nas ilhas Fiji, com Bob McKnight e mais algumas pessoas da Quiksilver, e eles me perguntaram sobre o Kelly Slater, como eu competiria com esse cara tão jovem. Eu disse: "Bom, ele se inspirou bastante no Tom Curren; ele quase parece um novo Tom Curren."

Vida adulta

Um cara tão jovem. Eu já tinha percebido que ia se dar bem. Lembro que o Mike foi para uns eventos menores na costa leste dos EUA – tinha ido lá para tentar obter pontuação – e voltou falando: "Aquele bostinha! Um moleque que detonou todo mundo!" A gente conhecia Sean Slater e lá estava o irmão dele, Kelly, fazendo todo mundo comer espuma. "Ele arrebenta", disse Mike. "Simplesmente domina."

Kelly já havia estourado nos EUA e tinha bastante munição: um vasto conhecimento de surf que havia demonstrado em North Shore. Lembro de quando ele surfou Off-the-Wall e depois surfou Ke Iki Hale, bem na frente de onde estávamos hospedados, perto de Log Cabins, pegando aquela esquerda incerta e desajeitada que sai da beirada das rochas de Ke Iki. Pensei: *mas que cacete!* Ele é muito novo, mas se consegue surfar *backside* naquela esquerda tão ruim, o cara deve ter um talento incrível.

Isso foi mencionado numa conversa que tive em Tavarua. Falei: "Bom, ele tem essa coisa do Curren: foi patrocinado pelos patrocinadores de Curren – Ocean Pacific e Channel Islands." Ele se concentrava muito no estilo de Curren e, para que ele funcionasse direito na Quiksilver, precisava sair desse molde.

De todo modo, o surf dele foi um dos motivos que me fizeram começar a perceber que eu não tinha escolha. Ele era bom demais. Eu tinha de recuar. De qualquer modo, o surf dele era inspirador, e decidir aceitar me ajudou a perceber isso.

E aí aconteceu outra coisa que também me ajudou a fazer essa transição. John, o açougueiro, veio falar comigo numa feira de eventos do San Diego Action Sports. Disse: "Tenho uma ótima ideia." Essas feiras esportivas eram eventos bem grandes naquela época. Traziam uma atmosfera de festa bem intensa. Estávamos longe das ondas, no meio daquele monte de gente. A gente caía na noite e depois passava o dia inteiro na feira. Eu estava saindo de lá por volta de meio-dia – acho que queria ir embora – e aí o John veio falar comigo.

Me parou ali mesmo e disse: "O que você acha de fazer uma linha de roupas de borracha para a Quiksilver?"

Falei: "Óbvio, como assim?! Vambora!"

Não pensei muito sobre o assunto. Vi aquilo como uma boa oportunidade para continuar meu trabalho em longo prazo, ter um envolvimento maior com a Quiksilver. Sabia que os licenciados da Quiksilver estavam ganhando uma grana boa. E a Quiksilver não tinha uma roupa de borracha na época. Já fazia alguns anos que eu usava roupas genéricas com o logo da Quik, então a ideia fazia sentido.

A partir daí, o lance era reunir dinheiro e conseguir mais alguém. Bruce administrava os licenciados da Quiksilver, um trabalho bem difícil, viajando pelo mundo para manter a galera na linha, e ele estava a fim de nos ajudar. Então nós três investimos cerca de 30 mil dólares cada.

Foi a primeira decisão que tomei depois de terminar minha parceria com Monty e me senti livre de várias maneiras. Era algo independente da minha competição em turnê, Lisa e eu pensávamos em nos casar e eu buscava uma fonte de dinheiro. Sabia que John teve sucesso com sua linha de roupas de borracha lá no Pico e acreditava que ele era capaz de fazer acontecer. Achei que a gente poderia desenvolver ótimos produtos para a Quiksilver.

Mas eu não sabia o que isso implicava. Quando se entra numa parceria de negócios com outras pessoas, é como um casamento. Todos têm de acreditar, todos têm de se comunicar direito. Precisam confiar uns nos outros, defender o que o parceiro está fazendo mesmo que você não goste do modo como ele se comporta. Essas coisas todas. Eu não sabia no que estava me metendo.

Lá pelo início de 1991, eu já tinha conseguido outro Pipeline Masters. Começava a ficar feliz com o meu surf, e o rumo que eu queria dar para ele. Ainda estava envolvido com o esporte, minha reputação me ajudava de várias maneiras e agora sabia desempenhar muito bem meu papel de atleta profissional. Era um papel de valor e eu sabia disso. Não tinha mais a meta de conseguir um título mundial, mas aceitar essa mudança de foco foi a base subjetiva perfeita para seguir adiante na vida.

Lisa e eu nos casamos em 4 de maio de 1991.

Parecia ser o progresso natural do relacionamento: ter um compro-

Vida adulta

misso sério, fincar os pés no chão. Isso trouxe movimento ao relacionamento, e também sua inércia. Eu ainda era muito egoísta e minha vida continuava girando em torno do surf. Lisa, de tempos em tempos, entrava em cena. Todos os meus relacionamentos foram assim.

Triste, mas é verdade. Não tenho como negar. Ou talvez não seja triste, não sei, mas é assim que as coisas são para mim. Na época, eu não sabia. Eu ainda não me conhecia direito.

Mas havia uma grande amizade entre Lisa e eu, uma ótima parceria. Gostávamos muito da companhia um do outro; nunca me senti tão à vontade com uma mulher. Não era uma carência, uma loucura, não havia essa necessidade insana de ficar junto o tempo todo. Assim, eu achava mais fácil me concentrar naquilo em que era bom e ela me apoiava nisso. Era divertido viajar juntos e fomos nos conhecendo profundamente – tanto quanto é possível quando se tem alguém tão egocêntrico ao lado. Acho que, em alguma medida, aquilo funcionava para ela, embora talvez ela pensasse que eu viria a mudar algum dia.

Fiquei em terceiro na classificação mundial em 1991. E não estava nem tentando de fato.

1991. Você ganha 57.375 dólares em prêmios. Fica em quinto no Clearwater Classic, em Manly; quinto em Bells; décimo-sétimo no da Coca-Cola; nono no Op Pro; segundo no Fistral; consegue uma vitória em Hossegor; fica em décimo sétimo em Biarritz; quinto em Hebara; décimo sétimo em Miyazaki; terceiro em Haleiwa; uma vitória em Pipe; vigésimo quinto na Taça do Mundo.

O ano do "Snap".

Esse ano é uma bênção. Uma recompensa por todo o seu trabalho e dedicação, melhor ainda porque você parece não ligar. Volto à Austrália para seu casamento em maio e depois observo de longe enquanto você atravessa os eventos do ano, o último com a antiga estrutura de eventos avulsos da ASP, o último ano a.K. – antes de Kelly.

TC

A agenda anual termina no Havaí. Estou ocupado demais editando revistas para ir a Pipeline. Na noite da final, fico sabendo que você ganhou. Depois, na manhã seguinte, fico sabendo como. Todo mundo só fala disso.

Só quando vejo as fotos é que entendo. O dia estava insano, ondas de mais de quatro metros, muito vento e drama, muita gente competindo, Derek Ho na melhor posição. Depois, nas semifinais, uma decisão incrível de última hora muda tudo. Uma onda enorme surge no meio do Primeiro Recife, você está remando e atravessando a parede, Derek no *take-off*.

Derek dá uma breve olhada no drop e pensa: *Ih, já era*. Retrocede. Você está abaixo dele. A onda já está na vertical; afinal, é Pipeline, caramba.

Você vira debaixo dele e vai. Não há nada entre o seu pensamento e o movimento. Está sozinho no momento da queda até a base. Vai direto para uma cavada, se apruma, endireita a prancha, entra no tubo e sai. Uma manobra impossível, perfeita.

Mais tarde, depois que praticamente todo mundo do evento já desistiu, você relaxa mais e, numa outra série de ondas grandes, sai na base... e vê algo. Sobe na parede, reajusta a enorme prancha Rawson, digna de Fórmula Um, e sai rasgando.

É a mesma virada que você fez na frente do clube de surf, dezesseis anos atrás. A virada que quase conseguiu fazer naquela tarde de ressaca em Pipe, em 1984. Agora, ela é o "Snap", A Rasgada Que O Mundo Inteiro Ouviu, como alguém mais tarde a batiza, a maior manobra já feita na onda mais incrível do mundo.

Estranho o fato de todos estarem tão chocados. Há anos eu esperava que você terminasse essa manobra.

Perdi o espetáculo do ano. Em vez disso, compareço à noite da entrega de prêmios da ASP. É isso que os editores de revista de surf fazem – vão a eventos sociais.

É uma noite louca de excessos: bebida, *ecstasy*, montanhas de cocaína, quantidades realmente absurdas, todo mundo num quarto de hotel de Honolulu vendo o sol nascer, todo mundo desconfiado de que ninguém ali conseguirá voltar dirigindo para North Shore... que dirá lembrar o caminho de volta.

Vida adulta

Sempre pensei nessas merdas como algo apenas divertido, um jeito de me entrosar com os amigos, de terminar a noite. Agora, as coisas parecem meio estranhas. Pela primeira vez começo a pensar, só um pouquinho, coisas como: *Mas que porra é essa que a gente está fazendo?*

Alguém vai escrever sobre essas coisas um dia. Fico pensando se não deveria ser eu. Afinal, sou jornalista. Tento imaginar as notícias nos jornais: *A Verdade Sobre o Surf Profissional. Surfistas Usam Drogas!* Como seria cafona, sensacionalista. Tão besta. E certamente foderia a carreira de muita gente.

O perigo, o perigo verdadeiro, nem passou ainda pela minha cabeça.

Lisa e eu decidimos que seria melhor esperar alguns anos antes de ter filhos. Eu havia pedido sua mão em casamento em Portugal, um ano antes, e quando nos casamos, é claro, Jenna já estava a caminho e nem sabíamos. Ela nasceu em 31 de dezembro daquele ano e mudou tudo. Eu mudei porque de repente havia essa nova pessoa na nossa vida e levou certo tempo para cair a ficha de que eu era pai – não mais a pessoa que podia se dedicar cem por cento ao surf. Lutei muito contra isso. Depois de ser alguém tão egocêntrico, foi bem difícil lutar contra a ideia de ser pai e finalmente aceitá-la.

Coisas boas estavam acontecendo nas ilhas Mentawai e nas viagens de surf a lugares exóticos – as fantasias que estavam prestes a afetar o mercado do surf. Isso já tinha começado a rolar na década de 1980, com a nossa viagem a G-Land, e as revistas de surf já publicavam histórias de aventura havia anos. Mas ninguém tinha ido para lá ainda, aquele incrível agrupamento de ilhas.

E aí fizemos aquela viagem maluca. Hoje penso nessas coisas e fico *Uau! Como isso foi acontecer?* Descobrimos uma mina de ouro na Indonésia. Foi literalmente como achar um tesouro.

O FIM DO MUNDO

Aconteceu no momento certo, foi bem doido. Eu estava chegando ao fim da carreira nas competições e pensando nas minhas possibilidades quando, do nada, surgiu a ideia dessa viagem.

Tudo por causa do Boj, na verdade, e também pelo fato de ele ser contato de Paul Graham. Boj havia conhecido Paul em 1984, numa viagem de surf em Nusa Lembongam. Paul conhecia uma pessoa que fazia mergulho nas plataformas de petróleo da Indonésia e que sabia que dava para surfar numas ilhas perto de Sumatra. Falou da possibilidade de ir até lá com um iate alugado. Precisávamos de umas seis pessoas, além dos dois amigos neozelandeses de Paul. Sem fotógrafos, sem imprensa, nada. Só uma viagem para se divertir.

Fomos eu, Pottz, Ross Clarke-Jones, Stuart Cadden, Michael Wyatt, Boj e Leigh, e estávamos todos muito animados. Era o contrário da atmosfera profissional do surf. Wyatt é pedreiro, Boj eletricista – eu podia muito bem ter sido funileiro mecânico, afinal. Uma sensação muito boa, viajar com os amigos. Eu tinha viajado algumas vezes para surfar mas, na maioria delas, para promover a marca ou tirar fotos para revistas. Viagens com um quê promocional. Aquela, entretanto, era uma viagem para explorar com os amigos.

E eu nunca tinha estado num barco antes. Talvez tivesse saído para pescar com Mike ou saído no bote de borracha do clube de surf, mas foram viagens bem breves. Aquilo era uma aventura. Era preciso entregar passaportes, conseguir vistos. Estávamos indo para lugares que nenhum conhecido havia visitado, muito menos surfado. O clima era "Isso aí! Vamos quebrar tudo em Bali e depois entrar na selva!"

Um lance meio masculino, vontade de escapar, e eu realmente precisava disso para sentir os pés no chão.

Então, lá fomos nós, mais ou menos no fim de maio/começo de junho de 1992. Eu não podia ir para Bali. Jenna tinha acabado de nascer. Lisa falou que tudo bem eu ir, mas que ela estava lá com Jenna sozinha – então era melhor eu tomar cuidado. Leigh também tinha um filho, Lucas, de apenas dois anos, por isso pulamos a balada em Bali e fomos encontrar os caras em Jacarta.

Martin Daly foi o cara que trouxe o barco. Isso era tudo o que eu sabia dele até então. Ele nos encontrou em Jacarta, entramos numa Mercedes, o cara com as pranchas foi num furgão atrás e assim seguimos numa longa viagem atravessando Jacarta. Eu ainda estava meio grogue do avião. Chegamos no porto Merak e encontramos os outros caras – eles tinham descoberto uma boate nas ruas de trás e caído na zona. Entramos no barco, ligamos o motor e fomos seguindo num mar de profundidade muito pequena, talvez um metro e meio, talvez mais. *Bum, bum, bum.* Martin foi categórico: "Esse barco é ponta-firme, um MV *Volcanic*, ele aguenta." E eu: "Acho que vou vomitar." Ele disse para eu ficar olhando sempre para as luzes no horizonte que a ânsia passaria. Desci para a cabine e fui direto dormir.

Acordei com a primeira luz do dia e ainda estávamos nessa de navegar em águas rasas. Mas era legal. De alguma maneira, acabei dormindo e me acostumando com o balanço do mar. Martin ainda estava no manche, mandando ver, e a gente se entrosou bem rápido. Ele gostou do fato de eu estar me sentindo bem. Eu estava feliz só de estar num barco no meio do nada. Fui lá atrás e encontrei Wyatt e Boj meio verdes, com uma aparência nem um pouco boa. Mas aí viramos na direção da ilha Panaitan e tudo ficou bem.

Martin era o típico australiano durão. Me disse que andava pensando em montar um negócio de aluguel de iates para mergulho, mas amigos seus já estavam havia alguns anos indo ali para surfar. Só trabalhava para o governo indonésio nas plataformas de petróleo e queria se divertir um pouco.

A primeira onda que vi com ele foi em Lances Left. Quando já estávamos viajando há um tempo. Ondas de quase dois metros. Eu ainda não tinha saído para surfar. Comecei a ouvir uns gritos e pensei: *O que será que está acontecendo?* Olhei pela porta do barco e tinha um cara usando roupa de mergulho e tênis de lona surfando uma onda e gritando. Ele gritava em toda onda que pegava, do começo ao fim: "Uhuuuu! Olha só isso! Aêêêêêê!" Parecia uma criança numa loja de balas.

Martin me disse que passou a infância em Newport. Cresceu numa casa em Wallumatta Road, a três ruas de distância de onde eu morava, Nullaburra Road, e disse que frequentava a Newport Public School. Tive a impressão de que algo o incomodava nisso, algo em seu passado. Não sei o quê. Mas ele precisava sentir que era o chefe do mundo, que era o capitão – o barco era sua ilha particular e ele mandava nela, tinha responsabilidade total. Gostava de sentir cada centímetro do barco; gostava da ideia de ter um barco para fazer o que quisesse.

Eu curtia a ideia também. Descobri que adorava barcos, adorei as histórias que ele contava. Em viagens subsequentes, eu acordava às três ou quatro da manhã, subia até a ponte de comando e nós dois tomávamos uma xícara de café e ficávamos conversando, nos conhecendo melhor.

Surfamos um pouco no inside de Panaitan. Nos sentíamos muito felizes por estar no meio do nada. Vimos uma esquerda mais adiante, remamos até lá e surfamos. Era pequena. A gente realmente sentia que aquilo era uma aventura. Dropei numa onda esquerda e fui descendo até o recife para ver até onde conseguia chegar, e aí senti um cheiro que vinha da selva ali perto. Parecia incenso, e meu corpo inteiro absorveu aquele cheiro exótico. Continuei surfando, sentindo-me inebriado, eufórico. Deixei para trás as coisas que estavam na minha cabeça, no meu outro mundo.

Martin resolveu que era hora de içar a âncora depois dessa session e disse: "Vamos para Enggano." Era uma viagem comprida, mais de um dia e duas noites. Estávamos nos acostumando com o barco, criando o chamado vínculo masculino: cortando cabelo uns dos outros, pescando, nos pendurando no gio da popa. Eu acordava com calor no meio da noite, descia até a parte de trás o barco, mijava e ficava ali, na água que batia no gio da popa. O barco viajava a dez, doze nós, formando uma marola atrás, e eu simplesmente me deixava cair e fazia *bodysurf* nessa onda. Poderia ter dado bem errado. Eu poderia não ter conseguido agarrar o gio da popa para subir no barco. Foi uma loucura fazer isso, na verdade – eu poderia ter sumido. Nem o capitão sabia que eu estava ali. Mas o dia estava tão quente e bonito...

Martin não queria nos mostrar no mapa para onde estávamos indo. Ele sabia que queríamos muito saber, mas os caras diziam que ele colocava outros mapas na mesa para nos enganar sobre o destino. "Esse aí não é o mapa!" Ele colocava uma cortina de fumaça entre o mundo real e o mundo que queria que a gente visse. Não sei se ele de fato fazia isso. Mas a sensação era de que havíamos chegado no fim do mundo.

Estávamos em Enggano. Lá, surfamos uma direita e ela parecia uma onda que qualquer um surfaria. Havia caras ali que eram só surfistas medianos e que conseguiam. Mas o resto de nós pensava: *Queremos surfar algo mais pesado*. Todo mundo estava doido, esbaforido, fazendo o que bem entendesse, os coitados dos indonésios da tripulação só olhando. Éramos meio malucos, inquietos, mas basicamente estávamos nos divertindo. Martin ficou meio abismado. Ele nunca havia encontrado surfistas famosos antes, então só ficava sentado, olhando e pensando: *Uau! Olha só esses caras!*

Seguimos em frente, para o oeste e o norte. Era começo da tarde, depois do almoço, todo mundo desmaiado. Martin, Pottz e eu fomos até o *flybridge*, de onde dava para enxergar a água até não poder mais. Subíamos e descíamos as ondulações enormes. E aí o Pottz disse: "Olha ali, o que é aquilo?" Vimos uma direita e depois uma esquerda. Havia bomboras para tudo quanto é lado, um *groundswell* absurdo quebrando bem ali.

Martin disse: "Sim, tem uma onda ali." E o Pottz: "Vamos lá olhar! O que vocês estão esperando?"

"Está bem", disse Martin, virando o barco para a direita. Nunca me

Vida adulta

esquecerei dessa virada que ele deu com o barco. Estava muito animado indo checar aquela nova onda.

Ficamos do lado de dentro da esquerda, observando enquanto ela se alinhava e fazia a curva. Igual a quando estávamos em G-Land. "Acorda, todo mundo! Venham ver essa esquerda!" Todo mundo atordoado, pegando as pranchas e tentando adivinhar o tamanho dela. Peguei uma prancha de 6'9", na época, de tamanho médio, e todos saímos, tentando ganhar dos outros no line-up. E aí... puta que pariu.

Foi a minha primeira lição sobre como uma onda parece bem menor se vista de um barco.

Voltei, peguei uma prancha de 7'4" e meu capacete. Pottz e Ross também se protegeram. E aí decidimos tomar um ácido. Achamos que seria uma boa hora.

Cada série de ondas era maior que a anterior. Seis ondas: *bam, bam, bam, bam, bam, bam*. Vinha um período de calmaria até longo, dava tempo de remar de volta para o recife. Depois, uma série ainda maior deixava a gente preso no inside. Muitos dos caras falaram: "É grande demais!" Mas entraram. Eu, Ross, Pottz e Daff ficamos de fora.

Minha 7'4" ficou pequena demais, então fui buscar uma Rawson de 7'10", uma prancha bonita com côncavo duplo, estilo Bonzer até a rabeta. Amarela, de rabeta *swallow*. Aquela acabou se tornando a sessão de surf de nossas vidas. Nunca vamos nos esquecer. Ross ficou preso numa série imensa! Remou para pegar uma onda, não conseguiu e aí veio outra série. Elas estavam ficando bem grandes. Pottz e eu remamos por cima da série, mal conseguindo passar. Olhei para trás, vi Ross ali e pensei*, Ai, ele se fodeu.* Pottz, a gente precisa ir lá buscá-lo. Ross ficou embaixo d'água por causa de duas ondas e seu capacete acabou se partindo; achou que fosse se afogar.

Depois, todos voltaram para o barco, a luz do dia começou a sumir e eu fiquei ali, sentado, sozinho. As ondas eram grandes demais. Acho que devo ter pegado uma pequena, não lembro. Acabamos parando o barco dentro do recife e tendo uma noite bem louca a bordo.

Martin não conseguia acreditar que a gente tinha ido lá surfar. Dava para ver que ele estava maravilhado, pensando: *Esses caras conseguem surfar qualquer coisa.* E surfamos mesmo. Pegamos ondas juntos, fizemos as manobras por trás, rimos da cara uns dos outros, essa coisa toda.

Conheci o Martin Daly de verdade em nossa parada seguinte, na Sanding Island. Na parte de trás dessa ilha há uma fileira de recifes de esquerda. Não deve haver muita arrebentação ali, mas quando há muito *swell*, as ondas envolvem a ilha e entram nessa fileira de recifes. E cada um deles tem uma pequena bombora do lado de fora. Um pequeno padrão de recifes que se repete.

Martin chegou por trás da esquerda e deu uma guinada com o barco para observá-la melhor. Agora, estávamos do lado de dentro das duas ondas. Gostei, mas fiquei olhando, pensando, *Isso é meio perigoso*. Eu estava no *flybridge* e vi que a bombora ia quebrar. Martin disse: "Não se preocupe." E foi direto na direção da onda. Falei: "Ai, não, ela vai cair em cima da gente! O que vamos fazer?" A onda começou a subir, e não havia só uma, mas algumas. Ele acelerou e passamos por cima dela, jogando água para todo lado. Acelerou de novo na direção da segunda onda, a hélice do motor se agarrou à onda na hora certa e ficamos ali, oscilando no topo, e novamente conseguimos passar por cima. A terceira era a maior de todas e quase não conseguimos passar. Eu mal conseguia me segurar no barco. Todo mundo se borrando de medo.

A essa altura, a gente já estava chamando o lugar de "Ilhas Que Porra de Lugar É Esse".

Encontramos um porto onde de fato havia comunicadores; dava para falar com o pessoal em casa. Eu queria saber como estava Lisa, dizer que estava tudo bem, e Leigh também queria falar com sua família. Leigh estava desesperado com o fato de não haver como se comunicar do barco. Martin ficou muito perplexo com isso: "Como assim? Você quer ligar para a sua *esposa*?" Para ele, não fazia sentido algum.

Conseguimos de alguma maneira parar nesse porto e dormimos no deque. Acordei de manhã e havia mosquitos para todo lado. Tinha certeza que ia pegar malária.

Surfamos ondas incríveis. O mar estava claro e límpido, com ótimo *swell*. Por fim, estávamos exaustos de tanto surfar, com os pés coçan-

Vida adulta

do. Ross é inquieto e não gosta que o cerceiem, então fazia questão de demonstrar. Daff estava meio de mau humor. Minhas costas doeram na primeira vez que fomos surfar em Macaronis e só deu para olhar todo mundo. Realmente não dava para imaginar que alguém já tivesse surfado ali. Resolvemos ir embora um pouco mais cedo. Fomos até Bengkulu e pegamos o avião mais cedo para casa. Fizemos um pacto: não mostraríamos para ninguém as nossas fotos nem falaríamos nada. Era incrível demais para mostrar.

Essa foi uma das nossas viagens clássicas. Nunca mais vai ser daquele jeito. Uma das melhores épocas da minha vida. Martin chamava isso de Ataque de Felicidade: noite alta, um dia inteiro de surf, o barco parado e a gente naqueles ancoradouros lindos das ilhas Mentawais, sob a brisa calma. Era absurdamente perfeito, e lembro que pensei: *Fazemos parte da porcentagem ínfima de seres humanos que sabem da existência desse lugar.* Era algo legal de se pensar.

Eu não sabia o que ia acontecer. Eu era bem ingênuo. Não sabia que, muito em breve, o mundo inteiro teria os olhos voltados para aquele lugar.

Na Califórnia, começo a pensar que diabos fui fazer ali. Eu havia me mudado com a família para outro continente no que parecia ser o momento errado. A indústria do surf, em sua primeira grande recessão, em queda vertiginosa; de repente, o surf é considerado um esporte careta em relação ao skate, e os grandes anunciantes estão levando embora até 30% do faturamento. Meus chefes na revista também não sabem o que fazer, mas durante algum tempo fingem que está tudo bem. 1991 é um ano estranho e 1992 é mais ainda. No começo de 1993, metade dos funcionários já foi demitida, inclusive Dave Gilovich, o cara que me contratou.

As coisas, porém, começam a voltar ao normal. De alguma maneira Kelly e seus colegas conseguem fazer a *Surfing* parecer descolada de novo. Mostrar o talento deles dá à revista um senso de urgência, um motivo para existir. Deixo de pensar na possibilidade de ser demitido e ganho um escritório de canto, com vista para o mar.

TC

Você me conta um pouco sobre a viagem dos rapazes, mas te pediram tanto segredo que você nem quer me mostrar as fotos. Só vejo um pequeno vídeo de quando Ross foi tragado e quase se afogou naquela esquerda imensa. O cronômetro do vídeo diz que ele ficou embaixo d'água durante quarenta e oito segundos.

O segredo não fica guardado muito tempo.

Hornbaker, do outro lado do mundo, pede mais cem rolos de filme. Diz que vai sair numa viagem de barco com o capitão da sua viagem secreta. Um mês depois, o filme volta numa bolsa grande para ser processado. Três dias depois, os slides estão sobre uma mesa de luz no escritório da revista. Era assim em 1993.

Olho para as fotos e percebo: é um outro mundo.

Seis meses depois, o aluguel de iates para surfar está em plena ascensão. Começa a corrida ao ouro de Mentawai. E ninguém nem publicou o nome das ilhas ainda.

VIAGEM DOS SONHOS

As viagens vieram imediatamente depois, todo mundo indo para lá, fotografando e voltando com um monte de imagens. Elas agregavam imenso valor ao mercado de surf e às marcas. Minha relação com Hornbaker era bem forte desde a década de 1980, quando produzimos muito juntos, portanto já nos conhecíamos bastante bem e sabíamos trabalhar em equipe de maneira eficiente. Ross também.

Às vezes Horny esquentava a cabeça, mas eu fazia o contraponto porque era fácil trabalhar comigo. Eu não atrapalhava. Sempre gostei de fotografia e de fazer imagens, achava divertido. Nunca representei algum tipo de ameaça a ele em termos de competição de egos. Sua função era criar campanhas e imagens, e isso implicava grande responsabilidade e controle. Eu conseguia conceber o quadro que ele queria, entender o que ele tinha em mente ao fotografar. Ele ocupava a vanguarda do mercado de surf; sabia o que clicar, como colocar as pessoas em certas situações para fotografá-las, como apresentar as cenas. A Quiksilver o contratou como fotógrafo da equipe e Kelly veio junto.

Nossas primeiras viagens ao Taiti... O Taiti foi um lugar muito importante, de certa maneira. Hornbaker achava que conseguiria trazer equipes do mundo todo – dos EUA, Austrália e Europa –, colocá-las ali durante seis semanas e fotografar tudo na ilha Moorea. Isso foi bem difícil. Nem sempre o Taiti é tranquilo; o clima é complicado. Choveu durante três semanas seguidas, então dá para imaginar o efeito disso no humor de todo mundo.

Além disso, o lugar onde ficamos tinha umas mosquinhas estranhas que detonavam nossas pernas – bichinhos pequenos que mal dava para enxergar, que vivem em cocô de galinha, e lá tem bastante deles. Acabamos com umas crateras enormes nas pernas. Foi horrível.

Uma vez, fizemos umas fotos em Teahupo'o, o que foi realmente incrível, já que não havia mais ninguém lá. Afinal de contas, por que alguém ia querer ir para lá? O lugar fica no fim da estrada que sai de Papeete, a duas horas de carro. Nem dá para ver o lugar, que dirá saber o tipo de arrebentação que se forma por lá.

Lembro que Mickey Neilsen pirou, querendo combinar com a gente de surfar aquela onda no The End of the Road*: "A gente vai te levar até lá, você precisa vir com a gente." Isso foi em 1992, o mesmo ano da viagem no MV *Volcanic*. Eu estava com Titus Kinimaka, Ross, Doug Silva e Horny, e Mickey veio nos pegar no Aeroporto Faa'a com um bote na parte de trás do carro.

Mickey disse para o Horny: "Olha, nós vamos para o Fim da Estrada e você não virá junto." Ele não queria levar um fotógrafo para lá. Então ficou falando: "É o Fim da Estrada e não quero que ninguém ache, então vaza." Horny ficou magoado porque também não o tinham deixado ir naquela primeira viagem à Indonésia. Amarrou a cara; a boca dele fazia um bico, e todo o resto amarrava junto.

Essa minha primeira introdução a Teahupo'o foi bem radical. Levamos uma eternidade para chegar lá. Mickey decidiu não levar o bote, então precisamos sair remando do *point*. A primeira onda surgiu do nada, um tubo incrível – nem parecia uma onda. O *swell* estava forte na direção sul. Fiquei de pé nesse tubo, cada vez maior e mais rápido, e saí voando do outro lado.

Essas viagens eram todas legais; faziam parte dessa atmosfera dos anos 1990 de encontrar novos lugares para fotografar e promover a marca, e Hornbaker era muito bom nisso. Produzia muito material;

---

* "The End of the Road" é o nome dado para essa localização em Teahupo'o. É uma arrebentação que fica no lado sul da principal ilha do Taiti. Recebe esse nome porque fica literalmente no fim da última estradinha da cidade. [N.T.]

Vida adulta

não sei o que o pessoal da Quiksilver fez com aquilo tudo, nem se têm noção do que tinham em mãos. Um dia alguém bem criativo vai achar esse material e dizer: "Ah, aí está!"

Eu também era obcecado por fotografia, observava compulsivamente o meu enquadramento. Sempre que tinha oportunidade, tirava fotos ou fazia um estoque de filmes, tentava ter muitos, porque sabia que logo acabariam. Comprava pilhas de filmes antes das viagens e nunca era suficiente. Acabava tendo de encher o saco de Hornbaker ou de alguma outra pessoa que tivesse ido junto. Eu até levava uma Super 8 para filmar um pouco. Mas quase sempre só fotografava.

Ross dizia: "Que merda é essa que você tá fazendo? Você é doido! Pra que está levando toda essa tralha?" Tirei boas fotos dele. Ele era um ótimo tema por causa de sua cabeça.

Aquela era uma vida de sonho, na verdade. Uma viagem de sonho.

Eu ainda estava competindo, ainda que tivesse perdido a autoconfiança nas disputas. Em 1988, já tinha desistido de metade delas, e agora havia chegado a hora de aceitar o fato de que não estava de corpo inteiro ali. Mais uma vez, foi algo inconsciente: a parte consciente de mim estava ali, tentando fingir, mas a centelha, o desejo... já não existia totalmente. Não foi uma época muito legal. Talvez a última vez em que me senti animado de verdade foi quando ganhei o evento em Margaret River, em 1992. E aí meu pique acabou.

Lisa e eu tentamos fazer a turnê com Jenna, levando-a conosco em nossas viagens ao redor do mundo. Foi bem complicado, mas conseguimos durante quase dois anos.

E aí, no começo de 1993, Lisa ficou grávida de Mimi. Era difícil para ela viajar grávida. E, para mim, era difícil competir pois não conseguia mais ficar mais tão focado em mim mesmo. Agora as coisas não giravam mais ao meu redor, apenas. Isso me fez questionar muitas coisas sobre quem eu era. Não sabia como canalizar minha energia assim, separadamente em áreas diferentes; acabava misturando todas. Sempre achava que havia algo atrapalhando uma e outra.

Ainda enxergava no meu surf a minha fonte de autoconfiança.

TC

Ainda me apoiava nele. Continuava dependendo muito, talvez de maneira bem pouco saudável, do meu desempenho no mar; o modo como surfava era como me sentia. Precisava manter minha habilidade, então comecei a treinar com Rob Rowland Smith para ficar mais forte, ter mais aptidão física e me sentir melhor, mais no controle.

Levamos as meninas para o Havaí, mas, na época, era melhor para Lisa ficar em casa com as duas. Só depois de um ano inteiro, no fim de 1993, que consegui sair da turnê e voltar para casa.

Assim, esse suporte familiar ficou fora da minha vida e deixou um grande vácuo.

Foi a primeira vez que comecei a ter dificuldade de lidar com meus demônios. Era assim que meu pai passou a chamar depois. Ele dizia: "E aí, Tom, já conseguiu domar os demônios?" E eu mantinha a farsa e respondia, "Ah, claro, estou ótimo." Mesmo que não estivesse.

Era isso o que estava acontecendo: a doença, o vício, começava a tomar conta de mim.

Na maior parte do tempo, não gostava de como me sentia. Não gostava do jeito que reagia ao mundo. Queria reagir de modo diferente, mais positivo, da forma que achava que minha família queria que eu reagisse, e essa necessidade ficou cada vez mais aguda porque eu me sentia menos seguro – tinha menos estrutura, menos dinheiro, sentia a responsabilidade de ser pai. Era bastante confuso, não sabia ao certo quem eu era. Na verdade, não estava nos meus planos virar pai tão rápido, não estava nem um pouco preparado emocionalmente para lidar com aquilo. De repente, precisava saber como conciliar nossa nova vida com o desejo que nós dois ainda tínhamos de curtir. Quando olho para trás, percebo que éramos muito jovens, Lisa e eu, duas pessoas tentando se adaptar à vida da melhor maneira possível.

Minha resposta mais constante foi o medo. Queria fugir, escapar e não ter de lidar com as coisas, e surfar era ótimo para isso. Se na época eu soubesse das coisas, teria usado o surf como um meio de equilibrar o estresse. Em vez disso, usava o surf como fuga – fugia de tudo, ia treinar, surfar, viajar, saía correndo. E isso me deixava cheio de conflitos, porque

Vida adulta

queria ser um bom pai, um bom marido, mas, por outro lado, ainda tentava correr disso tudo.

Então a minha ideia de diversão era descolar um ou dois gramas de cocaína e cheirar tudo, compulsivamente. Todas as terças-feiras Lisa ficava fora o dia inteiro no curso de cerâmica, as meninas iam para casa da avó e eu ficava completamente sozinho em casa. Não tinha grandes responsabilidades. Não tinha uma missão, um objetivo de vida além de cuidar da minha linha de roupas de borracha, que estava dando certo. As terças-feiras eram só minhas.

Eu tinha contato com um cara que fornecia cocaína na época, e só esse fato já me deixava doido. Eu dizia: "Reserva um pouco para mim na terça que vem, beleza?"

Era algo muito bem definido, essa vontade, mas as terças eram sempre difíceis. Eu achava que conseguia cheirar tudo e voltar ao normal a tempo de Lisa chegar em casa e ir buscar as meninas lá pelas 3 ou 4 da tarde. Mas claro que isso não dava certo. Ela percebia o que estava acontecendo comigo e ficava bem brava. Tudo virou uma montanha-russa.

Logo isso se tornou um hábito quinzenal. Eu ficava totalmente transtornado. Muitas vezes pensava: *Por que estou fazendo isso? Não faz o menor sentido.* Mas a atração era forte demais. Hoje, olhando para trás, vejo que a situação é bem clássica – tudo isso já estava dentro de mim o tempo todo, algo que se acumulou internamente ao longo dos anos. E com toda a pressão dessas mudanças acontecendo na minha vida, eu só queria fugir.

Cheirava e passava mais ou menos uma hora aliviado. No máximo. No máximo. Cheirava umas duas linhas, me sentia bem e aí pensava: *Ah, não, vou ter que cheirar o resto.*

Estava sempre sozinho. Ninguém mais tinha a terça livre. Ninguém tinha tempo de vir até minha casa para fazer essas coisas. Ninguém pensava nisso. Eu me sentia isolado. Sentia muito essa solidão, esse isolamento, e também a vergonha, uma vergonha muito profunda que acompanha tudo isso, o fato de ter de confrontar a Lisa, a possibilidade de precisar confrontar outras pessoas.

Mas o viciado dentro de mim já estava moldando minha personalidade. Começava a trazer à tona traços de personalidade e comportamentos que acompanham o típico viciado em cocaína – diferentes maneiras de manipular situações, ser discreto, mentir, ocultar a verdade, tudo para o viciado conseguir sobreviver. Passei a achar maneiras de me safar, de dar um jeito sempre que a situação se apresentava. Mas eu não era tão bom assim ainda. Não tinha nenhum controle sobre aquilo.

Acho que em certa medida eu ficava imune a tudo isso. Entrava na linha e passava alguns meses sem usar nada, em forma, forte, concentrado no que estava fazendo. Entrava num ritmo. Eu conseguia ser pai, em algum grau apenas, porque ainda era um surfista profissional autocentrado, mas dava o meu melhor. Ficava sem usar nada até que... algo acontecia. Alguém me ligava ou surgia uma festa ou evento grande, e aí isso desencadeava algo em mim.

Às vezes, o único jeito de voltar ao normal era beber, só para voltar a entrar numa zona de conforto, porque eu me sentia muito mal. Lembro que uma vez Lisa ficou muito preocupada, ela não sabia onde eu estava e percebeu que havia algo de errado. Claro que eu a deixei em pânico. Ela ficou com muita raiva. Deve ter adivinhado que eu estava no porão da casa. A gente tinha um pequeno depósito lá embaixo onde eu me escondia e enchia a cara para esperar o efeito da cocaína passar. Ficava totalmente bêbado, mas quase sempre conseguia falar de modo coerente. Daquela vez, estava mais bêbado do que de costume. Rob e Bruce apareceram para me tirar dali. Isso me deixou bem abalado.

Setembro de 1994: habitamos mundos diferentes. Você vive viajando para os picos exóticos de surfar e eu trabalho loucamente. Chego em Lower Trestles quando ainda está escuro, para tentar manter o meu surf vivo, mesmo que ele já esteja em coma, alimentado com o soro dos *swells* das mesmas tempestades que iluminam o Taiti e as Mentawais. Os *swells* chegam na Califórnia com formato perfeito, quase exaustos da viagem, e as ondas se chocam contra as pedrinhas redondas de Lowers com úmi-

Vida adulta

dos e ásperos suspiros de alívio. Surfo o máximo de ondas que consigo e volto para casa a tempo de levar Maddie para a escola.

Na revista, trabalho muito aprovando as fotos de Hornbaker, coloco-as em capas e pôsteres: você, Kelly, Ross, Hoyo, Pottz, Braden Dias, Kelly de novo e de novo. Elas parecem cartões-postais de um outro mundo – essa nova bolha que você e o Capitão Daly habitam. A zona de surf sem nome. Fotos suas e do capitão, dois piratas sorridentes, você com uma sobrancelha erguida, um Gobbo insolente e curioso no fim do mundo.

E aí as pessoas começam a me falar das merdas em que você anda se metendo. Se entupindo de cocaína sozinho, passando dias desaparecido, e as ressacas terríveis depois que o efeito acaba. Escondendo-se no porão de casa e recusando-se a sair até Rob Rowland Smith e Bruce Raymond atenderem aos telefonemas desesperados de Lisa e levarem uma hora tentando te botar para cima. Ou mais para baixo.

Guardo essas informações para mim durante um ou dois dias, sem contar para ninguém e sem gostar da sensação. Apesar de toda a esquisitice da Califórnia, seu litoral próspero me proporcionou uma liberdade inesperada: acabei escapando de fazer o papel de seu irmão. Você ainda é uma lenda, é claro, o âmago da cultura surf ainda está abalado pelo seu "Snap", a Rasgada Que O Mundo Inteiro Ouviu. Mas quando entro no escritório, ou remo na minha prancha em Lower Trestles, ou converso com um salva-vidas de San Clemente nas manhãs de verão, o seu nome não precede mais o meu nas conversas.

É uma pequena e estranha sensação de liberdade, essa ausência de irmãos, algo que inconscientemente dá uma leveza aos meus dias e, apesar de eu receber essas últimas notícias com um choque, misto de preocupação, medo e amor – *ele está na merda e eu não estou lá, do lado dele* –, outra parte menor se permite voltar, meio ressentida, ao ritmo normal da minha própria vida.

Junto vem outro pensamento, menor ainda e mais sinistro: *Fique fora dessa vez.*

Ao telefone, dá para ouvir o remorso e a vergonha na sua voz. Você me diz que está se consultando com aquele cara, o Dr. Robert Hampshire, o psiquiatra das estrelas. O cara especial. Sem dúvida ele poderá te ajudar. Concordamos em nos falar toda semana e desligamos, eu sentindo uma onda de culpa que logo desaparece.

Passam-se meses. Você tem uma viagem programada à Califórnia para comparecer a uma feira. Estou ansioso para vê-lo, saber como vão as coisas com o Dr. Hampshire, o mago, mas você é evasivo, diz que não sabe se poderá vir. Está com um tom estranho na voz, distante, meio apressado, como se quisesse terminar a conversa antes mesmo de ela começar. Não gosto nada dessa voz.

E aí fico sabendo o nome da pessoa que vai te ciceronear pelo sul da Califórnia – um cara *bon vivant* incluído na folha de pagamentos da Quiksilver, conhecido por facilitar as necessidades ilícitas dos surfistas famosos e de seus acompanhantes. Não é alguém que mereça um pseudônimo, mas vamos chamá-lo por um: Jamie.

Consigo o telefone do cara com um outro, da seção de anunciantes da revista, vou para o meu escritório e fico cinco minutos sentado, olhando para o número, me sentindo relativamente calmo. E aí ligo. O telefone toca três vezes. Alguém atende.

"É o Jamie que está falando? Aqui quem fala é o Nick Carroll – irmão do Tom, sabe?"

"Ah, oi!"

"Me diga, Jamie. Você é canhoto ou destro?"

"Destro..."

"Certo. Olha, se eu ficar sabendo que você deu cocaína pro meu irmão, vou até aí quebrar o seu braço direito."

"Quê?", diz a voz do outro lado da linha.

"E depois vou ligar para o Bob McKnight e contar por que você quebrou o braço."

Nada. Silêncio do outro lado.

"Você entendeu?"

"Sim."

"Ótimo."

Desligo, ainda me sentindo calmo, até um pouco entretido com a situação: fico imaginando no que isso vai dar.

Vida adulta

Nesse mesmo fim de semana, você vem até San Clemente e passa a tarde brincando com seu sobrinho e sua sobrinha, que estão muito animados. Você está completamente normal, nem um pouco agitado ou distante. Um adulto normal.

Aliviado, não te conto sobre o telefonema. Somente uma década depois descubro que nem seria necessário contar, já que não foi Jamie quem atendeu o telefone naquele dia. Quem havia ouvido a ameaça, toda a firmeza na minha voz e o peso da preocupação de toda uma vida foi o meu próprio irmão.

Dentro da minha cabeça, invento motivos, desculpas. É compreensível, afinal. Nenhum campeão mundial sai de cena sem sentir certa mágoa ou confusão. O uso excessivo da droga, de tantas em tantas semanas, parece acontecer no mesmo ritmo da turnê mundial. Era assim que funcionava: havia uma competição, uma vitória ou uma boa colocação, ou talvez o alívio de não ter mais aquela pressão toda, e aí havia uma festa – com poucos amigos selecionados a dedo, um pequeno punhado de cocaína e tal. Depois, você voltava a treinar.

É só o jeito dele de se apegar a essa vida, eu penso. Feito uma agulha parada no mesmo ponto de um disco arranhado. Cocaína, a droga dos heróis, a droga que a pessoa consome porque acha que é O Fodão e merece. Mas é só temporário. Ele não está mais nas turnês. Em algum momento, a agulha vai pular do disco arranhado e ele vai ficar bem.

Eu realmente estava afim de enfrentar o vício, então comecei a ver James Pitt, o terapeuta que administrava a Odyssey House.* Eu ia uma vez por semana e ele me dizia como eu estava indo. Não era total perda de tempo porque acho que qualquer trabalho é válido para se livrar das drogas. Mas eu não deixei o vício, não totalmente. Também usava essas sessões com ele como uma espécie de cortina de fumaça, algo para fazer

---

* ONG localizada no Texas que fornece tratamento para jovens e parentes de pessoas que tentam se recuperar do vício em drogas e álcool. [N.T.]

parecer que estava tratando o problema, quando na verdade continuava a cheirar. Essa desfaçatez é da natureza da doença, essa capacidade horrível de trapacear. Vou para a terapia e aí no dia seguinte estou usando... alguma coisa, qualquer coisa.

Eu precisava trabalhar isso com um grupo que estivesse totalmente no caminho da recuperação e entendesse a essência do meu problema. Mas, como eu era especial, era o Tom Carroll, o mundo ao meu redor dizia que eu precisava de alguém especial para cuidar de mim. Por isso fui ver o Dr. Hampshire. Mas só compareci a três sessões. Lembro que chorei na frente dele, disse: "Eu preciso mesmo me livrar disso. Preciso voltar a ser eu mesmo. Não quero mais essa coisa na minha vida, não quero mesmo."

Naquele ponto, se alguém tivesse me apresentado a um programa de abstinência, eu talvez tivesse participado. Porque existem janelas de oportunidade para a recuperação, e havia uma janela aberta. Mas ele me deu a desculpa perfeita para voltar a ser usuário – ele era drogado tanto quanto eu, viciado em demerol. Coitado! Ele devia ficar chapadíssimo. Opiáceos são horríveis quando o efeito passa, quando o sistema nervoso volta ao normal.

Meu vício nunca chegou nem perto de virar notícia. Nenhum jornalista nunca me ligou. Nunca tive a impressão de que minha identidade secreta seria revelada, Tom Carroll, Viciado em Drogas. De alguma maneira eu conseguia manter essa fachada de normalidade. Provavelmente em casa as meninas ficavam confusas, mas eu escondia tudo delas o máximo que podia.

Porém, isso fez um enorme estrago no meu relacionamento com Lisa; eu a deixei confusa pra cacete, numa época em que as pessoas achavam que tudo estava ótimo. Arruinei muitas coisas, consertei várias outras, ou tentei consertar. Nós nos casamos nessas circunstâncias, tivemos filhos nessas circunstâncias, tentamos dar o nosso melhor, mesmo com o meu comportamento de viciado – e, na maior parte do tempo, tudo isso foi um pesadelo para Lisa.

O tempo todo eu procurava passar outra imagem para o mundo. A pessoa que se escondia no porão de casa, que precisava ser arrastado de

Vida adulta

lá, também era o admirado atleta e herói Tom Carroll – surfista profissional, homem de negócios e pai, alguém que servia de modelo para muitas pessoas.

Mas isso fazia parte da emoção de usar drogas. Esse sigilo. O risco que você corre. Fazia parte do ritual, essa sensação de que eu poderia fazer algo e ninguém ficar sabendo. Esse pequeno mundo privado é um outro patamar da doença; ele quer te isolar do mundo. No começo, a sensação é boa – de verdade –, mas aí ela se volta contra você. Minha experiência é que a excitação que eu sentia ao comprar a droga, simplesmente estar de posse dela, era até melhor do que colocá-la dentro de mim.

Para mim, era muito difícil fingir que estava bem. Mas eu fingia. Incrível o que fazemos com nós mesmos para tentar manter essa fachada, mas isso acaba impedindo o crescimento emocional. Você fica imaturo. Emocionalmente, eu estava estacionado. Hoje, ainda acho muito difícil saber para que lado estou crescendo, saber se realmente devo me entregar às emoções e crescer ou só tentar me manter estável.

Mas na época não tinha isso de me entregar, de me deixar desmoronar – era uma hipótese inconcebível. O resultado é que você acaba desmoronando mesmo assim. Porque não tem outro jeito.

AS GUERRAS DE BORRACHA

Meu salário ficou reduzido quando saí da turnê, bem na época em que tivemos nossas filhas e estávamos reformando a casa sobre a colina – foi um verdadeiro desafio descobrir como dar conta de tudo.

Parecia que a linha de roupas de neoprene taparia alguns buracos. Eu era diretor não executivo, então não participava das decisões do dia a dia. Mesmo assim, me divertia trabalhando com John, o açougueiro. Estávamos na década de 1990, começando a ter sucesso. Ele agarrou o touro pelos chifres, era bem ousado nos negócios, sempre em busca de avançar e de olho nas oportunidades. Não queria perder nenhuma.

John é uma pessoa muito transparente, então é fácil relevar o seu lado agressivo – todo mundo sabe que ele tem bom coração. Estava sempre ocupado, organizando tudo para que as margens de lucro fizessem sentido e o dinheiro voltasse a ser injetado assim que começássemos a vender. Precisamos ir ao banco para garantir nossas linhas pessoais de crédito até a empresa dar certo, o que era uma grande responsabilidade.

Primeiro, fizemos as roupas de neoprene em Fiji, mas elas se destruíam facilmente. A qualidade não era boa e eu não estava muito feliz com os primeiros *designs*. Fiquei preocupado, mas não sabia exatamente como comunicar isso.

Então John descobriu outro lugar para a fabricação das peças, uma empresa chamada Riot Wetsuits, em Wollongong. Produziam roupas de surf a preço de custo e tinham relativo sucesso na área. John foi até lá falar com o dono, Michael Bates, e acertou a produção australiana para o ano seguinte. Pedimos uma encomenda com certa urgência e Bates foi bem eficiente naquele momento; a qualidade era melhor. Mas aí as coisas começaram a ficar esquisitas.

O que aconteceu depois me fez aprender muito sobre negociações e expectativas. Acho que Bates via na Quiksilver uma mina de ouro. Pensou que fosse ficar milionário. E essa expectativa não foi comunicada, não era algo claro entre os dois lados.

Foi um acordo amistoso inicialmente, e achamos que daria para discutir os detalhes depois. Quando fomos encomendar a leva seguinte, Michael Bates veio com um discurso diferente. Queria adicionar vários itens ao preço da produção das peças, coisas que não foram combinadas antes. A resposta de John não foi muito conciliatória. Bates estava omitindo um monte de coisas pelas quais já havíamos pagado – neoprene, roupas que já fabricadas –, então John decidiu montar sua própria fábrica. Chegou lá, abriu a Riot, pegou a borracha, as roupas e inaugurou sua fábrica na mesma rua, com alguns dos funcionários que já trabalhavam na do Bates.

Bates ficou revoltado. Ele não sabia que estava mexendo com o Açougueiro, mas o Açougueiro também não sabia que estava mexendo com Bates.

Certa tarde, enquanto eu lavava o Alfa na entrada de casa, um cara estacionou e subiu a colina. Atrás dele vinha um outro, mais alto. Pensei: *Peraí, esse aí atrás não é o Michael Bates?* O da frente era um oficial de justiça, que me entregou um processo. O documento era do tamanho de uma lista telefônica. Eu só falei: "Tá certo, beleza"; não sabia do que se tratava. *Que merda era aquela?* Liguei para o John, que surtou.

A indenização pedia cerca de 6 milhões de dólares. Aí eu percebi que estávamos com um problema. Comecei a pensar coisas esquisitas. Realmente achei que pudesse perder tudo.

O trâmite do processo levou cinco anos. A empresa mal conseguiu sobreviver. Consegui continuar cuidando da minha parte durante tudo isso; John seguiu tocando as coisas. Lançou uma linha de acessórios – mochilas e outros itens que a Quiksilver só viria a produzir no futuro. Também fizemos roupas de neoprene e acessórios na Europa com Pierre

Vida adulta

Agnes, e a fabricação em Wollongong ia bem. Acabamos abrindo uma fábrica em Chiang Mai, na Tailândia, e as roupas estavam melhorando. Mas é difícil fazer roupas para surfar; as nossas tinham problemas.

Várias empresas no mercado começaram a ter um comportamento bem questionável. Não gostavam da ideia da Quiksilver fabricar roupas de neoprene, então tentaram um monte de coisas para nos sabotar. Até Derek Hynd se meteu na parada, representando a Rip Curl. Alguns dos truques usados pelas pessoas que tentavam abocanhar um pedaço do mercado me deixaram mais esperto para o mundo da venda de artigos para surf, mais atento ao funcionamento das melhores lojas. Viajamos pelo país vendendo as roupas. Nunca fui muito bem de venda – nunca me senti qualificado para isso – mas ia junto como parte da promoção do produto. Até isso se tornou um desafio. A gente colocava a marca da Quiksilver no nosso produto problemático, e eu sentia que eu era parte do problema; não gostava. Era frustrante, desanimador. Às vezes, me sentia impotente.

Lá pelo ano de 1997 o processo começou a chegar ao fim. Foi uma época bem tensa. Colocamos os melhores advogados no caso. Tentamos fazer um acordo com Bates por meio do nosso advogado, *Sir* Laurence Street, mas Bates disse: "Não, quero levar o caso ao tribunal." *Sir* Laurence ergueu as sobrancelhas e disse: "Bom, parece que ele não vai desistir."

Eu ficava pensando em como o cara havia nos metido naquela situação. Como ele ia apresentar seu caso no tribunal?

O julgamento durou oito semanas. Participei, não como testemunha. John e Bruce Raymond fizeram de tudo para que eu não testemunhasse, já que não sabiam o que eu poderia dizer no banco. Eu com certeza não me sentia confiante para isso. Todo o envolvimento com a equipe de advogados, a preparação do caso perante a corte, os milhares de dólares que a empresa gastava por dia com representação legal – eu ficava chocado com tudo isso, mas também fascinado com a organização e sofisticação da coisa. Tudo é muito sutil num tribunal; era estranho ficar sentado na corte depois de sair do mundo real, onde as coisas são agressivas e abruptas e a comunicação é bem direta. Num tribunal, há um monte de sutilezas. Os juízes e advogados vivem em outro mundo e se comunicam numa língua própria. Fiquei fascinado com aquilo.

Michael Bates representou a si mesmo na primeira metade do julgamento. Foi auxiliado pelo juiz sobre como conduzir o interrogatório. E aí, lá pela metade, quando chegou a vez de ser interrogado, ele apareceu no tribunal com um advogado, dizendo que agora tinha alguém para representá-lo. O advogado tentou virar o caso do avesso para que fosse julgado sob outra legislação. Depois disso, o juiz não lhe deu tanta liberdade.

Bates perdeu as ações em que reivindicava milhões de dólares de prejuízo, exceto uma. O tribunal julgou que não deveríamos ter encerrado o contrato sem prévio aviso e ordenou que cobríssemos o prejuízo de Bates, num valor de 6.200 dólares. Já ele precisaria pagar todas as nossas custas – mais de 1 milhão de dólares. Bates imediatamente declarou falência e *puf*, sumiu.

Fiquei traumatizado depois disso. Para mim, aquilo era um exemplo de como o sistema judiciário funcionava: éramos culpados até provar nossa inocência e nos defender daquelas enormes acusações contra nós. Eu achava que ia perder minha casa, perder tudo. De repente, parecia que tudo que eu havia construído com a minha carreira ia desaparecer.

⁓

Do outro lado do Pacífico, não fico sabendo de muita coisa. O assunto quase não tem importância. Madeleine acaba de completar sete anos, Jack, três, e estamos num ponto decisivo em nossas vidas. Ou continuamos na Califórnia por mais vinte anos ou voltamos para a Austrália. Não aguento mais ouvir falar das viagens de barco e também há a questão da distância entre as crianças e os avós; então escolhemos a segunda opção.

Você vem nos pegar no aeroporto e nos leva para casa, piscando muito por causa da luz direta e quente do verão em Sydney.

Nas três semanas seguintes, fico sabendo mais detalhes dessa história, sobre como está se desenrolando a guerra das roupas de borracha.

E tudo que eu consigo pensar, e penso até hoje, é na ironia da coisa – em como você virou parceiro do John, o John de olhos pálidos que vendia linguiça para a nossa avó quando você tinha doze anos e contava

Vida adulta

mentirinhas para ela sobre o que você fazia na praia. E lá estava o Derek, o líder enigmático da nossa antiga turma de surfistas, a pessoa que em certa época era nosso modelo de como viver a vida de surfista, tentando sabotar a sua empresa.

Mas aparentemente você conseguiu superar tudo aquilo. A época negra da metade da década de 1990 parece ter passado. Você começa a montar sessões de treinamento com Rob Rowland Smith para novatos da equipe da Quiksilver. "Quer ir com a gente para Muscle Beach?", você me pergunta.

Muscle Beach é praticamente o quintal de Rob, onde ele montou uma caixa de areia cheia de pesos, barras fixas e mais outros equipamentos de musculação de meter medo. Resolvo suar junto com os *supergrommets*, fico observando enquanto você dá as instruções. Rob e Tom, animado e jovial, são reis para aquela garotada, fazendo flexões com uma mão só e cerimônias de entrega de prêmios sextas à tarde – o Prêmio do Herói para o cara mais durão da semana e o Prêmio Fuinha para o mais molenga.

Os meninos olham para você com admiração e sinto meus antigos medos se dissiparem.

Numa manhã de domingo, deixo Maddie na turma dos Nippers* do clube de Newport e vou para a praia nadar. Algo estranho chama minha atenção. Um pai acompanhado de seus dois filhos, brincando com o que parece ser uma pequena prancha de surf de brinquedo com um homenzinho em cima.

Eles riem e atiram o homenzinho numa onda que arrebenta na areia, e aí a ficha cai: o homenzinho em cima da prancha é *goofy*, está de short vermelho e tem um moicano. Exatamente como você estava na capa da última edição que fiz para a *Surfing*.

"Ele não é o seu irmão?", grita uma das crianças.

Bob Hoskin, amigo de Alan Green, o abordou com a ideia brilhante de fazer um brinquedo para as massas. Greeny pediu que Bob fosse falar com você. E o resto é uma história hilária.

---

* *Nippers* é o nome dado ao curso da ALS voltado para crianças de cinco a treze anos de idade, em que aprendem a nadar, surfar e realizar primeiros-socorros. [N.T.]

TC

Vinte anos depois do Pro Junior, foi de fato lançado o boneco do Tommy. Hunter e Haley choram de rir quando ficam sabendo.

É bem doido como as coisas funcionam. Não muito depois de encerrado o caso com o Bates, a Quiksilver negociou a compra do licenciamento que havia cedido – queria colocar todas as empresas debaixo do mesmo teto. Foi uma época difícil, já que John estava cansado dessas merdas. Ele só queria fazer seu trabalho, ampliar a empresa, e de repente se via no meio da expansão do império Quiksilver. Havia executivos no mundo todo trabalhando para isso e ele tinha de falar com um deles de cada vez sempre que queria lançar uma linha de produtos. Era muito estressante para ele; dava para ver que afetava sua saúde – talvez a minha também. Eu me encontrava no meio do tiroteio entre John e a Quiksilver e, quanto mais dinheiro estivesse em jogo, mais insanas ficavam as negociações.

Eu tentava me lembrar do fato de que John sempre teve bom coração. É um cara intenso, direta, às vezes meio agressivo, mas toda pessoa que tem sucesso no mundo dos negócios precisa ser assim de vez em quando, desafiar o *statu quo*. John às vezes levava isso até o limite. Mas tenho muito respeito por ele. Ele tentou me ajudar muito nos nossos problemas com a Quiksilver. As pessoas não estavam se comunicando – havia muitas emoções envolvidas. A Quiksilver queria fazer um bom acordo conosco, mas só se concordássemos com preços e valores. Numa parceria sempre há grande possibilidade de confronto, de teimosia. Todos têm expectativas diferentes e, se elas não são comunicadas, a chance de conflito aumenta. Enquanto isso, os advogados ficam à espreita – eles são pacientes e muitas vezes já estão cinco passos adiante de todo mundo, conversando entre si sobre o que vai acontecer.

Foi o período mais intenso da minha vida em termos de negócios. Fiquei muito triste, com muita raiva, realmente decepcionado com o comportamento dos seres humanos. Passei a ficar bem ressabiado: *é assim mesmo que as pessoas negociam? Será que é assim que precisam agir?* No final, elas acabavam me dando uma amostra de como não agir.

Vida adulta

Mas também havia gente com muita coragem. Tanto John quanto Bruce demonstraram que eram fortes em suas convicções, estavam comprometidos com o acordo, quando poderiam ter desistido. Estavam presos numa situação mas queriam que os produtos fossem melhores, de melhor qualidade, sabiam que as roupas de neoprene precisavam ser produzidas de outra maneira. Tivemos muitos problemas com as peças, era muito difícil fazer uma roupa de bom padrão daquele jeito. Fazíamos parte da Quiksilver, supostamente deveríamos ser líderes de mercado, porém isso não estava acontecendo e isso me causava muitas questões de autoestima. Me sentia impotente principalmente porque lidava com os caras das equipes de surf e eles precisavam usar os nossos produtos, que se deterioravam muito rápido. Eu tentava dar a minha opinião mas achava que não era ouvido, não tinha o instrumental para lidar com isso. Ficava quieto demais durante as reuniões porque não tinha tino suficiente para os negócios, não sabia lidar com detalhes. Talvez eu soubesse lidar em linhas gerais, mas não com detalhes.

Eu observava caras inteligentes da área do surf, como Chris Athos e Pierre Agnes, sempre capazes de enxergar o panorama geral em que estão suas empresas e também de entender os detalhes, e aí percebi que não dava conta ser bom como eles. Eu precisaria fazer algum curso, mas também não tinha nenhuma certeza de que seria capaz de assistir às aulas. Hoje, acho que consigo ficar sentado, prestando atenção, o que é um grande avanço.

Finalmente, a primeira parte da venda foi concluída em 1999. Agora olho para trás e penso que poderíamos ter ficado mais tempo com a empresa, ganhado mais dinheiro. Mas tive sorte, apesar de ter criado uma dinâmica em que o John sempre cuidava de mim, uma dinâmica que me incomodava. Em determinado momento da negociação, ele achou que tudo acabaria indo pelos ares, então quis que eu me safasse ileso. Para isso, porém, minha parte seria de 10%, não um terço, como era o combinado. Então ele me fez essa proposta: aceitar os 10% para não ter de lidar com todos os problemas.

Gosto de pensar que John estava genuinamente preocupado com seu amigo, mas olhei a oferta e pensei: *Não, vou ficar*. Eu poderia ter tentando a saída mais fácil, vendido minha parte por bem menos do que ela valia.

TC

Foi um alívio sair dessa época com bastante dinheiro, sentir que havia me dado bem na vida. Eu já havia reconquistado Lisa e estávamos curtindo a vida em alto estilo. Tudo parecia uma maravilha.

Manhã de Natal, 1999. Nós nos entreolhamos, cada um de um lado da sala, lotada de papéis de presente rasgados e crianças. Madeleine Rose, Jenna Josephine, Emilia Joy e Jack Harvey, todos juntos com seus brinquedos, enquanto comemos salada de fruta e observamos a cena, achando aquela bagunça muito divertida.

Da janela dá para ver o Pico – um *swell* pequeno vindo do nordeste, pouca arrebentação. De vez em quando olhamos para lá.

Frank Hyde estava errado. O surf profissional não virou algo maior que a Liga de Rúgbi. Passava por um estranho momento de estagnação, pelo menos na Austrália. Graham Cassidy foi destituído – é assim que os jornais falam, não? Que o cara foi destituído? – do cargo de maior importância da ASP, e aí os grandes veículos de imprensa da Austrália acabaram perdendo interesse pelo esporte, que agora era dominado por um jovem americano. O surf profissional é um esporte que acontece quase sempre no exterior, em recifes remotos, e as *startups* americanas começam a tentar entrar no esquema. A cultura do surf australiano já está começando a diminuir, afastando-se da época cheia de magia e perigo da nossa juventude e aproximando-se da fase seguinte, uma fase calma, com mudanças que parecem uma crise de meia-idade, uma época de programas de treinamento com patrocínio do governo, recreação e nostalgia.

Nossos amigos estão espalhados pelo mundo. Spyder está na Inglaterra tendo pencas de filhos e ganhando milhões na companhia de Victoria. Twemlow foi para o norte, para Queensland, junto com Wyatt, para trabalhar em construções. Hunter ficou na cidade, descolando bicos como ator, sem muito sucesso. Haley mora em Melbourne e dirige caminhões para as empresas de cinema. Ross está no Havaí, aprimorando suas habilidades na nova e aterrorizante moda do *tow-surfing*.

Vida adulta

Dougall está em Queensland, ocupando o cargo de diretor geral da Billabong. Newling agora é um requisitado fotógrafo de moda e de catálogo e passa metade do ano em São Francisco. Martin Daly tem três iates que ele aluga para cruzeiros nas ilhas Mentawais, e também muitos rivais de olho na sua clientela.

Nossos antigos adversários também estão espalhados pelo mundo. Steve Wilson está morando em Ulladulla. Cheyne está na Gold Coast, administrando uma escola de surf, feliz da vida. BL abandonou a turnê e montou uma agência de empresários para surfistas.

Joe Engel, o outro lado da sua moeda, não teve sua sorte; depois da vitória retumbante em Bells, ele passou a ter dificuldade em sua carreira no surf profissional, foi para Bali, tomou ácido demais e lentamente escorregou para dentro do fosso da doença mental. Enquanto isso, a indústria do surf, novamente em expansão, o deixou para trás, no esquecimento.

Ninguém mais sabe do paradeiro do Joe. Dizem que ele está morando no norte, em Katherine, recebendo aposentadoria por invalidez. Mas um dia, quando estou em Gold Coast a trabalho, recebo um telefonema do velho amigo de Joe, Vince Lawder. "O Joe está aqui", ele diz.

Vou encontrar ele e seus pais num restaurante mexicano, o mesmo que frequentávamos durante as competições da Stubbies. Ele está imenso, careca, com cara de quem já havia visto coisas demais na vida.

Tomamos umas cervejas. "Como vai o Tom?", ele pergunta.

Dou a versão resumida: "O Tom comprou uma casa legal, está casado, tem duas filhas, anda surfando muito, ganhando muito dinheiro, tem a Quiksilver, etc.

Joe faz um meneio de cabeça e diz: "Bom, ele conseguiu o que queria."

Percebo um tom sarcástico em sua voz, ou talvez tristeza... Ou seria só resquício desse estranho entendimento que vocês tinham um do outro?

Joe repete: "Ele conseguiu o que queria."

Parte quatro

A Onda Arrebenta

"Hoje, Carroll está semiaposentado do surf profissional [...]. Casado e com duas filhas, ele diz que surfa mais ou menos tão bem quanto antes. 'Depois que você tem filhos, é um pouco diferente enfrentar coisas grandes. Acabo de voltar do Havaí, onde fiquei três semanas... e percebi que parava para pensar antes de fazer coisas que fazia sem hesitar.'

'Acho que não pulo mais de cabeça nas situações arriscadas.'

Uma última pergunta, Tom. Se os jogadores de futebol 'penduram as chuteiras' e os jogadores de críquete 'puxam as varetas', o que fazem os surfistas quando ficam de saco cheio?

'Não fazem nada, porque ninguém simplesmente abandona o surf', responde Tom, categórico. 'A pessoa segue em frente, sem parar.'"

– Peter Fitz Simons, *The Sydney Morning Herald,* 1998.

Eu e Lisa tiramos umas férias longe das crianças. Decidimos passar alguns dias numa casa bem legal em Teahupo'o e de lá ir até Huahine. Chegamos numa noite de verão – era novembro, acho. Percebi que o vento estava diferente, estranho e quente. Não era um vento alísio típico. Passamos a noite em Papeete e o plano era pegar um carro e ficar numa casinha perto do *point*, próxima ao rio em Teahupo'o. Um lugar bem tranquilo.

Os taitianos estavam jogando cordas por cima das casas, amarrando os telhados. *Eles sabem alguma coisa que a gente não sabe*, pensei.

O vento começou a ficar muito forte. Estávamos sob efeito daquele *jet lag* de quem vai para o Taiti, querendo dormir durante o dia; chegamos em Teahupo'o de manhã, cochilamos, acordamos e o vento já estava uivando. A ventania soprava do norte, passando pelas montanhas. O *swell* começou a vir de um ângulo totalmente a oeste, o que deixava Teahupo'o impossível de surfar.

Os taitianos ainda seguiam amarrando as casas, atando cordas de uma palmeira a outra ou ao redor de pedras grandes.

O vento não era só terral; entrava no litoral rodopiando. Começou a criar redemoinhos na lagoa, levantando grandes quantidades de água no ar e trazendo para a terra, onde ela caía e se dissipava, encharcando os jardins e as casas. Não dava para sair. O céu ficou fechado, com nuvens baixas e escuras.

Isso aconteceu por volta de meio-dia. Voltei a dormir, e aí Lisa me acordou quando começou a anoitecer. Disse que a ventania tinha parado. Estava o maior silêncio. Saí para dar uma olhada e Teahupo'o tinha ondas de direita de sete metros de altura, que entravam fazendo a curva do lado inverso. Parecia uma extensão de Backdoor, ondas absurdas. Fiquei espantado. Fui andando até o *point* para olhar.

E aí o furacão passou e o vento mudou, agora vindo na nossa direção. A tempestade foi embora bem rápido e o tempo ficou bonito de novo nos dois dias seguintes. Mas as pessoas foram espertas em amarrar as casas.

OS ANOS 2000

O projeto de sermos surfistas profissionais, nossa grande missão na época em que éramos *grommets*, a onda que surfamos durante décadas, finalmente deu frutos, mas não do jeito que esperávamos. Em vez de colocar o surf no panteão dos esportes, junto com o tênis, o golfe e o futebol profissional, demos às marcas de surf o instrumental para acessar novos mercados, novas fontes de renda, novas camadas do que era considerado cool.

Essa é uma época de aspirações, tanto para as marcas de surf quanto para os países com economia em expansão onde o surf conseguiu penetrar. A Europa é um grande mercado. Os EUA também. A Quiksilver tem um distribuidor na Turquia e está pensando em abrir uma loja em Shangai. A Billabong resolve abrir suas ações para o público. Nos jornais, as fotos de surf e os artigos chamativos abandonam as páginas esportivas e vão parar na seção de finanças, em que os articulistas cogitam valores. Dez bilhões de dólares? Onze bilhões? Será que o surf vale tanto dinheiro assim?

Vale, pelo menos por enquanto.

A era "ponto-com" na internet significa que até os jornalistas lucram com isso... mas não por muito tempo.

As marcas de surf fazem uso de seus imensos orçamentos de marketing. Compram os grandes eventos e montam promoções globais com os melhores surfistas.

TC

Você faz o seu papel. É um papel fácil e você o desempenha muito bem, a sua natureza tranquila sempre transparece. Tom Carroll, a lenda do surf australiano. O amigo de todos. Patrono da Associação de Surfistas Deficientes. A pessoa que carregou a tocha olímpica na Olimpíada de 2000 em Sydney. Cujo nome está gravado numa das plaquinhas dos campeões mundiais incrustadas na calçada do parque memorial Duke Kahanamoku, no Harbord Diggers Club.

O Comitê Olímpico entrou em contato e pediu que fosse eu a entregar tocha, uma coisa incrível. Acabei conhecendo um cara chamado Justin McMillan. Era o herói local em Kiama, campeão de surf salva-vidas, e estava começando uma carreira como diretor criativo, fazendo filmes publicitários. Na época, eu tinha um contrato com a Volvo e ele me disse: "Aparece aí, vamos fazer um filme."

Então ele organizou tudo assim: ele faria parte do percurso e me passaria a tocha, e aí eu faria o restante. Uma corrida de uns quatrocentos metros. Eu pegaria a tocha com ele e correria até Kiama para acender a chama maior, que ficaria acesa a noite inteira. Minhas três meninas – Lisa, Jenna e Mimi – estavam lá comigo, hospedadas numa casa em Jamberoo. Justin filmou tudo com em parceria com a Volvo e depois vendeu como propaganda.

Descolamos roupas especiais para a entrega da tocha e lá fomos nós para o evento, ser revistados pelos seguranças. O plano era ir pela calçada ao redor da baía, perto das rochas, e eu fiquei aguardando ali, com um jovem que havia feito muito pela comunidade da área e que também participaria da corrida.

Justin correu, acendeu a tocha, nos cumprimentamos com um aperto de mão engraçado e saímos.

Havia dois policiais em motocicletas enormes nos acompanhando, um na frente e o outro atrás, mas tirando isso, era tudo bem relaxado. Era um fim de tarde bonito, sem vento, o céu estava limpo, o sol tinha acabado de se pôr. As pessoas colocaram velas acesas em toda a baía, até chegar à grande tocha.

A onda arrebenta

É embriagante a sensação de fazer parte de algo tão grande – eu não conseguia imaginar que algo pudesse dar errado. Tudo estava bem. Então comecei a minha corridinha, vestindo minha roupa olímpica toda branca.

Mais ou menos depois de percorrer uns cinquenta metros, vi uma mureta à minha esquerda com cerca de um metro de altura, onde as pessoas estavam sentadas e em pé, observando. Com o canto do olho, vi um cara pular por cima das velas e da mureta, e aí ele veio e agarrou a parte de cima da tocha. O impacto me forçou a ir para a direita, saí do caminho e caí com um joelho na grama. Ele me derrubou, mas o que queria mesmo era a tocha; e como queria! Agora a tocha estava no chão, ele com as duas mãos sobre ela.

Mas eu não estava nem um pouco a fim de dar a tocha para ele! Agi de impulso – nem pensei nada, só agi – e arranquei a tocha das mãos dele, voltei para o caminho e continuei a correr, como se nada tivesse acontecido. Virei só por curiosidade e olhei bem rápido: vi que o cara estava avançando de novo para cima de mim. Ele tropeçou nas pedras perto da pequena falésia que dá para o mar e começou a cair, e nesse momento foi atingido de lado por dois caras de macacão preto que mais pareciam da Swat. Eles o derrubaram de cara nas pedras; foi horrível. Pensei: *Ai, meu Deus, alguma coisa bem ruim aconteceu!*

Cheguei até a pira e foi demais. As imagens rodaram o mundo. Pessoas começaram a me ligar do mundo inteiro para falar do assunto. Martin Daly estava no banheiro, em Jacarta, viu o reflexo da TV no espelho do banheiro e pensou: *Mas o que é isso?* Ele me ligou na mesma hora, morrendo de rir.

Isso foi depois da venda da nossa empresa de roupas de neoprene. Tenho boas e más memórias dessa fase, porque foi muito estressante. No fim do acordo eu poderia ter recebido bem menos dinheiro se não tivesse persistido. Mas persisti.

Fiquei muito apreensivo quando recebi o dinheiro da venda. Eram quase 2 milhões e tive muito medo do que poderia acontecer. Não me sentia à vontade com aquela soma. Sabia que com a grana vinha uma enorme responsabilidade. De certa forma, não acho que eu realmente merecesse. Eu não via o meu surf, ou "Tom Carroll", como coisas que merecessem uma quantia tão grande de dinheiro. Então, mesmo ganhando toda aquela grana, com todas aquelas coisas acontecendo, eu ficava pensando: *Caralho.*

Graças a Deus não pirei completamente, não fiquei totalmente doido, não me entreguei a uma orgia de drogas. As minhas filhas poderiam ter ficado sem pai. Ainda bem que eu tinha certos limites. Se tivesse achado que estava no direito de cair na zona com o dinheiro, isso teria desencadeado o que havia de pior dentro de mim.

Quando penso nisso, vejo que foi uma grande bênção. Porque as pessoas não são obrigadas a te dar dinheiro, elas simplesmente podem tirar tudo de você. E nem sempre percebem o seu valor – as pessoas poderosas, digo. Talvez achem que você não vale nada. Talvez não te levem em consideração. Isso acontece o tempo todo no mundo dos negócios. Está acontecendo neste exato momento. Pessoas que dedicaram anos de suas vidas a uma empresa são de repente vistas como nada, o dinheiro troca de mãos lá no topo e essas pessoas voltam a ser nada. De um dia para o outro. Portanto, eu tive muita, muita sorte.

Queria deixar o dinheiro no banco. Meu pai disse: "Isso, deixa guardado", e eu realmente segui o que ele falou. De repente, sem mais nem menos, apareceram pessoas com ideias malucas de investimento, dizendo como eu poderia investi-lo, fazê-lo dobrar em um curto período de tempo. As pessoas ao meu redor tentavam me influenciar, diziam: "Você precisa fazer isso", "Você precisa fazer aquilo!" "Você vai perder essa chance!" Eu sabia que, quando ganhamos certa quantia, não há como voltar a ser pobre – a não ser que você seja muito burro. Se você ganha 6 ou 7 ou talvez 10 milhões de dólares, a quantia se multiplica sozinha. Mesmo que você viva à base de uma taxa de 6% ou 7% de crescimento, você vai ter uma vida tranquila. O dinheiro continua a crescer, você segue investindo e ele aumenta sozinho. Eu olhava para aquela quantia e pensava: *A gente podia pegar X, triplicar Y...* Isso começou a mexer com a minha cabeça de um jeito esquisito.

Porém, o que eu realmente achava certo era ter um lar e uma família com quem pudesse desfrutar disso tudo.

Spyder nos colocou em contato com Mark Cashman, um arquiteto

A onda arrebenta

que teve a ideia de reformar nossa casa. Ou a gente reconstruía do zero ou reformava, e ainda não havíamos colocado as finanças em dia. Eu não sabia muito bem se queria reformar – olhei os projetos e o quanto ia custar e achei que talvez houvesse melhores maneiras de investir o dinheiro, mesmo com todo mundo falando que o mercado imobiliário estava em ascensão. Então fiquei meio desconfiado. Não sei tomar decisões rápidas nessas coisas; queria parar um pouco, ver como o mercado se comportava. Mas os projetos do Mark eram incríveis e estavam sendo analisados pelo conselho imobiliário local.

E aí veio o incêndio, o que forçou a decisão. Foi uma doideira. Estávamos voltando para casa, todas as famílias dentro de um ônibus depois de passar o fim de semana com o pessoal do Newport Plus, quando recebi o telefonema do meu vizinho, Al Schomberg: "A sua casa está pegando fogo. Mas os bombeiros estão conseguindo apagar."

A primeira coisa que procurei em casa foram as minhas fotos. Nada aconteceu com elas, estavam guardadas num armário alto. Mas fomos forçados a dar prosseguimento à reforma. Naquela noite, eu me senti igual a um refugiado. De repente, sem casa, dormindo num hotel na esquina, sem ter para onde ir. Pensei: *É assim mesmo que acontece, as pessoas ficam sem casa e nem têm tempo de pegar nada*. Não tínhamos nada. Só o carro na garagem.

O incêndio trouxe consigo a necessidade de mudança e também o dinheiro do seguro. Nossa seguradora era a HIH e eles estavam prestes a falir, mas conseguimos ser umas das últimas pessoas a conseguir o seguro. Esse dinheiro ajudou com a casa, pagou parte da reforma. Na verdade, fazer tudo aquilo custaria um bom dinheiro. Alugamos um apartamento nos prédios Squadron em Pittwater e nos divertimos bastante por lá. Tínhamos um pequeno barco que eu havia comprado e que batizamos de *Mara'amuu*, a palavra em taitiano para "vento do sul", e essa época no apartamento foi muito legal.

E o mundo era bem rico se comparado aos dias de hoje. Vi gente que eu conhecia havia muito tempo começando a ganhar bastante dinheiro. Milhões e milhões de dólares. Desde conhecidos da infância em Newport, como Dougall Walker, até os que ganharam uma boa grana com a Quiksilver, por meio de compras de ações e bônus. As grandes marcas de surf estavam se lançando em outros mercados mundo afora. Eu vivi um pouco disso. Acima de tudo, vi que as pessoas estavam conseguindo enormes somas de dinheiro. Foi uma época de bonança. E eu também tinha muito dinheiro no banco. Não tinha com o que me preocupar financeiramente.

Essa sua riqueza repentina me intimida um pouco. Você fica distante, frequentando círculos sociais cheios de homens prósperos que agem feito tubarões e têm esposas muito arrumadas, pessoas cujos filhos frequentam escolas particulares caras, que contratam Boj como eletricista e Squeak como encanador. Você é um item para a coleção deles; Tom Carroll, campeão de surf, ícone internacional, colega de treino, aliado social.

Essas pessoas me cumprimentam, apertam minha mão, mas só porque precisam – sou o irmão do Tom Carroll. Porém, não me convidam para as festas. Tudo bem, eu não quero ir.

Todavia, essa distância social me deixa numa posição desconfortável e acho que você se sente assim também porque, alguns meses depois daquela maluquice da tocha olímpica, embarcamos naquela que talvez seja a mais inesperada aventura dos Irmãos Carroll.

Ela começa meio estranha, com o *shaper* Dick van Straalen, um cara de Queensland. Dick, que já fez pranchas para Joe Engel, começou a fazer umas pranchas gigantes para remar no mar. Ao entrevistá-lo para um artigo que estou escrevendo, pergunto para que diabos elas servem.

"Ah, elas são para a corrida em Molokai", ele responde.

Ele me conta sobre essa corrida maluca que acontece entre duas ilhas havaianas: as pessoas ficam horas no mar, remando de joelhos, quase se matando no percurso. Os salva-vidas de Queensland estão por dentro.

Parece tão absurdo! Fico intrigado. Seduzido por Dick e seu ar de mago do surf, eu e Leroy Moulds encomendamos pranchas de remar que têm quase quatro metros de comprimento. O único problema é que não sei remar de joelhos.

A onda arrebenta

Você andava praticando remo numa prancha do clube de surf, na academia de tortura do Rowland Smith, então decide me mostrar a técnica correta de remar de joelhos, mas tudo o que consegue é me convencer de que nenhum de nós sabe remar direito.

Voltamos do mar rindo do quanto somos ruins.

Você olha para mim e diz: "Ah, vamos participar!"

"Da corrida?"

"É!"

"Vamos!"

E lá estamos nós em Newport Beach, com quarenta anos na cara, mais uma vez nos metendo em algo totalmente desconhecido. De novo.

Barrett Tester, o gerente da linha adulta da Quiksilver nos EUA, a Silver Edition, envia para você uma prancha de corrida fantástica com quase quatro metros de comprimento, feita pela lenda das pranchas de remo, Craig Lockwood, e começamos a treinar. Fazemos voltas numa boia presa a 250 metros de Newport. Remamos de um cabo ao outro e descemos pela costa. Um dia, chamamos um cara que tem um barco, Martin Cork, e remamos em alto-mar até um navio de carga ancorado bem longe, talvez a uns doze quilômetros dali. O navio é a nossa boia gigante. Fazemos a volta nele e, de repente, cai uma névoa; o litoral, o navio, tudo desaparece.

Para que lado vamos? Mas que droga! Pode parecer idiota, mas a gente nem liga. Afinal, estamos em casa. Começamos a remar, Corky do nosso lado, no barco. Remamos com fúria e conseguimos chegar ao litoral, perto de Bungan, um quilômetro mais para o sul em relação ao ponto de onde saímos.

No verão, o Havaí fica bem quente e o mar, calmo. A distância em linha reta entre Molokai e Oahu é de cinquenta e cinco quilômetros. Hornbaker nos acompanha até Molokai, achando muito divertida essa situação em que seus amigos foram se meter. Fica no barco nos acompanhando, sentado, servindo Gatorade e bananas.

Numa pausa para descanso, sento e te observo, admirado: seu olhar está totalmente focado na atividade de remar, seus braços curtos se movendo sem parar. Mas aí, quando a prancha levanta numa ondulação, percebo que você muda de postura – resquício de um reflexo antigo que toma conta de você. Percebo imediatamente o que vai acontecer... E, claro, com a prancha inclinada para a frente pela ondulação que sobe, você se põe de pé.

Estamos a vinte quilômetros da praia, o mar ali tem mil metros de profundidade, e você está surfando.

"É para remar!", eu grito.

"Faz isso de novo!", grita Hornbaker. "Vou pegar a câmera!"

Um peixe-voador gigantesco pula perto da sua cabeça e o momento de loucura chega ao fim.

Chegamos em segundo lugar na divisão de meia-idade, derrotados por Buzzy Kerbox, seu velho rival do Stubbies Classic, e vamos capengando para o aeroporto, muito acabados para sair e comemorar. Mais tarde, penso: *Caramba, é a primeira vez em décadas em que te vejo competir e ir embora sem comemorar com drogas ou bebida.*

Mas aí voltamos e você meio que desaparece de novo nesse seu novo mundo, a casa bonita sobre a colina. Agora já reformada, com projeto do Mark Cashman, a casa tem vista para todos os lugares que sonhávamos surfar, a Caverna, o Pico, a Lagoa, o Caminho.

Para mim, nada disso faz sentido; não consigo ver meu irmão caçula, sonhador e cheio de preocupações, com suas fotos e desenhos, sua cabeça sempre voltada para o mar, na companhia dessa classe-em-ascensão, os empreendedores, as pessoas que mandam os filhos para a melhor escola custe ela quanto custar.

Apesar de tudo isso, eles têm uma vida estruturada; coisas que garantem que levantarão de manhã e terão ânimo para aguentar os dias difíceis de trabalho. Eu também tenho alguma estrutura na vida, de certo modo – os prazos intermináveis na revista. Mas, e você? Nada surgiu no lugar que antes era ocupado pela a estrutura das turnês, a disciplina, o treino, as baterias que você precisava ganhar.

Entre as viagens para surfar e as sessões de treino com o Rob Rowland Smith, você só fica sentado, observando um casal de águias-marinhas alçar voo do cabo ao sul pegando carona no vento de inverno, aprumar as asas, sobrevoar os morros e voltar para o ninho depois de

A onda arrebenta

caçar. De manhã, as cacatuas que sobrevoam os morros gritando pousam no seu parapeito e ficam juntas, os olhinhos negros e inteligentes te observando, esperando a comida.

Fiquei cada vez mais exposto ao dinheiro e a pessoas que tinham muito dinheiro. Ainda estou.

Os super-ricos vivem em outro planeta. Lisa e eu tivemos uma amostra desse universo. Viajávamos mundo afora, tirávamos férias em Fiji com outras famílias, reservamos ilhas inteiras só para nós. Era um mundo livre, de fantasia. Muita gente na Quiksilver estava bem de vida; outras, muito determinadas, buscando coisas maiores para a marca – era sempre uma questão de crescer, crescer e crescer. Tinham muito dinheiro, viajavam sempre na primeira classe, e todo mundo nos círculos que eu frequentava queria ser assim. Algumas pessoas que treinavam com o Rob eram bem ricas, clientes de Martin Daly. Outras gastavam mais do que podiam, ou tinham grandes planos de enriquecer ainda mais. Essas pessoas sabiam que havia muito dinheiro no mundo – e havia mesmo muito dinheiro. A bolha da internet. Todos cheios de esperança! Vamos todos fazer coisas incríveis, seremos incríveis! Nos grupos que eu frequentava só se pensava em viver esse sonho em toda a sua plenitude.

Não sei se eu tinha tanta inclinação assim para isso. Provei um pouco daquele universo, mas também sabia que não tinha aquele temperamento. Não sou um cara bom de negócios, em nenhum sentido, e eles sabiam do lado dos advogados, o funcionamento oculto das coisas. Eu habitava uma bolha – eu mesmo escolhi ficar nela. Essa bolha flutuava pelo mundo e eu via as pessoas ficarem ricas, era uma sensação muito estranha. Às vezes, era exasperante. Nem sempre eu achava que fazia sentido elas enriquecerem tanto, e também não via sentido no que a riqueza fazia com as pessoas, como elas mudavam. Testemunhei coisas bem pouco honrosas. Isso não vale para todo mundo, mas havia pessoas que estavam dispostas a fazer qualquer coisa pela carreira... Como se tudo estivesse à disposição para isso.

Pessoas que ficam ricas, ou que só desejam ter muito dinheiro, realmente querem, fazem o que for para conseguir mais e a grana nunca é suficiente. Dá para ver esse lado da natureza humana. Talvez para eles fosse um pouco o que as drogas eram para mim. O dinheiro não deixava as pessoas satisfeitas. Ele me deixou satisfeito durante um tempo mas, no fim, não. Eu sentia um vazio dentro de mim.

Era uma posição desconfortável porque eu não sabia julgar direito o caráter das pessoas nessas situações. Eu não sabia mais distinguir a motivação das pessoas – quem era vidrado em dinheiro e quem não era. Agora que tenho mais experiência, saco melhor, mas naquela época eu era só Tom Carroll, o surfista. Eu pensava: *Bom, já passei pelo mundo dos negócios. Estou feliz por não ter mais de pensar nessas coisas.*

Porém, havia coisas boas acontecendo, como o Quiksilver Crossing. A ideia desse evento me deixou chapado, era algo muito ousado. Tudo aconteceu em 1998, quando o evento da Quiksilver em G-Land foi cancelado devido a questões políticas na área e, voltando para casa, paramos em Bali. Bruce e eu estávamos sentados na escada do Kartika Plaza, em Bali, e ele me disse: "Quero conversar com você sobre uma coisa muito legal. O que você acha dessa ideia: a gente contrata Martin Daly para fazer uma viagem ao redor do mundo, de aventura. A gente sai procurando ondas diferentes e juntamos isso com a ideia de uma viagem cultural."

Uau, pensei. Fiquei sem reação, feito uma gazela atordoada pelos faróis de um carro. Falei para o Bruce: "Você tem certeza? Parece absurdo demais!" Eu estava animado com a ideia, mas ela me soava excessiva. Bruce achava que, do ponto de vista do marketing, isso serviria para contrabalançar o impacto de Kelly Slater. Kelly roubava toda a atenção do jeito que só ele sabia fazer, e Bruce sabia que a Quiksilver não podia só se apoiar nele como marca. Precisávamos criar outra coisa, algo talvez tão forte quanto ele, com um alcance mais amplo – e tinha de ser algo grande. Bruce era brilhante, sabia que era, mas eu não conseguia ver o Crossing se tornando realidade. Era um projeto grandioso demais.

E aí o Crossing virou algo bem sério. Durou uns seis ou sete anos, viajando por todos os oceanos, visitando litorais que no começo nem imaginávamos que visitaríamos. Sei que se todo o universo Quiksilver tivesse

A onda arrebenta

abraçado a ideia, teria sido algo incrível. Era um projeto que poderia ter desencadeado ótimas ideias, principalmente para auxiliar escolas por meio de programas educativos da Unesco e da Reef Check, e tudo isso impulsionado pelo surgimento da mídia online. Muita coisa legal poderia ter sido feita.

Mas o Crossing só fez barulho na empresa quando já era tarde demais. Foi muito difícil para Bruce vender o projeto do jeito que a Quiksilver era estruturada, pois não era tão moderna quanto está se tornando hoje. Na época, a Quiksilver era composta de três entidades bem fortes: as divisões da Ásia e do Pacífico, dos EUA e da Europa, todas apostando suas próprias corridas, tentando abocanhar territórios. Havia muita jogada de poder e todo mundo ganhava muito dinheiro. Era bem assustador ver tudo isso, o modo como eles lidavam com o crescimento da marca. Não parecia algo natural, e eu sempre achei importante para a empresa não perder o contato com as raízes do surf.

Mas, ao mesmo tempo, eu tinha uma vida paralela a tudo isso – também estava perdendo o contato com as minhas raízes, por assim dizer. O uso excessivo de drogas recreativas era bem visto em muitos círculos sociais dos quais eu fazia parte, e isso me ajudou a pensar que não havia problema em eu usar também. Muita gente curtia seus baratos socialmente; algo muito difundido. Era aceitável cheirar cocaína, mas eu estava cansado de cheirar. Achava chato. Tinha largado a cocaína e talvez passasse uma imagem respeitável, de exemplo de alguém que deixou de ser usuário.

Mas claro que lá no fundo eu não era assim. Como agora tinha uma vida social bem mais movimentada, comecei a tomar *ecstasy*, uma droga mais de festa. Eu bebia um pouco com uns amigos e aí um deles tirava o comprimido do bolso. Você tomava um pedaço, e aí no minuto seguinte pegava o telefone e aí pouco depois já tinha descolado mais.

Eu estava trocando seis por meia dúzia, sabia que era um risco. Mas estava disposto a me arriscar, e a essa altura já sabia como esconder a culpa e a vergonha que sentia – fazer a cara certa e ir em frente. Botava a minha máscara. Eu era um mascarado profissional.

Ainda tinha a impressão de que tudo estava sob controle. Todo mundo curtias seus lances, então eu podia curtir também.

Um Gobbo jovial na época das bermudas de surf justas. Narrabeen, 1977. (Foto: Aitionn)

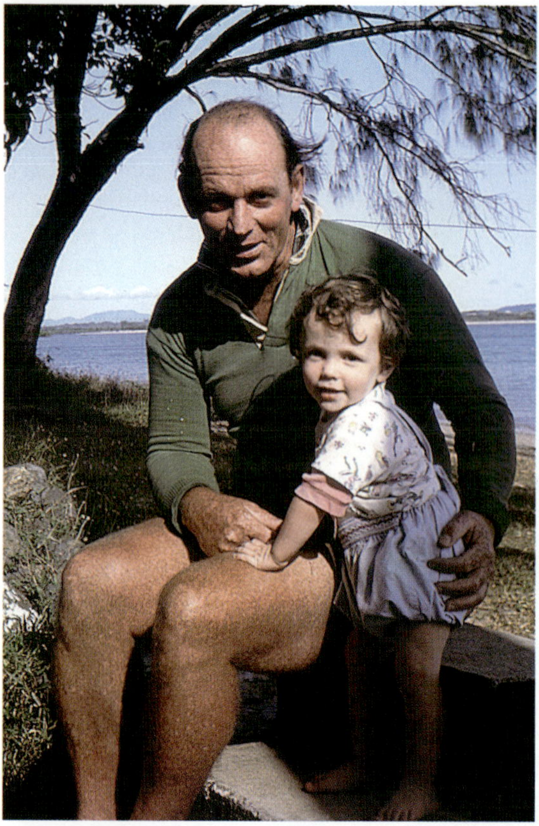
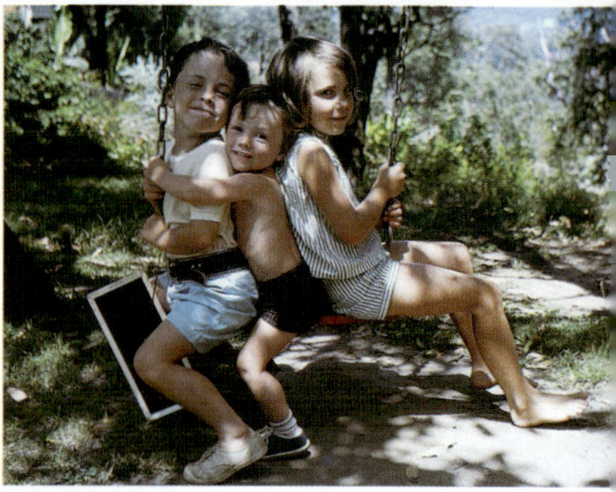
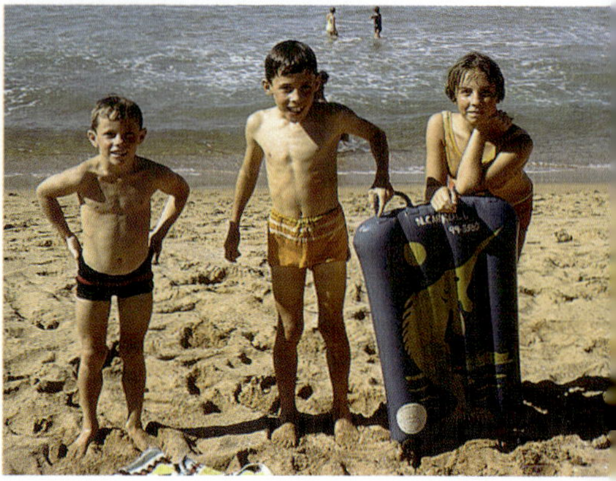
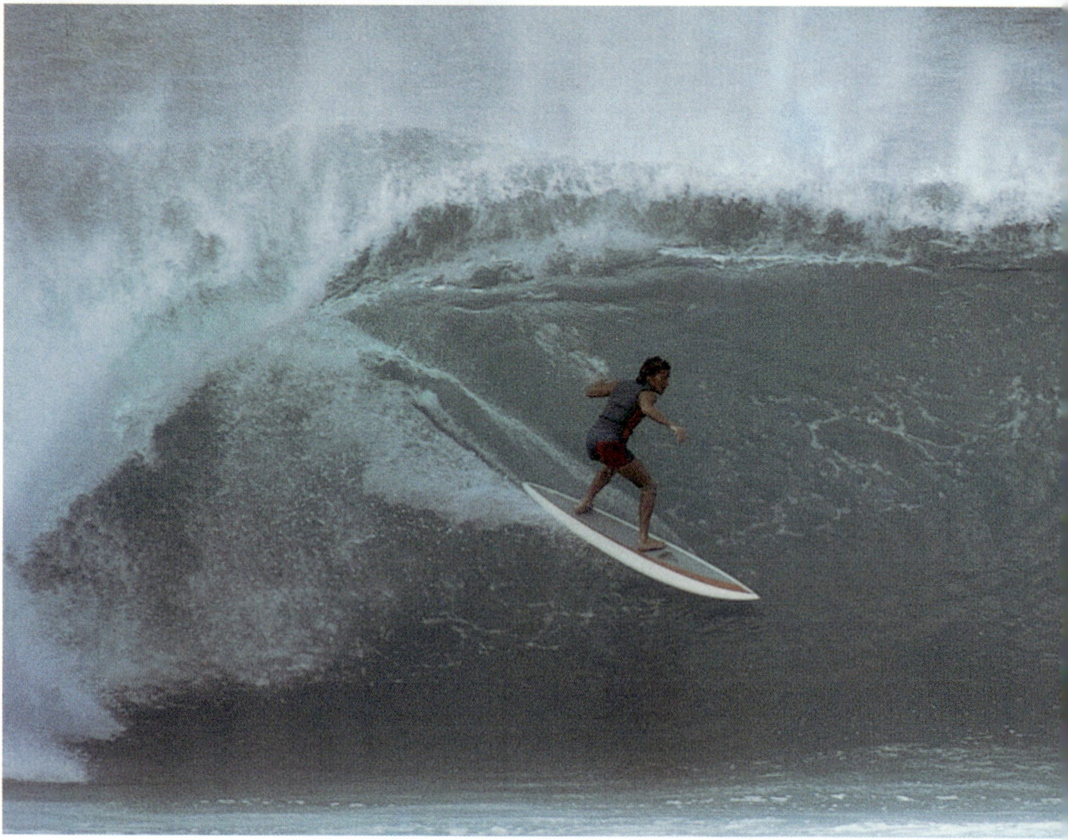

À esquerda, foto maior: Vic e o pequeno Tom numa viagem a Queensland, começo dos anos 1960.

À esquerda, acima: Os irmãos Carroll: Nick, Tom e Jo no quintal da casa em Bungan.

À esquerda, abaixo: "Eu mal tinha chance de usá-lo." Tom tem acesso negado ao surfmat.

Acima: Finais do Pro Junior de 1977 (esq. para dir.): Tom Carroll, Dougall Walker, Jody Perry, Cheyne Horan, Joe Engel e Thornton Fallander.

À direita: Foto da capa da Surfing World com a matéria "Escola Mágica", 1979. (Foto: Aitionn)

Abaixo: primeira onda em Pipeline, 1978, Shaun Tomson na beirada. (Foto: Buddy McCray)

Os irmãos Carroll em Sunset Beach, 1982. (Foto: Peter Simons)

Louie Ferreira, Tom Carroll e Joe Engel jogando fliperama em Gold Coast, 1979. (Foto: Aitionn)

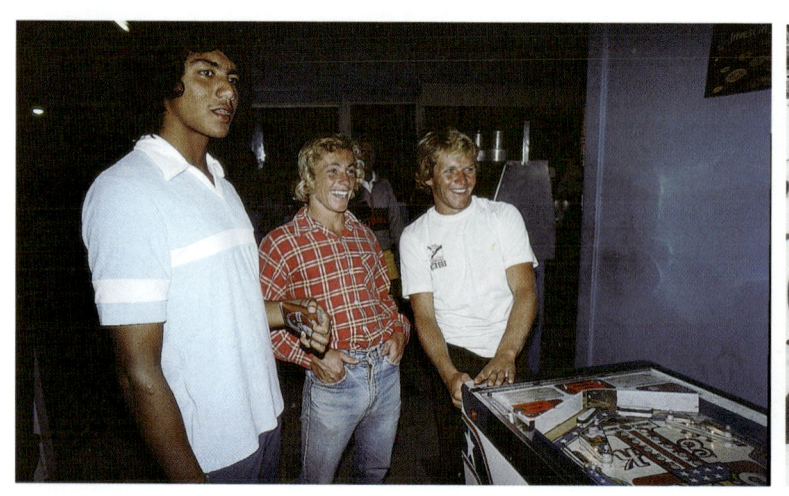

Depois da cirurgia, apoiado no Chookwagen, 1981.

Pegando um tubo num *swell* precoce de inverno em Narrabeen, 1983. (Foto: Aitionn)

Nick, Tom e Mike bêbados depois de outra vitória do Newport Plus, 1985. (Foto: Aitionn)

Acima: A prática leva à perfeição. A famosa "Rasgada": (à esquerda) Newport, 1979; (à direita) Pipeline, 1991. (Fotos: Aitionn e Joli)

Acima: Versão backside em Winkipop, Victoria, 1992. (Foto: Aitionn)

À direita: O mar agitado vira diversão, baía de Waimea, 2011.

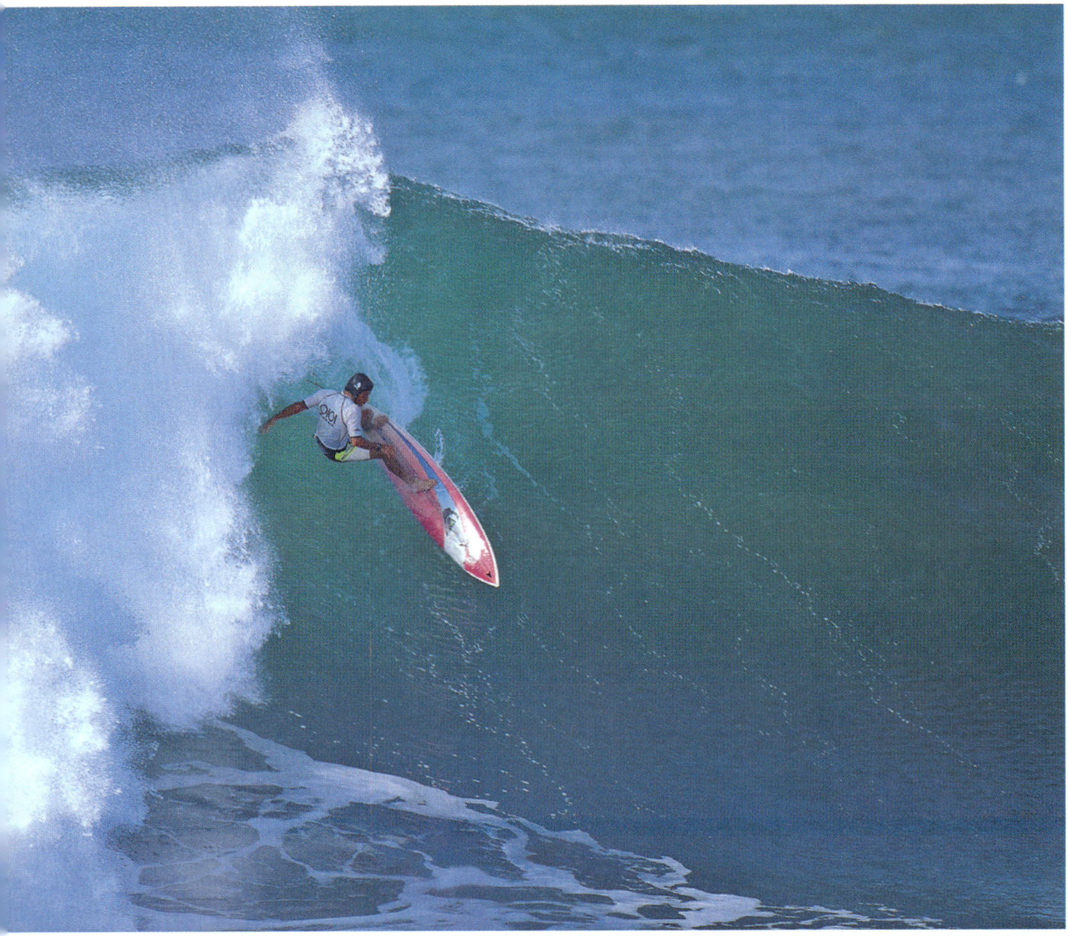

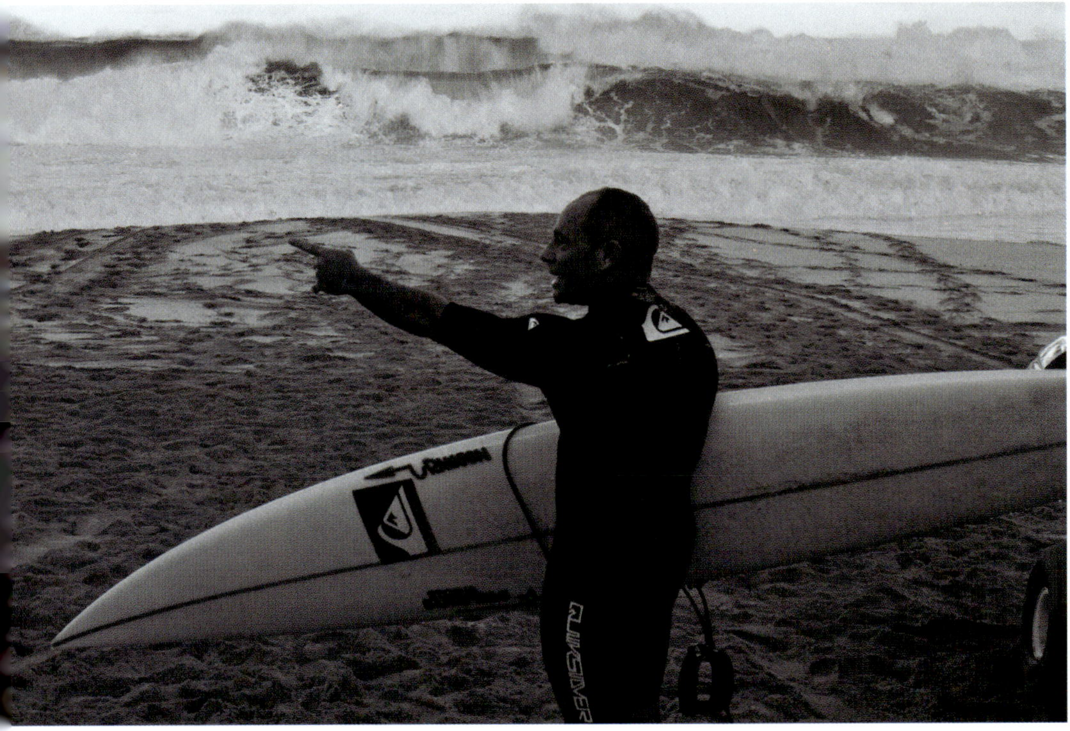

Espiritualmente em casa, na cerimônia da Quiksilver em homenagem à memória de Eddie Aikau, 2012. (Foto: Joli)

EMPURRANDO COM A BARRIGA

Os anos de 2002 e 2003 foram confusos. As meninas estavam entrando no ensino secundário. Não acho que eu estivesse de fato preparado para lidar com todas as decisões que surgiam. Tinha chegado a um ponto em que o vício parecia ter anulado minha capacidade de administrar direito todas essas responsabilidades, ser um bom pai, ter um objetivo na vida, saber o que eu queria ser e fazer.

Vivia na Ilha da Fantasia, por assim dizer. Não tinha foco. Várias coisas legais aconteciam ao meu redor, mas percebia que elas poderiam desaparecer de uma hora para outra. Eu via como tudo estava mudando dentro da Quiksilver e tentava imaginar como eu me encaixaria no futuro da empresa. Não me enxergava chefiando algum departamento. Não me via como um grande líder, uma pessoa capaz de gerar negócios, a não ser a partir da persona Tom Carroll. Não era assim que eu me via.

Tinha o respaldo de alguns projetos da Quiksilver, como o Crossing, e era muito bem pago pelo uso da minha imagem. Estava sempre disponível. A coisa toda era bem divertida, mas também surgiam mudanças e desafios, eu tinha acesso aos segredos dos altos escalões da empresa. Via como as pessoas se comportavam e isso não me deixava com vontade de me envolver.

A Quiksilver me encarregou de algumas tarefas. Fui diretor de uns eventos da WCT, mas não curti muito. Já me sentia profundamente desligado da competição. Não conseguia me apaixonar. Mesmo sentindo falta da disciplina, eu já tinha abandonado a turnê. A busca pelo título na WCT havia me dado muitas coisas boas, tive ótimas oportunidades, mas não me sentia em condições de assumir esse tipo de responsabilidade, agarrar aquilo e dizer: "É isso aí, é isso que eu vou fazer!"

E, à medida que o tempo ia passando, eu tinha cada vez menos ideia do que queria fazer. Não sentia os pés no chão, sabia que deveria cuidar da minha família, já que parecia ser uma pessoa tão bem-sucedida, mas não era capaz. Não conseguia ter foco. Só deixava a vida me levar.

Surfar me mantinha são, de alguma maneira. Tinha um grande prazer em usar as pranchas e trabalhar com os *shapers* de quem era mais próximo: Phil Byrne, Pat Rawson e Michael Baron na Califórnia. Foi muito especial trabalhar com Michael Baron de novo, fazer umas pranchas pequenas bem legais. Elas me lembravam de algumas outras que tive ao longo dos anos, principalmente a de 5'6" que usei na competição contra Mark Richards em Bells, em 1982. Tivemos uma relação bem estreita nesse período, fazendo peças lindas. Era bem estimulante. Mas quando você ganha muito dinheiro e tem uma personalidade com alta tendência ao vício... acaba não enxergando mais a beleza das coisas simples. Queria ter outro grande sucesso. Tudo aquilo em que me envolvia precisava vir com um grande número anexado. E eu sabia que números e quantias grandes importavam porque eu gastava muito dinheiro. Além da reforma na casa, tinha os 25 mil dólares por ano, ou mais, da escola de Jenna e Mimi, a SCEGGS Redlands. Fizemos um empréstimo e compramos uma casa para passar férias e feriados em Wagstaffe Beach, depois mais outro, e compramos um imóvel como investimento, ali perto, em Neptune Street, perto do Pico.

E aí o Ross veio falar da ideia do *Horrorscopes: Cape of Storms*.

Ele já tinha feito sua autobiografia em forma de documentário, The Sixth Element, com Justin McMillan e o colega de Justin, Chris Nelius. Lembro que ele estava no Havaí, fazendo entrevistas com Justin e Chris para esse filme, e veio falar comigo depois. Ross estava tão animado que quase quicava: "Quero fazer esse treco para a gente sair e descobrir coi-

A onda arrebenta

sas novas! Eu sei que você quer fazer também, Tom! A vida toda te impediram de fazer o que você queria de verdade! Deixa tudo isso para lá!"

Eu via que Ross, Tony Ray e outros tinham entrado no *tow surfing*, indo atrás de ondas gigantes, mas achava que eu não podia participar por causa de obrigações com minha família. Mas aí pensei, *É, é isso mesmo! Não me deixam fazer o que eu realmente quero!*

Era algo que o Ross já estava fazendo havia certo tempo. Ele não tinha um senso de responsabilidade convencional; sempre se sentia disposto a fazer tudo. Estava se reinventando de um jeito que eu não pensava que fosse possível para mim. Na época eu não sabia, mas já estava muito receptivo aos projetos que acabariam surgindo a partir dos nossos esforços, como a série *Storm Surfers*. Ela me deu uma saída para essa vontade que ainda tinha, de surfar e explorar novos lugares. Tudo parecia uma grande aventura, uma oportunidade de fazer algo completamente diferente fora da Quiksilver, totalmente oposto ao que se buscava no surf, que eram as ondas lindas, perfeitas e ensolaradas – tudo o que já tínhamos feito na última década.

Ao contrário, nossa missão era ir para lugares horríveis, nas piores condições possíveis. Essa ideia realmente me atraía; achei fantástica. Uma coisa que eu nunca havia explorado na minha vida era o lado visual e cinemático do surf. Tinha produzido vídeos com a Quiksilver no fim dos anos 1990, mas nunca senti que tivesse liberdade para explorar. Assim, uma parte de mim que sempre esperou por aquilo disse: *Vai, faz alguma coisa! Faz alguma coisa!*

Leigh Moulds ficou interessado na ideia e disse: "Olha, eu conheço o Richard Tognetti, da Orquestra de Câmara da Austrália." E eu pensei: *É isso! A gente precisa de uma orquestra para a trilha sonora! A gente está indo para o Cabo da Boa Esperança – o Cabo das Tormentas! Uma parada tenebrosa!*

Era uma ideia insana; as pessoas envolvidas eram loucas. Foi uma viagem pesada. Conversamos sobre tudo em 2004 e o projeto nasceu por volta de 2005. Eu sabia que Justin e Chris estavam bem a fim de fazer aquilo; os dois levavam a arte cinematográfica bem a sério. Deram a *The Sixth Element* uma dimensão totalmente diferente, bem legal. Me abordaram cheios de ambição e vontade de criar coisas bacanas.

Aquela era uma combinação poderosa: as mentes brilhantes de Justin e Chris e a visão lunática e a energia do Ross. Justin realmente mergulhou na ideia. Já estava acostumado com os grandes orçamentos de seus trabalhos publicitários e sabia como trabalhar com isso, entendia o que era preciso para fazer algo acontecer. Então eles apresentaram o conceito para a Quiksilver e a Red Bull e pediram a participação de caras como Dave Kalama, Peter Mel, Jason Ribbink e outros que conheciam bem a área da Cidade do Cabo. Anthony Tashnick saiu de Santa Cruz com Elko e veio encontrar a gente.

No calendário, havia uma janela de seis semanas em que a gente só ficou sentado, esperando, o que em si já foi uma grande lição. Era uma casa cheia de gente desajustada. Contando o operador de câmera, os caras de som e todo o resto, a casa chegou a ter dezesseis pessoas. Mas nada de a onda aparecer.

Queríamos uma onda que ninguém tivesse surfado antes. Essa era a ideia. Não queríamos surfar Jaws de novo. A Cidade do Cabo estava feia, era o meio do inverno. O nosso objetivo era uma única onda, South-West Reef, que fica no meio de uma reserva ecológica marítima, e andar de *jet ski* no meio de uma reserva ecológica estava fora de questão. Ross e Justin tinham feito algumas viagens para reconhecimento da área e conheceram uns caras doidos de lá, gente que participava de organizações para segurança na água. Foi a Red Bull que montou tudo, pois estava tentando fazer um evento lá. E aí conseguimos uma licença para entrar na reserva, mas que só dava direito a um dia de filmagem.

Fiquei lá mais ou menos um mês. Foi brutal. A gente ia desanuviar em clubes noturnos na Cidade do Cabo porque o clima na casa era pesado. Assistíamos sem parar *Team America: detonando o mundo* e *O âncora: a lenda de Ron Burgundy*, um atrás do outro. Justin já estava arrancando os cabelos. Chris ficava chocado com o que a gente fazia. Parecíamos animais enjaulados, na verdade. Era literalmente uma jaula. A casa tinha barras de ferro na porta e eu tinha a impressão de que estava preso ali. Nas brigas, Ross ficava de um lado, eu do outro e Elko no meio. Dave Kalama viu aquilo e decidiu ir embora. Ele nem gostava de sair do Havaí, de qualquer forma.

A onda arrebenta

Não foi uma viagem do filme *Storm Surfers* em si, mas foi uma ótima preparação para quando começássemos a fazer a série – para saber até onde poderíamos ir, como deveríamos fazer as coisas. Uma viagem cheia de lições que até hoje estão bem guardadas em nossas memórias: quem deveríamos chamar para o projeto, como deixar as pessoas entusiasmadas, os prazos necessários para que tudo corresse bem.

Era excitante por causa do *tow in*, precisávamos saber qual o melhor equipamento, aprender a puxar um ao outro sob péssimas condições e como lidar com elas. Isso realmente te deixa acabado quando você está num mar revolto. Em condições perfeitas, o dia termina, você vai descansar e não está se sentindo tão mal. Mas depois de um dia feio em alto-mar, leva uma semana para se recuperar. E eu levei um tempo para me recuperar daquela viagem. Ficamos tempo demais presos na jaula.

No fim, foi preciso aumentar o prazo da viagem em um dia para conseguir um *swell*. Seis semanas... e um dia. É assim que são as viagens de surf. É o jeito que a natureza encontrou de rir da nossa cara. Muito legal como ela fode a cabeça da gente. Queremos tudo e queremos agora! Mas aí vem ela e diz *nããããao*, vocês vão ter de esperar. Todo mundo ligando para casa para falar com as esposas, explicando o que estávamos fazendo ali naquele caos. E aí chegou esse último dia, e foi bem feio.

Há uma pequena rampa de lançamento, chamada Miller's Point, que havíamos planejado usar para sair de *jet ski* e acessar South-West Reef, do lado de dentro de um pequeno quebra-mar nas redondezas, onde as pessoas mergulhavam. No domingo, antes de irmos para o recife, um estudante de medicina foi devorado bem ali, abocanhado por um tubarão-branco gigante, bem na frente de seu amigo. Nunca vou esquecer o momento em que li o jornal de domingo e pensei: *Caramba, foi em Miller's Point! Bem onde vamos sair!* Uma coisa doida de se pensar. Sabíamos o quanto o lugar era perigoso.

De qualquer modo, conseguimos surfar naquele dia. O mar estava horrível mas deu algumas ondas, insanas o suficiente – Kong também participou. No fim, o piloto do helicóptero desistiu e tivemos de encerrar a missão. Levamos quarenta e cinco minutos para chegar saindo do Miller's Point de *jet ski* e precisávamos economizar combustível para voltar – quase não sobrou nada. Aquela missão nos ensinou uma coisa: não dava para ficar parado, esperando.

Tai-Fu, no Japão, foi a nossa segunda missão depois do *swell* do tufão. Aí é que começamos a reunir a equipe para a série *Storm Surfers*. Àquela altura já sabíamos que não dava para ficar aguardando num local só. O legal era deixar tudo preparado e aí voar até lá quando a previsão do tempo fosse boa. Foi a nossa primeira viagem com um cara que realmente trabalhava com previsão de tempo para surf, Ben Matson, da Swellnet. Dava gosto de ver as reuniões com o meteorologista na África do Sul. Havia muita tensão no ar. A impressão era que alguém ia acabar estrangulando o cara. A insanidade dentro da casa era absurda. Ele pensava, *Melhor eu dar uma boa notícia para esses caras*, mas aí toda vez que ele dava uma boa previsão, nada acontecia. Então Ben tomou uma decisão quanto ao supertufão e acabou dando certo, e foi uma decisão importante.

Quando estávamos em missões assim, eu tinha outro foco. Mesmo que tudo ao meu redor estivesse bem louco, eu não usava drogas. Havia vezes em que depois a gente festejava, mas eu não usava o tempo todo. Não estava escondendo. Estava lá com os caras. Era uma atmosfera intensa, o tempo inteiro, não tinha nada que ver com as minhas meninas, com a minha vida em família. Ali, eu não precisava me sentir responsável por elas, pelo menos não diretamente. Podia me soltar.

E também havia os meus compromissos com a Quiksilver, que continuavam de pé. Hoje sei que eu estava tentando ganhar o dinheiro necessário para manter o padrão das coisas que tinha em casa. Mesmo assim, sentia que estava retrocedendo. Havia muito dinheiro entrando, mas eu fazia malabarismo para que tudo desse certo no fim. Precisava gastar mais do que ganhava e não queria encarar a situação. Só ia empurrando com a barriga. Eu e Lisa levamos a situação com a barriga.

A onda arrebenta

Você não é o único Carroll passando por apuros. Papai podia não ser imbatível, mas não se deixou abater. Eu, porém, não sou como ele. Completo quarenta e dois anos de idade e quebro ao meio feito um galho seco. O irmão mais velho, maior e mais forte, o provedor da família, torna-se uma piada: tem uma crise de meia-idade, trai a esposa, enfrenta a humilhação, vira uma farsa, um clichê.

Expulso de casa merecidamente, acabo alugando o andar de cima do imóvel que você comprou como investimento, em Neptune Street, a umas seis casas de distância do Pico, e monto meu escritório lá. Lisa, encarregada das finanças, volta e meia verifica se estou pagando o aluguel. Isso muda um pouco o nosso relacionamento entre irmãos, mas de um jeito bom, ou pelo menos novo. "Que interessante", você me diz um dia. "É como se eu fosse o irmão mais velho agora."

Me ocorre, num breve momento de humor negro, que agora estou te sustentando de um jeito totalmente novo e irônico: ajudando a pagar a hipoteca.

Deixo de prestar atenção em você durante um tempo, portanto só pesco um ou outro sinal do que está acontecendo. Sinais evasivos.

Os caras chegando e balançando a cabeça depois de um fim de semana de zona. "Ah, o seu irmão, ho ho ho."

Nunca vejo nenhum de vocês pela região. Nunca dou de cara com Tom ou Lisa nas lojas ali perto; só vejo um ou outro de um jeito meio apressado, levando as meninas para a SCEGGS ou indo para o aeroporto – sempre a caminho de algum lugar.

Craig Stevenson, diretor da Quiksilver na Austrália, me manda um e-mail perguntando se posso ajudar com uma avaliação da sua performonce e da direção da sua carreira. Craig contratou um consultor para isso. O consultor é experiente; ele entra em contato comigo, conversa bastante, me envia questionários disfarçados naquele linguajar levemente ameaçador do pessoal de recursos humanos. Sei que Craig não gosta de perder tempo, mas... as coisas do mundo do surf realmente estão diferentes nesse novo século. Andy Irons, o brilhante jovem havaiano, está roubando de Kelly os títulos mundiais, e as em-

TC

presas de surf estão em busca da próxima geração, gastando milhões na caça de novos talentos.

O que será que o pessoal da Quiksilver quer saber? Será que é assim que desejam facilitar a aposentadoria dos surfistas nas empresas hoje – por meio daquela enorme burocracia?

Será que é assim que a onda que pegamos quando ainda éramos jovens finalmente arrebenta? Não com um estrondo, mas escoando aos poucos?

Quando finalmente saio da bagunça em que se encontrava minha vida e volto a prestar atenção no mundo ao redor, percebo outra coisa. O seu rosto ganhou mais rugas. Dá para ver que você está preocupado com o quanto é caro manter o estilo de vida dos ricos, mas parece que há algo mais. Um cinismo pesado acabou penetrando o seu coração de *grommet*, antes tão leve, e tomou conta da sua personalidade de Sir Thomas Tom. Existe algo dentro de você que está sendo eliminado, ou talvez seja um sentimento de resignação. Imagino que talvez esteja sentindo a tal onda escoar; talvez seja só a idade.

E aí fico sabendo da metanfetamina.

A NÉVOA DIVINA

Houve uma época, em 2001, em que novamente desconfiei que tinha um grande problema com substâncias químicas. Não usava todos os dias, mas praticamente todo fim de semana. Me sentia um lixo na segunda e na terça, voltava a ficar bem e, quando chegava o fim de semana, começava a procurar a droga, mal conseguia esperar. Era muito difícil me concentrar no que quer que fosse e emocionalmente eu era um ioiô, cheio de altos e baixos. Tenho certeza de que isso influenciava negativamente o meu relacionamento com as pessoas. Passei por vários momentos de negação do problema só para continuar vivendo.

Reagia ao mundo lá fora de um jeito que me deixava desconfortável. Comecei a sentir mais medo das circunstâncias externas. Aí veio o 11 de Setembro de 2001 e passei a sentir um medo de outra natureza. Na época, estava na França. Lembro de entrar no escritório da Quiksilver e me deparar com todo mundo no saguão, de frente para as televisões, vendo as torres gêmeas desabarem: *Isto está acontecendo em Nova York neste exato momento.* Foi assustador.

Nunca vou me esquecer daquela noite. Fiquei sentado com Pierre Agnes na casa dele, conversando. Tínhamos a sensação de que havia uma força de equilíbrio atuando sobre o mundo. Forças que estavam além do nosso controle. Que coisas como o atentado às Torres acontecem porque há muito dinheiro ali, muita ganância. Senti certo alívio ao saber que outra pessoa pensava da mesma maneira que eu. Senti medo pelas minhas meninas; só queria ir para casa, ficar com elas. Havia um monte de teorias conspiratórias na minha cabeça e isso não foi bom – fico superestimulado muito fácil. Mas fui para casa, e foi bom voltar.

E aí, em 2002, Lisa engravidou de Grace.

Foi muito estranho; acho que concebemos no feriado do Dia Anzac*. Caiu num sábado. Acordei de manhã, meio de ressaca, e falei: "Vou surfar em Wedge."

No domingo depois do Dia Anzac, não há muita gente na praia de manhã. Fui até Whale Beach e o dia estava lindo. Havia alguns surfistas no meio da praia, mas em Wedge eu só via um cara. Então fui até lá, caminhando pelo *point*, saí remando das rochas e percebi que o único cara que estava ali era Michael Kay, o médico que fez o parto de Jenna e de Mimi. E as primeiras palavras que ele me disse foram: "Você não está encomendando outro bebê para me acordar mais uma vez na manhã do Ano-Novo, né?"

Falei: "Imagina, já fechamos a fábrica, não vamos ter mais." Rimos um pouco do fato de ele ter precisado sair às pressas de seu barco para fazer o parto de Jenna.

Seis semanas depois estávamos em seu consultório, tendo a mesma conversa que tivemos na praia.

Foi um período duro porque eu certamente não me sentia preparado para ser pai mais uma vez. Percebi que, cada vez que uma filha nascia, eu passava por um período de grande resistência, de medo. Um medo muito profundo de ser responsável por outro ser humano. Eu complicava demais as coisas. Nem sei de onde vinha isso. Então reagi à notícia mergulhando em outra camada de medo – e uma das maneiras de lidar com isso era usar drogas. Passei a usar de novo, com bastante frequência, para escapar da realidade. Continuava trabalhando para a Quiksilver e fazendo as viagens do Crossing, as pessoas ainda ganhavam bastante dinheiro naquela época.

Mas comecei a perder confiança no meu surf. Perdi a intuição, a

---

* Feriado de 25 de abril, rememora a batalha de Gallipoli, Turquia, durante a Primeira Guerra Mundial, que deixou quase 50 mil mortos, entre eles quase 9 mil soldados australianos. Anzac = Australia and New Zealand Army Corps. [N.E.]

A onda arrebenta

performance. Desisti dos treinos com Rob e dos exercícios que fazia por conta própria. Às vezes remava e nadava, mas nada como antes, nada rotineiro. Estava bem relapso. Me perdi.

Quando Grace nasceu, no começo de 2003, foi maravilhoso e também a outra ponta desse espectro. Ela veio munida de todas as cores do arco-íris das emoções. Muitas vezes comparei essa experiência a alguém me bater com um taco de beisebol na cabeça, porque era exatamente essa a sensação. Tinha personalidade forte; não ia ficar parada, sentada, sendo ignorada. Para chamar a atenção numa casa tão cheia de gente, com duas irmãs mais velhas já começando a virar mulheres, ela precisava se fazer ouvir. E fazia isso *bem* alto. Não era muito de chorar, preferia gritar. Também chutava as paredes do berço. Se queria que a gente acordasse, ela começava a chutar a parede. A casa tinha eco, e ela gostava do som desse eco. Então a casa ficou *bem* barulhenta.

E a gente só pensava: *Tá bom! A gente já te ouviu!*

Ficamos exaustos. Era uma época bem desorientada. Jenna estava prestes a entrar no ensino secundário e também frequentava uma escola de dança.

Havia esse monte de coisas acontecendo, a gente tentando ver como Jenna podia seguir a carreira de bailarina. Lisa se ocupava bastante disso, ver as escolas. Meio que deixei isso nas mãos dela. Eu nem fazia ideia.

Mas a quantidade de dinheiro necessária para isso era assustadora. Tudo me assustava, e eu não tinha a menor ideia de como fazer.

Resolvi tentar entender o que estava acontecendo comigo.

Mais ou menos nessa época, quis mudar de substância de novo. Odiava a sensação do *ecstasy* depois que o barato passava. Eu ficava muito deprimido. Tentava conseguir um bom fornecedor mas era difícil. E também perigoso. Muitos tabletes de *ecstasy* tinham um coquetel de outras coisas misturadas – às vezes heroína, coisas assim. A experiência começou a ficar ruim, era muito arriscado para minha cabeça. Eu me sentia numa gangorra, sem saber se ia me sentir feliz, triste ou raivoso. Estava pendurado por um fio.

Eu vou largar, pensava. Não vou virar um viciado.

O meu fornecedor de *ecstasy* não era usuário da droga; ele só gostava de colocar um pouco de anfetamina na água e tomar. Então um dia eu falei: "Dá um pouco disso aí para a gente." Achava que não ia entrar nessa de anfetaminas, que não era a minha praia. Mas, na verdade, a droga casava perfeitamente com o momento caótico em que eu me encontrava. A anfetamina deixava minha mente alerta, me dava forças para continuar. A sensação era de que ela aumentava minha capacidade de enfrentar a realidade.

Então logo fiquei completamente viciado. Nunca gostei de álcool – a bebida não combinava com a minha patologia. À noite, eu às vezes bebia um pouco com Lisa, mas era só. Mesmo isso não me relaxava. Não gostava mais de fumar maconha – naquele momento, me deixava muito confuso, era muito danoso. O efeito batia intensamente e eu tinha medo, porque já estava pendurado por um fio. Posso imaginar o efeito nas pessoas inseguras que fumam maconha demais... já vi gente saindo desse estado e é horrível.

Na época, eu achava que precisava ser mais responsável na vida. Sentia que não tinha a energia necessária. Que precisava fazer mais.

Pensava: *Como vou conseguir continuar fazendo isso tudo?* Tem de haver muita energia para ser pai de uma jovem família e não deixar o barco afundar. E a anfetamina é perfeita para isso. É como uma xícara de café com efeito prolongado. Essa descoberta parecia casar melhor com a minha patologia do que todo o resto. Consegui levar adiante o hábito das anfetaminas durante certo tempo, sem muito prejuízo.

Não sei que imagem o pessoal de Newport tinha de mim nessa época. Talvez só achassem que estivesse cheio de energia. Era o que eu dizia a mim mesmo, pelo menos. Eu provavelmente era bem disperso e talvez eles me achassem meio doido. Quando olho para esses comportamentos, não tenho dúvidas de que estava completamente viciado, mas eu ainda não havia perdido totalmente a cabeça. Ainda tinha uma família, uma casa, ainda ganhava dinheiro, e não me sentia pronto para revelar o meu vício.

Procurava ocultar cada vez mais o hábito, mergulhava cada vez mais no submundo, e passei a achar que era bom nisso de me esconder. Me

A onda arrebenta

drogava com certa frequência, mas não muito. Eu era o chamado usuário funcional. Anfetamina é o tipo de droga que não dá para usar demais. Porém, eu me encontrava numa espiral descendente, estava lentamente chegando ao fundo do poço. No fim, você acaba tendo vontade de injetar, porque o efeito começa a diminuir e é necessário usar mais.

Três semanas depois do Ano Novo, comecei a fazer voltas na boia da praia de Newport. Retomei uma rotina de exercícios, como sempre tive no passado, correndo um pouco, ficando mais forte. Um dia, depois de fazer umas voltas, vi uns caras que haviam me descolado *ecstasy* no passado. Eles estavam de bobeira na plataforma perto do Pico.

Falei: "Olha, estou dando um tempo do *ecstasy*. Agora estou sossegado, mais calmo, me sentindo bem."

E um deles respondeu: "Descolei uma parada bem legal, bem potente. Quem sabe você não quer experimentar?"

E como eu não conseguia parar para pensar antes de agir, assim que a sensação veio eu não consegui impedir o pensamento – quando dei por mim, estava experimentando cristal. E o efeito era bem mais puro e potente.

No começo, você fica num estado mental muito límpido, cristalino. Sem nenhuma confusão. Totalmente concentrado. Suas reações são sempre imediatas. Seus esforços são eficientes, constantes, concentrados. O seu corpo reage rápido. Os sentidos ficam apurados. Mas não é uma piração em que você fica fora de controle – é um barato diferente, você consegue sentir tudo. O mundo ao redor parece muito mais nítido.

Pensei na mesma hora: *Sim, é assim que quero ficar.*

O efeito não durava só dez ou vinte minutos, ou uma ou duas horas – durava dez horas ininterruptas. Um bom tempo. Usando só um pouquinho. Isso porque eu estava fresco e pronto para a substância.

Comecei por via oral. Eu usava um pouco e pensava, *só vou tomar isso*. Mas como era uma droga muito traiçoeira, como combinava perfeitamente com a minha patologia, já era. Eu estava fisgado. Já estava à mercê dela graças à minha natureza e aos acontecimentos em minha vida ao longo dos anos, e aí, *bum*! Tudo isso acabou desencadeando um vício muito forte.

A princípio, parecia que aquilo me ajudava. Servia de muleta para tudo. Eu me sentia presente para ajudar as pessoas, fazia coisas, me envolvia. Mas aí você precisa da droga para fazer as coisas, e depois o efeito passa e só sobra você.

Era assustador. Bem assustador. Um medo impossível de descrever a alguém. Então comecei a pesquisar sobre a droga que estava tomando, a ler as histórias de horror e via que tudo aquilo estava acontecendo comigo. Foi tenebroso. Mas continuava tomando porque já estava num padrão de compulsão obsessiva. Quando eu ficava sem, talvez um oitavo do meu ser se concentrava no que estava na minha frente; todo o resto ficava obcecado, pensando: *Como vou conseguir a droga? Preciso ligar para alguém.* Já tinha até adotado o padrão de comportamento da discrição.

Fiz todo tipo de coisa para descolar a droga porque ela era bem escassa. Entrei em contato com pessoas de caráter bem duvidoso. Pessoas morreram tomando aquilo. Um cara que conheci cometeu suicídio. Saber disso foi horrível, porque percebi que era ali que a coisa terminava, era o fim da linha. Mas mesmo a compreensão do que havia acontecido com aquela pessoa não me fez parar. Afinal, ele não era eu. Aquilo não tinha acontecido comigo. É da natureza do monstro seguir em frente até não aguentar mais.

Eu tentava surfar, dava duas remadinhas e ficava cansado. Não conseguia ir para a praia sem me sentir dolorido. Meus músculos gritavam: *Que porra é essa?* Muitas vezes dormia horas a fio. Li mais sobre o cristal e pensei, *É, é exatamente isso que está acontecendo comigo.* O que eu lia me deixava em pânico. *Não dá para continuar fazendo isso*, eu pensava, mas não conseguia parar.

O ritual de fumar as pedras de cristal é muito viciante. Assim como o ritual de fumar cigarro. Nunca senti uma fumaça com aquele gosto. Era uma fumaça totalmente diferente. Toda branca. Parecia um vapor. A fumaça se tornou algo divino. Até hoje gosto de pensar nisso. Era uma fumaça tão legal, tão bonita... Então eu acabava fumando mais do que percebia porque curtia muito o ritual. E aí tem mais droga no seu organismo do que você precisa e o efeito dura mais. No fim, seu corpo acaba precisando de mais ainda. A espiral gira cada vez mais rápido, descendente, cada vez mais íngreme, você vai cada vez mais fundo, cada vez mais rápido. Esse estágio é brutal, porque você fica muito tempo sem dormir e sente que precisa recuperar o sono perdido. Eu dormia doze, dezesseis horas seguidas.

No começo da vida, todos recebemos uma quantidade de força vital – um número específico de batidas do coração, a energia necessária para essas batidas do coração, o que os chineses chamam de *chi* e os havaianos, de *mana*. Eu realmente achava que estava pegando um belo naco do meu mana e jogando no lixo. Literalmente queimando a energia vital ali, junto com a droga – *puf*, já era. *Ai, meu Deus, é isso que estou fazendo. Vou ficar totalmente sem força vital.* Dormia dezesseis horas seguidas, a Lisa sem saber o que estava acontecendo comigo. Só queria recuperar a minha energia mas sabia que, assim que a recuperasse, minha mente voltaria a vagar de novo.

Era um ciclo extremamente cruel. Não tinha mais vontade própria. Quando Grace completou dois anos de idade, eu já tinha mergulhado completamente naquilo.

Achava que estava sendo muito discreto, muito esperto, mantendo tudo em segredo. Aquele era o meu segredo, uma vida à parte toda minha, só minha, de mais ninguém. Até hoje essa ideia me agrada. *Que merda!* E você nem percebe o que as pessoas estão vendo. Afinal, você nem mesmo ouve o que elas dizem. Tem coisa demais acontecendo dentro da sua cabeça. Os seus pensamentos gritam. Talvez só o traficante te entenda. Sempre tem essa ligação esquisita com o fornecedor. Uma conspiração para escapar de tudo, fazer a transação e ficar chapado. Muitas vezes ele faz essa transação escondido das pessoas da vida dele. Então é como se fosse um espaço secreto só dos dois.

O resto do mundo podia se foder. O meu fornecedor me entendia.

Lembro que eu estava com meu fornecedor de cristal em Mona Vale, nós dois fumando a droga juntos, e aí ele olha para mim enquanto acende o cachimbo e diz: "Ninguém entende, né, Tom? Ninguém entende."

TC

Não consigo te proteger dessas coisas. Nem sei do que devo te proteger. Essa parte da sua vida é um segredo tão grande para mim quanto para as outras pessoas. Seu fornecedor de cristal é invisível. Saio perguntando por aí mas ninguém sabe quem ele é ou, se sabem, não vão me contar. Mais tarde, percebo que estão me fazendo um favor; traficantes de metanfetamina em cristal não são esses camaradas do mundo do surf que a gente consegue intimidar pelo telefone.

Quem ou o que andei protegendo durante todos esses anos, editando as drogas da sua vida e do meu suposto trabalho de jornalista? Nossas carreiras, claro. Éramos capazes de remar em ondas de qualquer dimensão, mas não tínhamos coragem de encarar nossas próprias famílias. Amamos surfar, mas que Deus ajude as pessoas que nos amam. *Gobbo e Woggo*, penso amargamente. Os *grommets* infernais de Newport. A lenda do surf e o melhor jornalista de surf. O viciado em metanfetamina e o adúltero.

Anos antes, papai havia escrito uma pequena biografia da mamãe, e disse que fez isso para preservar a memória dela para nós. Desesperado para tentar entender o que está acontecendo com você – e fazer alguma coisa a respeito –, pego essas memórias. Leio sem parar, diversas vezes, tentando formar alguma imagem por meio das palavras. É uma biografia repleta de detalhes tanto ternos quanto tristes, mas são as memórias do papai, não as minhas.

Deixo de lado meu instinto protetor e começo a revirar o passado. Pelo menos para isso sou jornalista o suficiente. Descubro o lar em que Syer Barrington White passou sua infância, The Poplars, em Horsmonden, Kent, uma casa de 1750 e hoje considerada patrimônio histórico, com seis quartos e uma piscina recém-construída – avaliada em aproximadamente 1,35 milhões de libras, uma pechincha para os dias de hoje. Descubro a casa da infância de Nam, no vilarejo de Stalybridge, perto de Manchester, e leio como o pai dela se descreve nas certidões de nascimento e casamento da filha; quando ela nasceu, ele era "fazendeiro"; quando ela se casou, ele era "cavalheiro de boa estirpe".

Leio o registro de guerra de Syer White, os serviços prestados como oficial de medicina no terrível e inútil enclave de Salônica, e sua posterior morte por conta de um câncer no pâncreas. Leio os históricos escolares,

A onda arrebenta

registros médicos e cartões postais de Janet, enviados de suas viagens à Europa e à Índia, e vou atrás dos velhos amigos dela da época em que trabalhou na maternidade no sul de Londres. Eu a imagino com vinte e quatro anos, uma jovem enfermeira que trabalhava em St. Bartholomews, cujas tendências esquerdistas a levaram à Tchecoslováquia e à Itália durante o pós-guerra, trocando cartas com os amigos, dizendo que estava com inveja por eles visitarem Moscou.

Na biografia, uma nota misteriosa marcada com um "T" revela um ex-amante daquela época, um certo Tony Barnett, um professor que mora em Canberra e que, como acabo descobrindo com minha visita, era casado quando ele e Janet se conheceram. O professor Barnett recorda que Janet era uma mulher modesta, calma, uma boa companhia. Não acho que ela tenha revelado muito de sua vida para ele.

As memórias que papai escreveu mencionam que Janet teve um episódio de anorexia nervosa na adolescência. Leio mais sobre anorexia e sua terrível inexorabilidade, e cada vez mais fico pensando no que poderia estar acontecendo enquanto nós dois passeávamos pelos jardins do hospital. Ligo para o hospital Royal Prince Alfred, onde os funcionários estão no processo de jogar fora todos os históricos médicos antes de 1990. Eles confirmam que o arquivo de Janet ainda está lá; seria destruído dali a uma semana.

Eles me mandam o histórico pelo correio, todas as 212 páginas. Sento no chão da casa que você comprou como investimento na Neptune Street e começo a ler. As misteriosas nuvens do céu de nossa infância ficam negras e depois começam a se dissipar.

Ela contrai hepatite em 1955, depois de uma viagem à Índia, mas não sofre recaída. Depois, em 1962, os médicos removem um pequeno tumor benigno na ponta do seu pâncreas.

Em setembro de 1964, aparece uma erupção cutânea em sua perna e ela é internada no hospital Royal Prince Alfred durante quase três semanas para tratar da dermatite e da anemia crônica.

Volta a ser internada quase dois anos depois, em 23 de maio de 1966. Uma nota no registro diz: NÃO ADMINISTRAR BARBITÚRICOS. Os

TC

médicos e a equipe de enfermagem devem ter lido a nota, mas, no fim de junho, começam a sedá-la à noite com Pentobarb e Amytal. Quando ela recebe alta, no começo de agosto, prescrevem-lhe 200 mg de pentobarbital para tomar todas as noites.

Em novembro daquele ano, ela passa um breve período internada no Royal Prince Albert para fazer uma transfusão de sangue. Em abril de 1967, volta a ser internada durante seis semanas para continuar o tratamento. Agora está com diabetes em estado não muito avançado, "que pode ter sido desencadeado pelos esteroides", e sua visão começa a fraquejar. *Hoje, ninguém fica mais tanto tempo no hospital*, penso.

A dermatite piora no pé esquerdo e Janet passa mais duas semanas no hospital. Ao ler isso, lembro-me vagamente dos banhos de imersão em água com aveia, que supostamente aliviavam a irritação na pele, e da mamãe fumando, os cigarros escondidos num armário para que não conseguíssemos alcançar.

Ela fica quase um ano sem voltar a ser internada de novo. Deve ter sido o ano da fúria. Em 30 de outubro de 1968, dá entrada na emergência do Royal Prince Albert com perda de peso severa e progressiva, pneumonia e um cisto no pâncreas. Janet está fraca, cansada, não se alimenta bem e reclama de dor na área epigástrica, perto do pâncreas. Sr. Mills, o cirurgião, acredita que realizar uma cirurgia no pâncreas é arriscado demais, dado o estado da paciente.

Ela recebe alta no dia 21 de dezembro de 1968, a tempo de celebrar o Natal. O Natal da Coolite embaixo da cama.

Três semanas depois, volta a ser internada para fazer uma pequena biópsia do intestino. A essa altura, Janet é descrita pela equipe médica como "uma mulher pálida e extremamente magra que aparenta ter mais do que seus 48 anos. Mas ela não sente dor e nos deu vários detalhes sobre sua saúde, que ela mesma observou por meio de sua natureza introspectiva". Os problemas de saúde listados: tumor no pâncreas, desnutrição, desequilíbrio mental, problemas na absorção de nutrientes. Foi diagnosticada anorexia nervosa. Janet passa por uma cirurgia no meio de fevereiro para retirar um coágulo na artéria femoral esquerda.

No dia 11 de março, ela é internada na ala psiquiátrica para tratar a anorexia nervosa. "Episódio atual deve ter dur. de 3 anos", diz o implacável histórico médico. "Extremamente magra." As notas do médico dizem que o objetivo da internação era "deixá-la em um estado ideal para operação" da massa pancreática. O psiquiatra resume as conversas desesperadas de uma mulher à beira da morte que tenta dar sentido à própria vida. Janet fica cada vez mais "exigente e ansiosa", ganha certo peso, e depois mergulha num estado sonolento, retraído e confuso.

Finalmente falece aos 49 anos na ala psiquiátrica, por volta das 7 da manhã do dia 11 de maio de 1969, sendo que os médicos nunca de fato chegaram a lidar com a verdadeira causa mortis: câncer no pâncreas com metástase no fígado, a mesma doença que matou seu pai, com anorexia nervosa e dermatose como causas secundárias. Só quando faço uma segunda leitura é que pesco o seguinte: Janet "tem um histórico de uso de várias drogas [...] há forte indício de que seja viciada em anfetaminas".

Viciada em anfetaminas.

O som das peças do quebra-cabeça se encaixando: *clique, clique, clique*.

Ninguém conhece os próprios pais, não a fundo, e eles também não te conhecem, a não ser que vocês se revelem ao longo do tempo e da experiência. Mamãe jamais poderia saber o que ia acontecer, o tipo de vida que viveríamos, que tipo de pessoas seríamos. Tenho certeza de que ela jamais ia querer esse destino para você.

Mas agora também sei por que ela sentia tanta raiva – o motivo por trás daquelas guerras de gritos na nossa casa quando éramos crianças. Porque ela sabia o que ia perder. Tudo isso, todas as ondas que surfamos. Mamãe não presenciou nada disso.

———

Eu podia perder minha sanidade. Podia perder minha família. Podia perder minha casa. Podia perder meu emprego, minha carreira, quem

TC

eu era. Mas ainda não tinha perdido tudo, e era nisso que a doença ia desembocar em algum momento – a perda de tudo. Eu estava despencando ladeira abaixo, e bem rápido.

Sabia que precisava de ajuda. Frequentar um grupo. Precisava de gente ao meu redor. Mas também morria de medo disso.

JANELA DE OPORTUNIDADE

Confessar tudo. Ser humilde e confessar. Quando analiso minha vida, acho que ela se define em antes e depois dessa decisão.

Há um ciclo, parece. A janela abre e fecha e você volta a racionalizar, entra num estado de negação e desconforto. Afunda cada vez mais, e aí, de repente, a realidade novamente intervém. A janela se abre. E, se você não pular através dela, volta a cair no poço. E só Deus sabe quando é que essa janela vai surgir de novo. Pode ser que você esteja tão mergulhado na sua própria merda que jamais consiga sair.

Eu já tinha decidido que precisava fazer algo. O que realmente me desanimava é que não sabia se queria parar. Grande parte de mim não queria. Há muita gente por aí que não quer continuar a fazer o que está fazendo, mas parte delas diz: *Bom, você pode continuar, já que está se safando.*

Mas eu não estava.

Lisa achava que eu não usava drogas havia anos, mais ou menos. E aí, durante uma das minhas viagens ao exterior, ela encontrou todas os apetrechos para fumar cristal, os cachimbos e tudo o mais. Esperou para me confrontar quando eu voltasse. Ficou extremamente triste, com muita raiva, confusa. E eu arrasado por ela saber meu segredo, por ter revelado, tanto para mim quanto para ela, o viciado que de fato eu era.

Foi bem ali que tomei a decisão, em algum lugar dentro de mim, mas eu não era capaz. Havia usado máscaras demais para funcionar no mundo.

TC

Não conseguia tirá-las. A luz do mundo lá fora era insuportavelmente forte.

Passei meses frequentando os Narcóticos Anônimos. Seguia duas semanas limpo, depois usando e mentindo, tentando esconder, depois voltava para o NA, depois mentia de novo – uma época horrível, muito confusa. Ficava alguns dias limpo e depois usava de novo, precisava voltar a falar com meu fornecedor. Gastava mais dinheiro, criava mais segredos, mentia mais. Tudo podia acontecer. Era um momento em que algo morre e outra coisa nasce. Uma linha tênue entre as duas coisas.

Então, quando tive a oportunidade de passar um tempo numa clínica de reabilitação, não sabia se era o que eu queria de fato. Eu não *queria* ir. Parte de mim morria de medo das consequências. Todo mundo vai descobrir! Imaginava uma situação dramática, horrível.

A situação em casa estava bem complicada. Eu tentava ser o pai de três meninas, ser um marido. E, quando surgiu a possibilidade de eu me internar numa clínica, tudo ficou ainda mais confuso e doloroso. Lisa dizia que talvez fosse melhor a gente adiar até depois do Ano-Novo, já que para ela era muito horrível a ideia de passar o Natal sozinha com as crianças. A situação lhe parecia meio ridícula e talvez ela sentisse um pouco de medo. A atmosfera em casa era pesada, as meninas não sabiam o que estava acontecendo e tive de contar para elas. Havia essa montanha de segredos que acumulei durante anos. Foi aí que eu soube que não podia esperar até depois do Natal.

Na época, não imaginava que essa era a minha janela de oportunidade, mas sabia que era hora de fazer algo – de ficar em algum lugar onde não me sentisse tão exposto, poder respirar um pouco. Era isso que diziam as pessoas que trabalhavam em programas de recuperação de viciados, que não dá para se recuperar do lado de fora, na rua.

Murray Close me ajudou. A ideia de falar com Muz veio de Martin Cork. Corky era um grande amigo de Lisa e, embora ela tentasse manter segredo do meu vício, cada vez mais sentia necessidade de falar com alguém sobre o que estava acontecendo. Foi assim que Corky soube o que estava rolando comigo – e ele sabia que Muz já tinha frequentado o NA e passado por um tratamento para se curar do vício. Parecia que ele conseguiria ajudar.

A onda arrebenta

Murray Close. Amigo da época das Northern Beaches. Um dos vários rostos da nossa juventude que a gente via em diversos lugares, Narrabeen, Dee Why, também surfista, competidor, jurado. Por volta de 1998, começo a topar com ele de novo, nas checagens das condições de tempo para surf. Faz parte dessa boa fase de voltar para casa depois de passar anos na Califórnia – encontrar os amigos de antigamente.

Um dia, ele me para na frente dos correios em Newport e me explica que teve um problema, que o caixa automático não estava reconhecendo seu cartão de crédito; será que eu não poderia emprestar 150 dólares para ele pagar a conta de telefone?

Confiando na minha intuição sobre um colega do surf, eu digo: "Sim, claro." E entrego o dinheiro.

Murray diz que vai aparecer no dia seguinte para me pagar. Mas nunca aparece. Nem naquela semana e nem na seguinte. E aí alguém me conta: "Você deu dinheiro para ele? Mas você não está sabendo? Murray está na lama, é o maior drogado! O cara já era, amigo."

Penso novamente na época em que éramos jovens, nos zumbis viciados em heroína, Cookie chapado em frente ao banco. Aquilo que rejeitamos com cada fibra de nosso ser. E agora essa coisa está de volta e sinto que acabo de ser contaminado por ela. Resolvo esquecer Murray, esqueço o que aconteceu.

Um ano e meio depois, abro a caixa de correspondência de casa e vejo um envelope. Dentro, 150 dólares em dinheiro e uma carta de Murray. Uma carta extraordinária. Sem um pingo de confusão, autopiedade ou mentira – só uma admissão direta, uma explicação de seu comportamento para a nossa conversa na frente dos correios naquele dia, o seu vício em drogas, seu desejo de pedir perdão. "E também estou enviando o dinheiro que roubei de você."

Ele não exige absolutamente nada em troca, mas resolvo responder mesmo assim e escrevo de volta, expressando minha admiração. Mas isso não é tudo. O que ele fez elimina por completo os sentimentos ruins que eu nutria, não só em relação a ele, mas quanto ao incidente. É quase um passe de mágica – um passe de mágica do qual só ele, Wendy e eu estamos cientes.

Murray Close. Meu Deus. E agora ele se prontifica a ajudar de um jeito que Lisa não pode, eu não posso.

Murray foi crucial para a minha recuperação. Ele estava sempre calmo. Eu estava sempre nervoso: tentando ser pai, frequentando as reuniões, mentindo, me drogando, sendo o "Tom Carroll". E Muz o tempo todo calmo. Ele dizia: "Você não pode ficar com um pé do lado de dentro e o outro do lado de fora, Tom, senão você vai ficar *louco*. Você precisa ir a um lugar onde se sinta à vontade."

E ele tinha razão: eu estava louco. Lembro de uma vez em que eu caminhava até meu escritório, com um cachimbo, fumando – tragando bem fundo, com vontade – e quase não senti o efeito. Não aguentei aquilo. Comecei a gritar de frustração: "Meu Deus, me ajude! Me ajude!"

Achava que precisava ir para a igreja. Em vez disso, resolvi me internar – no South Pacific Private Hospital, em Curl Curl. Por sorte, já tínhamos mudado de plano de saúde e estávamos preparados.

Precisava ser avaliado antes da admissão e fui muito sincero com a assessora, Lisa Chapman. Ela foi ótima e até hoje ainda falo com ela. Eu sabia que estava no lugar certo. Chorei, finalmente desabei e admiti tudo. Dei entrada numa segunda-feira de manhã, depois de usar no fim de semana, mas não de um jeito louco, desesperado.

Quando finalmente me internei, me encontrava num estado de renúncia. Foi no dia 18 de dezembro de 2006. Não me lembro de detalhes sobre aquele dia, mas me internei para ficar ali cinco semanas. Me colocaram direto no programa de desintoxicação, numa cama. Havia duas camas em cada quarto. Eu era o único paciente no meu e, no quarto ao lado, estava um cara que foi internado um dia antes. Seu nome era Murray – outro Murray – e ele era viciado em heroína e maconha. Um cara muito legal.

Me ofereceram um Valium e Murray disse: "Não toma, não toma nada." Acatei o que ele dizia porque eu não precisava, na verdade. Via como as pessoas entravam, viciadas em barbitúricos ou com intoxicação alcóolica, e o Valium aliviava um pouco a barra, mas aí você precisava

A onda arrebenta

deixar de tomar o remédio depois. Acabava trocando um vício pelo outro.

Decidiram que o South Pacific precisava ser reformado e a reforma começou um dia depois de eu chegar. Bem do lado de fora da minha porta. Os caras chegavam às 6:30 h da manhã e começavam a marretar no corredor e eu pensava: *Mas espera aí! Estou pagando muito dinheiro para ficar aqui!* Depois de dois dias de barulho, aceitei que aquele agora era o meu espaço e não foi tão ruim. Comecei a dormir melhor quase instantaneamente. Estava aberto à ideia de ficar longe da confusão em que havia me metido, poder pensar: *Quem sou eu?* Realmente queria saber aonde aquela reabilitação ia dar. Havia mergulhado na janela de oportunidade.

Já tinha ouvido todas aquelas histórias sobre pessoas que saíam da clínica e começavam a usar no mesmo dia. E, três dias depois de me internar, apareceu um cara. Um funileiro mecânico de Parramatta chamado Abdul. Cheio de queimaduras no colo, nos pulsos e nos antebraços porque o laboratório onde fazia cristal explodira seis meses antes. Ele estava ali por determinação judicial; tinham dado a ele a opção de ir para uma clínica. No fim do dia, ele puxava a cortina da cama e ficava a noite inteira fazendo sei lá o quê. Supostamente, era proibido ter celular na clínica, mas ele ficava acordado, digitando o tempo todo no celular dele.

Na manhã seguinte, eu olhava e via que ele estava muuuito chapado. Completamente. Nem conseguia olhar para mim enquanto falava; os olhos inquietos, tentando se fixar em alguma parte do quarto.

Falei para o Murray: "Puta que pariu, aquele cara tá usando." Tentei imaginar que droga era. Parte de mim pensava que talvez eu pudesse descolar um pouco com ele. Foi uma época bem doida: Três dias depois de eu entrar, a clínica entrava em reforma e havia um cara se drogando no quarto em frente ao meu. Descobri que ele usava uma combinação de cristal e heroína e pensei: *Bem que eu podia usar um pouco.* Tudo podia acontecer, porque meu cérebro estava acostumado a agir sem pensar. Era bem esquemático. Eu não tinha defesa contra esse pensamento inicial, não tinha ferramentas para redirecionar o pensamento ou compartilhar o que estava acontecendo. Bom, tinha um pouco, por causa das reuniões do NA que havia frequentado – e isso foi o suficiente para me impedir.

Enfim, acabamos dedurando o Abdul. O pessoal veio, pegou toda a parafernália que ele usava para se drogar e ligaram para a família ir buscá-lo. Os irmãos dele apareceram. Você precisava ver os irmãos do cara. Chegaram num Holden Special incrível, o carro tinha todos os opcionais. Estacionaram, entraram e o levaram embora. Não sei onde esse cara está hoje. Mas ali estava o vício, bem na minha cara, num lugar onde eu achava que estava seguro. Foi um desafio desde o começo.

Depois de uma semana, finalmente saí do programa de desintoxicação e comecei a participar das sessões de terapia em grupo, de manhã. Tinha permissão para dar uma caminhada de manhã e outra à tarde.

Mas não me deixavam ir até a praia.

Antes, os pacientes podiam nadar em South Curly, mas isso parou por questões de segurança, porque as pessoas podiam ser arrastadas pela correnteza. Curly é uma praia perigosa.

Trabalhávamos com umas coisas chamadas "níveis de honestidade", tentando ser honestos com as pessoas, falando sobre como nos sentíamos, em vez de guardar tudo e ficar calado, ou então perder o controle. Numa clínica de reabilitação, você precisa praticar a integridade, a honestidade, praticar os doze passos. E, acima de tudo, ser autêntico. Aprender a ser você mesmo, ter um relacionamento saudável com a sua própria pessoa. Aprender a falar com sinceridade. Quando você está até o pescoço num mar de desonestidade, sem autoestima, você precisa trabalhar essas coisas.

Havia uma maneira certa de abordar as pessoas na reabilitação; aprendemos uma nova língua para falar dos nossos sentimentos. Sem criticar – "A culpa é sua! Por que você não muda?" Em vez disso, você diz coisas como: "O que eu entendo da situação é o seguinte...", assumindo o que está dentro de você. Eu me sinto de tal maneira e vou tentar me manter distante ou falar e ver como você reage. E você progride a partir daí.

Então resolvi fazer uma reclamação formal. Escrevi uma carta bem severa para a administração, dizendo que eu entendia que os pacientes

A onda arrebenta

não tinham permissão para nadar por questões de segurança, mas que eles sempre falavam de trazer para si uma força superior, de uma ligação com alguma força maior do que nós mesmos. E durante toda a minha vida estava bem claro que eu vivia essa força. Era o mar. Portanto, como assim eu não tinha permissão para nadar? Era verão, eles estavam tirando de mim a ligação que eu tinha com essa força superior.

Todos os dias, eu precisava ir e voltar caminhando pela praia e dizer que não nadei na parte norte. Realmente precisei praticar isso. Mas algumas vezes não consegui. Cheguei ao norte da praia, dei um mergulho e esperei secar para voltar. Por fim, parei com aquilo, percebi que fazia parte de desenvolver minha integridade.

Responderam à minha carta dizendo que era questão de segurança: não podemos colocar em risco as outras pessoas só por sua causa, Sr. Carroll. Então resolvi suportar a situação. Mas havia muita gente do meu lado. Várias pessoas me apoiando.

Era engraçado. Me sentia num programa de TV. Naquela época, todo mundo adorava *reality shows* e eu pensei: *Caramba, estou no Big Brother*. Mas, no fim das contas, resolvi assumir de verdade a reabilitação; percebi que não queria voltar a ser usuário. Queria voltar a ser eu mesmo. Sabia que tinha essa determinação por causa de experiências anteriores na minha vida.

Não acho que estaria aberto a esse tipo de recuperação se tivesse ido parar ali com vinte e cinco anos, ou até com trinta e tantos. Eu era muito autoconfiante, arrogante demais. Ainda sou, de certa forma. Mas estava bem evidente que o que funcionava na minha juventude passou a ser uma desvantagem depois – virou uma armadilha para mim mesmo.

Isso me fez lembrar de quando fiquei internado depois da lesão no estômago. Pensei que, qualquer que fosse a situação, seria capaz de sobreviver. No hospital, mesmo depois de ficar duas semanas sem comer e emagrecer muito, eu ainda ria com as pessoas, ainda apreciava o ambiente ao redor. Tenho uma personalidade basicamente alegre e conseguia agir de acordo. Nunca me senti confinado. Nem todo mundo aguenta ser internado numa clínica e a posterior recuperação – no começo, parece muito uma prisão –, mas comecei a fazer amigos e consegui ser receptivo ao tratamento, sentir empatia pelas outras pessoas. Estava aberto ao estilo de vida das pessoas, suas personalidades, foi bacana, achei bem interessante. Passei a valorizar a presença daquelas pessoas ali, identificando em mim coisas bem difíceis de encarar, dolorosas. A gente simplesmente não enxerga por conta própria.

Não tínhamos permissão para comer açúcar nem tomar cafeína, então é claro que, assim que começamos a ir às reuniões, íamos direto para a mesa de café, roubávamos saquinhos de chá e devorávamos os biscoitos, caso houvesse. Quando nos deixaram ir à loja entre o Natal e o Ano-Novo, só podíamos comprar flores, água e algumas outras bebidas. Quase nada. Até a atendente no balcão sabia que não podíamos comprar certas coisas.

Mas era Natal, então eu falei: "Seguinte, pessoal. Vamos sair e comprar vários sacos de jujuba."

A funcionária que sabia da regra não estava no balcão, então peguei um monte de jujubas com sabor de fruta. Conhecia a moça que estava atendendo na loja, era bem legal, então fui até o caixa para que registrasse todos os sacos de doces. Mas ela sabia! Me senti um idiota. Ela tirou as compras de mim. Eu disse: "Ah, vai! São só doces!"

E ela: "Não, você vai ter de vir buscar quando sair da clínica, daqui a três semanas."

Falei: "Ah, você está me matando. Agora minha reputação já era." Ela disse: "Olha, você não é o único." Não foi nem um pouco legal.

Percebi que o South Pacific permitia que as pessoas fumassem cigarro durante a recuperação. Era o único vício permitido. Via as pessoas saindo para fumar e comecei a sentir inveja. Dava para ver o efeito disso nelas – o momento de alívio, longe de tudo aquilo, da realidade da clínica.

Um dia a administração disse que ia proibir o cigarro. *Quê?* Praticamente todo mundo ali fumava! Todo mundo ficou doido aquele dia. Algumas pessoas começaram a fazer as malas, dizendo: "Ah, foda-se! Não vou ficar!"

Falei para um cara que tinha feito as malas: "Cara, você não pode ir agora. Você ficou aqui duas semanas e meia, você vai recair com certeza!"

Ele disse: "Foda-se! Fodam-se esse caras, eles não podem tirar o

A onda arrebenta

meu cigarro!" A administração precisou voltar atrás e fazer um pequeno fumódromo nos fundos. Era uma salinha do tamanho de uma cabine de banheiro, com um banco. O lugar parecia uma chaminé, com fumaça saindo o dia inteiro. Bem pesado.

Na semana anterior à sua internação no South Pacific, pego uma onda relativamente pequena em Rocky Point, no Havaí, erro a hora de fazer uma manobra e a onda quebra bem em cima de mim. Empurra minha perna direita contra a prancha. Quebro o tornozelo e os dois ossos da parte inferior da perna. No dia em que você dá entrada, estou bem no meio da cirurgia, os médicos colocando pinos em mim.

Você me liga algumas vezes na semana seguinte, me conta um pouco sobre como vão as coisas, fala de um negócio chamado Semana da Família, quando membros da família podem participar do processo durante cinco dias. Sua voz não soa propriamente feliz, mas você não hesita ao falar nem "some" no meio da conversa. Pergunta se posso participar da Semana da Família com você e Lisa, e claro que eu digo que sim, desde que eu possa ir de muletas.

Pego o carro, chego à clínica e vou mancando até a porta de entrada, e só aí percebo que o lugar fica a cem metros de onde operaram o seu joelho, vinte e cinco anos antes.

É uma casa em cima de uma colina, mas essa é a única semelhança com a sua casa na colina. É apertado, escuro, com cheiro de almoço e tinta. Não há linhas retas no prédio; para chegar nos lugares, você precisa prestar atenção aos números das salas e à sinalização.

Logo fica claro que o programa de reabilitação está imitando a vida: todo mundo adora o Tom. Isso deixa Lisa meio irritada. Ela quer algo diferente de você; algum tipo de sofrimento, talvez. Ela alterna sentimentos de raiva e felicidade, pisca para evitar que as lágrimas escorram.

Fico surpreso com a raiva que sinto de você. Coisas bobas; o modo como você "some" quando falamos ao telefone. O jeito como você diz "Sim, estou ouvindo!" quando na verdade não está. O modo como você dirige, porra. "Nossa irmã morreu numa merda de acidente de carro", eu digo. "Você *tem consciência* disso? Eu só tenho você agora, você acha que eu quero te perder do mesmo jeito?"

Você ouve tudo aquilo, calmo feito o Mar da Tasmânia no verão.

Certa manhã, estamos sentados em círculo e Brian, o psicólogo encarregado da sessão, introduz o assunto da maternidade.

Um de nós diz algo. Não lembro quem foi, mas o que quer que tenha sido dito causa uma comoção na sala.

Ficamos nos entreolhando durante um bom tempo, sentindo a tensão no ar. Brian, o terapeuta, diz: "Olha, nem sempre fazemos isso, mas acho que vocês precisam ficar meia hora sozinhos, então podem sair. Podem ir para onde quiserem. Mas vocês precisam voltar em meia hora."

Como assim? Para qualquer lugar?

Saímos para o ar fresco e a leve brisa nordeste. É quase meio-dia. Pegamos meu carro e vamos passear perto dos mirantes, olhando as ondas pequenas. Você me conta a história ridícula de quando tentou levar doces para dentro da clínica e isso põe fim à ideia de ir tomar um refrigerante.

Não sei como, mas acabamos passando pelo memorial de Duke Kahanamoku, na praia Freshwater. Paramos perto da estátua de Duke, os dois pensando a mesma coisa: na ocasião em que fomos até ali uns dois anos antes, numa manhã de sábado, para ver como estava a bombora de Queenscliff depois de um *swell* bem grande, e alguém tinha colocado uma saia de bailarina no Duke. A saia era uma graça, toda prateada, e brilhava com a luz matutina da praia.

Saímos do carro, eu com dificuldade por causa das muletas, e andamos pelo caminho que atravessa os arbustos, olhando os nomes dos campeões mundiais gravados nas pedras: Barton Lynch, Dooma, Midget, Nat, Pam, Layne, você. Não há mais ninguém no lugar, só nós e essas placas.

Do nada, começamos a chorar. Ficamos agachados, ocultos pelos arbustos, nos apoiando um no outro, chorando feito bebês. Como os meninos que já fomos e ainda somos.

A onda arrebenta

Com a ajuda do pessoal da clínica, a Semana da Família fez vir à tona outra camada de honestidade, principalmente entre Lisa e eu. Falamos de coisas que estavam guardadas. Foi o início do processo de cicatrização da codependência e da situação caótica em que nos encontrávamos, em que nenhum dos dois achava que era ouvido.

E também falamos da nossa ligação com mamãe e Jo. Eu realmente sentia a presença de minha mãe ali. Ela se fez presente. De verdade. Recebia várias mensagens claras, definitivas: que eu estava no lugar certo, que precisa perseverar, que estar ali era algo muito bom, que eu estava indo bem. Sentia a aprovação dela.

Por acaso já mencionei a pena de águia?

Ali, falávamos muito da existência de um poder superior e eu estava aprendendo a meditar, coisa que faço ainda hoje. Não sei como nem por que, nunca pensei nisso, mas eu fazia quinze minutos de meditação antes do passeio da manhã, todos os dias, e comecei a rotina de praticar a Meditação da Porta Azul, que é uma meditação guiada. Você imagina que está entrando numa sala e sentando numa cadeira, sentindo o lugar, e depois abrindo uma porta azul à sua frente.

Na minha versão da meditação, o que eu fazia era atravessar a porta, subir na palma de uma mão gigante e me deitar. Era o meu lado criativo agindo. A mão, sei lá por que motivo, saía de um desses vales que ficam entre as planícies das Blue Mountains. Havia uma árvore na lateral do vale, bem no penhasco, e, para passar pela porta azul, eu precisava atravessar essa árvore e entrar numa sala que havia dentro dela. Só aí eu abria a porta azul, subia na palma da mão, me deitava e começava a respirar.

A respiração durava uns doze minutos. Enquanto estava ali, eu ficava respirando, suspenso por essa mão, olhando para aquele vale lindo, com mata profunda e selvagem.

Um dia, durante essa meditação, senti a presença de uma águia voando. Ela voou em círculos e veio até mim e seu olho me fitava diretamente, de um jeito muito preciso, muito poderoso. Aquilo realmente me abalou – foi muito emocionante.

E a águia disse: *Atenção. Preste atenção nisso.* Saiu voando e a meditação chegou ao fim.

Depois disso, saí para o meu passeio na praia. Só poucas pessoas vieram. Resolvi me afastar e andar sozinho porque ainda estava meio abalado com a visão da águia durante a meditação.

Cheguei no estuário ao norte de Curl Curl. Não tinha costume de andar até a lagoa; normalmente, passeava pela praia para sentir as ondas quebrando aos meus pés, pois pelo menos assim estaria tocando a água. Mas o que me deixou impressionado foi que a lagoa estava bem cheia, muito brilhante, e o céu limpo, muito azul, o que deixava lindo o reflexo dele na superfície. Me senti atraído pela paisagem.

Comecei a caminhar na direção da lagoa, vendo o meu reflexo aparecer na água à medida que caminhava, e vi uma grande pena de águia bem na minha frente. Uma pena grande, com um dos lados meio murcho, não tão perfeita.

E achei que o que ela me dizia era isso: *Nada é perfeito*. Essa era a mensagem da mamãe: *Não existe nada perfeito, Tom, e tudo bem ser assim.*

Para mim, esses pequenos momentos ligaram os pontos. Eu não teria entendido a mensagem de outra maneira. Não tinha como essa mensagem ser ainda mais perfeita, a despeito de toda sua imperfeição. Realmente senti a presença da minha mãe. Carrego essa mensagem comigo até hoje, ela está sempre presente.

Tenho a pena até hoje. Ela me mostrou que havia mais coisas no mundo do que eu suspeitava. Sempre procurei ser bom com os outros, mas nunca fui de fato bom comigo mesmo. Jamais teria recebido essa mensagem se não tivesse passado aquele tempo na clínica, despressurizando por tempo suficiente para poder ouvir. Fui atraído pelo meu reflexo na lagoa, achei a pena e depois recebi essa mensagem tão forte: *Preste atenção. Preste atenção. Observe.*

Para qualquer outra pessoa, aquilo não significaria nada de mais. Para mim, abriu uma porta.

E talvez quando pedimos socorro, nos momentos mais negros de nossas vidas, quando estamos presos nas amarras do vício e sentimos a alma tão enfraquecida que parece caída no chão, emagrecida, sem ar, sem forças – é aí que precisamos de um caminho espiritual para passar por tudo isso.

NERVO EXPOSTO

Saí de lá no dia 21 de janeiro. Sentia medo de recair. Medo de fraquejar e entrar em contato com meu fornecedor. Reduzi os contatos até ficar com um cara só. Precisava ser o mais discreto possível, por isso mantive o contato de um único cara, de quem eu poderia ter o que quisesse. Havia outras opções, mas as risquei da lista alguns meses antes. A situação exalava o cheiro da merda em que precisei me meter para ter aquela vida.

E aí encontrei o cara.

Estava limpo havia seis meses. Por meses senti minha energia bem esquisita. Não conseguia surfar, não tinha aquela fagulha da energia física. Havia perdido alguma ligação comigo mesmo. Nos três meses anteriores me dediquei a achar ou usar a droga de minha preferência diariamente, e durante muitos anos antes disso eu já era usuário de outras coisas. Sempre gostei da sensação de ficar doido, é incrível. Adoro! Mas como fiquei limpo ao longo daqueles seis meses, minha energia não era a mesma.

Estava trabalhando para a Quiksilver – ainda bem que eles me apoiaram durante esse processo e me deram um emprego, com escritório e tudo. Tive de trabalhar num escritório, foi brutal! Meditava todos os dias, ia às reuniões, falava da minha situação, praticava os doze passos, fazia toda as coisas sugeridas para a recuperação. Em casa, a situação também era bem difícil, ter de ficar na mesma casa com Lisa – havia muitas emoções vindo à tona, não sabíamos o que fazer ou para onde ir.

Bom... enfim. Ainda não tinha me deparado com o meu fornecedor. Tinha jogado fora seu número de telefone. Eu quase nunca topava com ele, mas o via dirigindo por aí, ele tinha um carro muito fácil de reconhecer e, quando eu o via, surgiam todos esses pensamentos e associações com a sensação de usar a droga. Eu estava passando atrás de Warriewood, saindo de uma loja em Mona Vale, indo para Manly. Eram onze da manhã, o dia estava lindo, ensolarado. A última coisa que eu queria era me drogar. Eu me sentia bem contente.

Cheguei numa rotatória; dava para virar à esquerda, mas eu ia seguir em frente. E, quando comecei a me aproximar da intersecção, sem ninguém mais na estrada, vi meu fornecedor entrando na rotatória e vindo na minha direção.

Ele me viu e eu o vi, e os dois pararam ali mesmo.

Eu já tinha ouvido falar sobre o que acontece se não temos uma boa ideia dos nossos limites com as pessoas: simplesmente voltamos a ser do jeito que conversamos com elas da última vez, de volta para aquele momento. E, da última vez que eu o vi, eu havia comprado drogas. Então voltei direto para aquele momento.

Ele disse: "Faz tempo que não te vejo, cara."

Eu podia sentir que estava voltando àquela situação, pensando, *Uau, que coisa louca*.

"Por onde você anda? Comigo, tudo tranquilo", disse ele.

"Estou sem o seu telefone. Melhor você me dar o seu número."

"Claro, anota aí. Sim, que tal hoje à tarde?"

"Tranquilo. Tudo tranquilo."

Isso ainda na rotatória.

Digitei o número dele no meu celular, mas ainda não tinha gravado. Era como se eu estivesse do lado de fora do meu corpo, me observando e pensando: *Caralho*. Dava para sentir a adrenalina tomando conta do meu corpo. Quando você é viciado, começa a sentir antes mesmo de usar, e eu estava sentindo a onda só de olhar para o número do telefone.

Falei: "Tá, eu te ligo." E ele: "Tudo bem. Hoje à tarde, às quatro, eu posso te encontrar."

Então combinei tudo e lá estava o número de volta no meu celular.

A onda arrebenta

Fiz a volta na rotatória num estado surreal, pensando: *Olha só o que você acaba de fazer*. Podia ver claramente: tinha a opção de gravar ou não o número e, sem nem pensar, deletei, *bum*. Logo depois eu já olhava pelo espelho retrovisor, pensando: *Preciso ir atrás dele*. Esses pensamentos insanos. Por sorte, havia uma pessoa que também se recuperava disponível para conversar comigo. Tudo o que eu precisava era falar com alguém ao telefone, contar o acontecido para alguém disposto a ouvir e que já tivesse passado pela mesma situação.

Precisamos disso. Uma pessoa que não entende o vício diria: *Mas o que você está fazendo?* A pessoa entra no modo automático de te julgar e não há como se recuperar assim.

Não vi o fornecedor desde então. Esqueci o nome dele. Não pensei mais em ir atrás dele. Ouvi falar que se meteu numa situação tensa em que havia armas envolvidas, mas quando eu o vi não parecia estar tão mal. O encontro com ele foi um sinal de advertência, um tapa na cara, porque as drogas estão sempre presentes, o álcool está sempre presente – mas o problema não são as drogas, sou eu.

Sabe, é bem desconcertante. É desconcertante o que pode acontecer, mas sempre temos a oportunidade. Sempre tenho a escolha de estar em recuperação ou ter uma recaída. Sempre há a chance de trabalhar num caminho espiritual, um passo de cada vez. É tudo o que temos.

Foi bem assustador. Como ter um nervo exposto. Não estava tão mal porque já tinha me entregado à recuperação. Mas voltar para casa e lidar com as coisas ali... E todas as pessoas. Tudo de que eu estava fugindo dentro de mim começou a aparecer, a ansiedade de quem eu era sem essas substâncias. Nos seis primeiros meses, senti muita ansiedade. As mãos e braços literalmente formigando de ansiedade. Como se tivesse algo embaixo da pele.

Imediatamente quis me desculpar com minhas filhas. Me senti muito culpado logo de cara, e era difícil abordar essa vergonha. Leva-se muito tempo para encarar a culpa; pelo menos eu levei. Ela não foi embora de uma vez. Eu precisava trabalhar diariamente o meu programa de recuperação e, mais ou menos uns três meses depois de sair, fiz um programa de prevenção. Voltava à clínica três vezes por semana e, no fim, ia só uma vez. Também passei a frequentar uma sociedade que seguia os doze passos, e isso me deixou receptivo a diversas mensagens. Como dizem nesse programa, o que importa são os princípios, não as personalidades.

Se não estamos preparados para observar como julgamos nós mesmos, começamos a julgar os outros.

Todo o tempo e energia que eu havia desperdiçado usando drogas ou indo atrás delas agora precisava ser dedicado à recuperação. Estava numa posição muito desconfortável, porque as pessoas ainda tinham muita raiva de mim. E eu precisava saber se era de fato raiva ou se não era outra coisa disfarçada de raiva. É difícil decifrar.

Dava para captar o volume de emoções contidas dentro de casa, e aí não há mais espaço – vivíamos numa casa enorme, mas a carga emocional da outra pessoa era tão grande que não era possível nem ficar perto. Para nós, tudo era oculto – até explodir de repente.

As pessoas precisam se separar um pouco, entender a si mesmas, voltar a ser elas mesmas. Mas essa decisão era assustadora. Foi Lisa que sugeriu. Decidiu sair de casa; já tinha admitido que precisava de um lugar dela para se entender melhor. Ela podia ver que eu estava determinado a me recuperar, mas ainda não confiava nem um pouco em mim. Muitas pessoas não confiavam em mim naquela época. Eu podia sentir. E por que confiariam? *Afinal, esse cara estava enganando a gente.*

Em algum momento, Lisa e eu nos divorciamos espiritualmente. Foi isso que o vício fez conosco. Destruí sua capacidade de saber quem *ela* era – foi esse o tamanho do estrago que causei. Para chegar ao ponto de descartar sua intuição, deixar morrer sua voz, se fazer calar... No fim, ela não sabia mais o que estava pensando. Descobrir tudo deve ter sido um alívio, porque fiz muitos jogos sutis com ela.

Era uma violência, uma coisa horrível de se fazer. Mas é isso que acontece quando esquecemos que somos humanos, quando esquecemos que a outra pessoa é humana também. Foi muito triste reconhecer isso.

Portanto, nosso casamento não conseguiu sobreviver durante minha recuperação. E, de qualquer forma, eu não sabia com quem queria ficar. Eu havia me perdido.

A onda arrebenta

Levamos certo tempo para passar por aquilo e, mesmo com toda essa disfuncionalidade exposta, sentíamos respeito suficiente um pelo outro – já tínhamos passado por tanta coisa na nossa vida juntos – para saber que tínhamos crianças lindas e que precisávamos pensar nelas, não em nós. Cuidar de nós para poder cuidar delas. (Não gosto de classificar as coisas como "disfuncionais" porque acredito que elas são o que são, e que às vezes precisam ficar ruins para podermos cicatrizar, para que nada fique fora do lugar.)

Porém, durante algum tempo as coisas ficaram terríveis e era difícil para Jenna, Mimi e Grace; elas não sabiam o que estava acontecendo com a mãe. Era difícil para Lisa expressar o que sentia e eu também não sabia como fazer isso – nós dois também éramos como duas crianças.

Houve muitas ocasiões em que eu tinha vontade de entrar no carro e fugir. *Tchau, vocês podem ficar com tudo. Até mais.* Esse era o meu comportamento habitual. Mas resolvi me apegar ao programa, praticar os passos, fazer as coisas sugeridas, ouvir o que as pessoas tinham a dizer. Comecei a ouvir de verdade o que diziam na terapia e nas reuniões e, mais ou menos depois de seis meses, senti que tudo começava a avançar.

Eu ainda viajava e tentava administrar novas tarefas e as crianças. Cozinhava e dava conta de todos os trabalhos domésticos. Lisa simplesmente disse: "Faz você. Cansei. Vou embora. Agora você lida com o que eu tive de lidar." Foi uma época difícil, tendo de encarar tanta coisa todos os dias, aprendendo a cuidar da casa, aprendendo a trabalhar num escritório, e tudo isso às vezes em meio a muita raiva, amargor, tristeza.

No trabalho, me deram algumas funções totalmente fora da minha capacidade. Eu não sabia como organizar nada. Pediram que eu ajudasse com o programa de pranchas de surf da empresa, que eu ainda acho totalmente desconcertante. Até hoje não sei direito do que se trata. Chris Athos era encarregado das vendas e meu porta-voz. Já nos conhecíamos havia certo tempo e tínhamos um bom relacionamento. Como ele era experiente com viciados em fase de recuperação, acabamos nos tornando amigos. Rob Brown também era das vendas e foi outra ótima companhia.

TC

Trabalhar no escritório todos os dias, tentar dar minha opinião sobre o programa de pranchas de surf e ter um emprego normal foi uma bênção naquela época, e eu me animei por poder sair de casa e entrar no ritmo de algo totalmente novo. Mas, muitas vezes, me via ansioso dentro do escritório e com dificuldade de entender o que estava fazendo, se minha presença de fato contava ali. Ainda era apegado à noção de gratificação instantânea. *Por que ninguém está percebendo o meu esforço?* Você leva um tempo até se equilibrar. Eu, na verdade, ainda sou bastante desequilibrado; sempre fico nervoso com as pessoas nesses ambientes corporativos.

Havia outros compromissos. Comecei a fazer pesquisa de mercado, visitando as lojas em Sydney. Isso foi interessante; ir para o oeste, visitar as lojas, conversar sobre os produtos, obter *feedback* para o departamento de marketing, coisas assim. Fiz isso durante todo o inverno de 2008 e gerei vários relatórios. Precisei viajar a Sydney, o que me deixava desconfortável, às vezes me perdia e o tempo todo me lembrava de quando eu usava. Pensava em fugir, talvez aquela fosse uma ótima hora para escapar. Mas, ao mesmo tempo, me obrigava a ser humilde, a completar a tarefa, falando com o pessoal de vendas, sendo informado de que o gerente não estava, que eu deveria voltar em meia hora. Precisei conversar com gerentes que não tinham o menor interesse e desenvolver novos relacionamentos, e eu percebia que aquilo era muito importante para resgatar minha habilidade de me conectar com as outras pessoas.

Ha, ha, ha, ha! Não tem como não rir. Você num escritório. É bom demais. Os outros caras de Newport ficam abismados com isso. Adoram o absurdo da coisa – Tom, o deus dourado, finalmente preso num emprego e fazendo as mesmas merdas que todo mundo faz há tempos. Tendo de trabalhar para sobreviver.

Acho que, no fim das contas, rimos porque é possível rir. Agora existe a possibilidade de rir de você de novo. Porque durante um bom tempo não havia do que rir.

Não muito tempo depois de você sair da clínica – você limpo, eu de

A onda arrebenta

muletas –, vamos de carro até o crematório e visitamos nossa mãe e irmã. Janet e Jo estão ali, as cinzas de ambas atrás de placas nas paredes curvas de tijolos do grande jardim no crematório.

O dia está ensolarado, mas as estações já estão mudando, virando o outono épico de 2007, quando as ondas das praias de Sydney surgem de um jeito que não ficavam desde que éramos jovens, em 1974.

Sentamos na grama, perto de Janet e Jo, e conversamos sobre coisas – não conversamos muito, na verdade, só nos sentamos ali, com a bagagem do que aconteceu, com a sensação nova de já ter assimilado tudo o que se passou. Todo o drama e os segredos já foram eliminados. O fato de podermos finalmente falar abertamente de nossas vidas.

Não sei ao certo se poderei surfar novamente ou se sua carreira vai sobreviver, mas pela primeira vez em quase quarenta anos isso quase não tem importância.

Às vezes me perguntam como estou, o que é legal. Mas não acho que elas, ocupadas com suas vidas, realmente queiram saber. Tem que ver com lidar emocional e espiritualmente com o mundo físico, e essa é uma situação cheia de confrontos. Elas resolvem não ligar muito, é meio "Bom, ele *parece* estar bem. Que bom vê-lo tão bem."

Mas a verdade é que não existe muita gente disposta a se analisar do jeito que preciso para manter minha recuperação. Às vezes, tenho vontade de compartilhar isso. E, como agora me sinto bem mais envolvido, porque posso estar mais presente para as pessoas em vez de ficar só viajando como antes, acho que elas chegam naturalmente em mim. O reconhecimento é sutil, mas existe. Muitas vezes, elas não precisam dizer nada.

Quem realmente me apoiou – Craig Stevenson, Pierre Agnes – pergunta como estou, como vão as coisas, e, por mais implacáveis que sejam com seus próprios objetivos, elas têm aquele lado da compreensão humana, eu posso ser sincero com elas. Sou realmente grato por isso. Porque todas elas poderiam muito bem ter desistido de mim. E sei que, com uma recaída, elas podem desistir. As pessoas sempre fraquejam e não há garantias, e todos já sabem disso, da vulnerabilidade do espírito quando o assunto é o vício – todos somos volúveis.

Saí vivo de tudo isso por um triz, por pouco, mesmo. Não tinha outra opção, na verdade, a não ser mergulhar na janela de oportunidade quando me joguei. Fiz isso porque sabia que isso tudo ia passar. Vi a primeira pessoa que me apadrinhou no programa tentar se matar. Sei o quanto estamos vulneráveis.

Mas a força vital está aqui, dentro de nós, e ela quer continuar. É uma força inexorável e ao mesmo tempo muito frágil.

Como nossos corpos. Nossos corpos tentam se recuperar o tempo todo. O tempo todo tentamos continuar vivos. Se você tentar se matar, se afogar na banheira, pegar uma faca e começar a cortar sua aorta, tudo em você vai resistir a esse impulso. Tem que ver com a vida, com reconstruir a vida. E, por mais pessimistas que possamos ficar, a verdade lá no fundo é que é uma questão de manter a constância, crescer, ajudar, nutrir essa vontade. Há muitas coisas dentro de nós, coisas muito poderosas. Enquanto houver uma oportunidade, mesmo quando estamos na merda, existe vida.

Parte cinco

Uma Saída

"Acho que o mais importante é a sinceridade. Ser quem você é [...] é bem mais forte do que tentar ser outra pessoa. Não importam as palavras que você usa nem o resto [...]. Se é algo que vem do coração, nada disso importa."

– Tom Carroll, *Surfing Life*, 1994.

Acho bem fácil arrumar malas. Mas já tenho uma fórmula. Só levo uma mochila com minha câmera, meu computador, o passaporte, a carteira e um diário. Coloco também um casaco para não congelar dentro do avião. Uma calça confortável, sapatos confortáveis e uma camiseta. Uma pequena sacola com poucos equipamentos e uma *nécessaire*. Não é totalmente minimalista, mas consigo ficar um tempo só com isso. Um bom tempo. Semanas. Coleciono coisas quando viajo, então é importante levar pouco, pois sempre gosto de trazer objetos, principalmente para Grace. É legal dar a ela algo que parece ser de outro planeta, esse é o barato dela. Fica curiosa para ver outros mundos. Gosto de ver isso nela, essa alma de viajante.

TC

Dezembro de 2011. Temporada de surf em North Shore. Você e Ross Clarke-Jones alugam uma casa em Mokuleia, perto da Farrington Highway, no tranquilo litoral a oeste de Haleiwa, fora da agitação da ilha. Mais ou menos uma semana depois de vocês se estabelecerem ali, pego um avião e vou até lá para começar as conversas que acabarão se transformando neste livro.

Chego e saio do aeroporto de carro no meio da manhã. Pego aquela estradinha cheia de curvas, recordando vagamente a história sobre a primeira vez em que você foi esteve no Havaí, aos dezesseis anos, e tentou dirigir a van naquela mesma estrada, sozinho, no escuro, e que essa história não me deixou surpreso na época. Uma época maluca que ficou no passado.

A casa fica numa rua empoeirada de frente para a praia. O acesso à casa é comprido e desemboca num gramado com vista para uma laguna – um cenário mais taitiano do que havaiano.

Dá para ver Ross surfando, pegando uma ondinha malandra de direita, não muito longe da laguna. Você está sei lá onde; adquirindo novas pranchas de surf, talvez. É algo que não te abandonou nessa fase de recuperação: a sorte do Tom Carroll para ganhar pranchas de surf. A boa sorte de ter gente te oferecendo pranchas novas a todo instante.

Ross sai da praia sacudindo a água, carregando uma das suas últimas aquisições, uma das duas pranchas feitas por Kevin Cunningham, um arquiteto que mora em Rhode Island que em seu tempo livre faz artesanalmente pranchas de madeira ocas com estruturas internas extremamente complexas, laminadas dentro de placas finas de madeira e com fino acabamento de fibra de vidro. Nem consigo imaginar o trabalho que deu para fazê-las, mas Kevin simplesmente... resolveu te enviar as duas, do nada, depois de vocês se conhecerem numa mostra de pranchas de surf na Califórnia.

Essas pranchas de madeira fazem companhia às Barons, duas pranchas novas de *stand-up paddle* de alta performance, feitas a mão com uma fina lâmina de fibra de vidro, e outras duas novas feitas pelo fantástico *shaper* Pat Rawson, uma superprancha para o próximo Eddie Aikau e uma bela 8'1", para surfar em Sunset Beach.

Uma saída

Ross está parando de fumar – bom, para ser mais preciso, anda lendo livros sobre o assunto. Ele me diz: "Tom diz que você dá graças a Deus por não fumar mais." Ele tem razão.

Fico observando vocês dois, um par esquisito, tão diferentes entre si e mesmo assim tão parecidos. Você sempre organizado, fazendo malas de um jeito tão bonito, enrolando as camisetas em cilindros apertados para que elas caibam melhor na mochila, divertindo-se com o equilíbrio e precisão que isso traz para os assuntos do dia a dia. Ross, no entanto, vai deixando um rastro de coisas espalhadas sem nem ligar; alguns dias depois, quando ele decide voltar para a Austrália, nada interfere nessa vontade – ele deixa bermudas no varal, comida na geladeira, recibos de aluguel de carros sobre as mesas, tudo à mercê de seus impulsos.

Você, mais uma vez largado no meio do vendaval do Ross, murmura sozinho, balançando a cabeça enquanto verifica os recibos, dobra perfeitamente os shorts e os deixa como presente para o próximo inquilino, se pergunta o que fazer com a comida. "Ele é sempre assim", você diz.

Tão diferentes e ao mesmo tempo tão parecidos: os dois são irmãos caçulas, perderam a mãe muito cedo e estão eternamente ligados pelas circunstâncias malucas da amizade.

Existe algo em Ross que me lembra o Twemlow. Não há um clima de barganha entre vocês dois, não há expectativas a cumprir. Ele é só seu amigo.

Certa manhã, vamos até Sunset e surfamos durante toda a manhã ondas de três a três metros e meio, mais ou menos sozinhos, só por diversão. Você pega a nova Rawson de 8'1" e ela imediatamente parte ao meio, em dois pedaços quase iguais.

Voltando para Mokuleia, paramos um pouco para ver a segunda rodada do Pipeline Masters. Kelly está surfando, além de vários outros. Ficamos algumas horas no pátio da frente da principal casa da Quiksilver, bem de frente para Pipeline, onde está reunido um grupo eclético. A elite da Quiksilver: Bob e Annette McKnight, Mark e Helen Warren, Bruce e Janice Raymond, e mais alguns surfistas de sucesso, como Reef Macintosh, Mark Healey e outros. Herbie Fletcher e seu colega cineasta/artista nova-iorquino Julian Schnabel, que usa óculos de lentes amarelas porque, segundo ele, tudo ali no meio do Pacífico é azul demais. E, num canto do pátio, um pequeno grupo de *grommets* talentosos de quatorze anos de idade fica circulando, respirando o ar rarefeito do ambiente.

Tudo isso custa centenas de milhares de dólares por semana e mesmo assim tem um ar estranhamente desleixado e informal, do jeito que o mundo do surf gosta de se ver até hoje, mesmo aqui no epicentro, no lar da Fera chamado Pipeline.

O surf ali é cheio de momentos decisivos, complicados, dramáticos – tudo o que se espera dele. Mas você é o primeiro a dizer: "E aí, vamos?" Fica abalado com a proximidade da situação, pela aura desse lugar onde viveu seus melhores momentos, as melhores expressões do seu compromisso tão fiel com o surf.

Enquanto vamos embora, no carro, você me diz: "Não sei quando vou deixar de me sentir assim."

Talvez no ano que vem, penso.

Talvez quando você tiver sessenta anos.

Talvez nunca.

REINICIAR

No fim de 2007, fiquei dividido financeiramente. A compensação que eu recebia da Quiksilver diminuiu e isso foi um jeito de acordar para a realidade, assim como para todo o resto. Era importante mudar – ter algo estruturado para fazer, algo novo que eu não tivesse feito antes. No começo, me sentia muito ansioso, principalmente nos primeiros seis ou doze meses. Minha cabeça estava cheia de ideias.

Pegava o carro e ia trabalhar sem saber o que fazer, como estruturar o meu dia, ou com quem me comunicar e nem de que recursos precisava para realizar o trabalho. A empresa sempre estava disposta a ajudar, mas eu não tinha essa consciência na época. Ficava ali, preso atrás da mesa, muito ansioso, desorientado.

Fiquei encarregado de trabalhar na marca de pranchas de surf da Quiksilver, analisando maneiras de desenvolvê-la para os departamentos de venda. Chris Athos, que liderava o programa de vendas na época, trabalhava no mesmo escritório e viu de perto a minha recuperação. Era ele quem ficava de olho em mim; sabia o que estava acontecendo e foi um ótimo amigo, sempre me apoiava. Não tinha nenhuma ilusão sobre o que poderia acontecer. Passou uma lista de coisas para que eu estruturasse melhor o meu dia – coisas que eu precisava fazer. Um monte de coisas para organizar o trabalho. Me senti bem mal com aquilo; pensei: *Será que eu estou atrapalhando?*

TC

Minha mente ainda se encontrava no modo "Coisas Grandes" – eu acreditava que tudo que fizesse tinha de ser grandioso, trazer grandes resultados. Não obter os grandes resultados que esperava de mim e de outras pessoas era muito frustrante. Minhas ideias sobre o programa das pranchas de surf não se encaixavam na realidade e eu não sabia comunicar isso claramente, então só deixava as coisas rolarem. Queria envolver certos fabricantes de prancha no processo e fazer as coisas acontecerem, mas não há uma margem de lucro muito grande no ramo de pranchas de surf; para uma empresa como a Quiksilver, as pranchas servem mais para marketing, para aproximar a marca do surf genuíno. Funcionaria desde que eu mantivesse tudo tranquilo e não tivesse muitas ambições, mas pensava todo tipo de coisa, imaginando como fazer isso ou aquilo.

Cuidar da pesquisa de mercado era um pouco diferente. Eu preparava relatórios semanais sobre o mercado para a diretoria e isso era interessante. Assim que consegui me sentir mais tranquilo no trabalho, pude me concentrar e gostava da sensação de cumprir e entregar tarefas, por mais que não soubesse exatamente como o que eu produzia seria utilizado. Mas o mais legal é que a estrutura no trabalho permitiu que eu criasse um ritmo dentro de casa. Na maior parte do tempo, eu e as meninas conseguimos levar numa boa. Foi bom para mim ter tudo isso acontecendo ao mesmo tempo. Uma mudança imensa no meu estilo de vida que me ajudou a entender o que as outras pessoas fazem no mundo.

Deixei os exercícios de lado. Durante um ano ou dois precisei deixar meu corpo se deteriorar. Não tinha tempo para cuidar dele, e não acho que seja muito bom no começo da recuperação se entregar às atividades físicas; você pode acabar usando o treino como um tipo de vício.

Meu corpo ficou totalmente caótico. Havia algumas coisas acontecendo comigo. A primeira era que meu corpo estava se ajustando a uma vida sem drogas. E isso leva tempo. Meu corpo havia passado por um mau bocado, não só por causa das drogas mas por viver sempre com medo. Isso não desaparece de uma hora para outra. O corpo fica muito tenso. Antes, meu combustível eram as drogas e a adrenalina – ou eu me conectava intensamente ou não me conectava. Não surfei de maneira consciente; foi uma atividade absurdamente intensa, insana. Tinha uma

Uma saída

ilusão de conexão; eu achava que estava fazendo o máximo sob efeito das drogas mas, na realidade, a qualquer momento eu pensava em outras coisas. Não sabia quem eu era.

Então, quando precisei reprogramar o meu cérebro e meu corpo, surfar parecia uma atividade sem graça. Cronometrar as ondas era difícil e eu não me divertia tanto quanto antes, já que meu cérebro estava tentando voltar ao nível normal de produção de endorfina. Todo o ciclo de serotonina e dopamina estava fodido. Isso demora para voltar ao normal. Então de repente eu estava lá, remando, me sentindo novamente envolvido na atividade, e meu corpo se movimentava de um jeito diferente: mais duro, sentindo mais dor. Eu sentia tudo. Estava lento, ficava cansado depois de surfar.

Uma coisa que agora eu podia fazer era rir até doer a barriga, o que era uma sensação muito boa.

No fim das contas, o corpo começou a reagir; surfar voltou a ser legal. As ondas e o mar eram sem dúvida o lugar onde eu mais amava estar; o mar reagia a mim de um jeito muito positivo. Um relacionamento que sempre existiu e que agora estava voltando.

Mesmo assim, ainda não conseguia emplacar sessões de mais de uma hora na água, mais ou menos. A vida em geral ainda estava bem caótica porque eu novamente assumia responsabilidades, o que não me deixava muito tempo. Mas eu ainda pensava no meu surf de um jeito grandioso e sabia que precisava mudar muitas coisas. Dizem que, durante a recuperação, é preciso mudar tudo, e a ideia que eu tinha do meu surf também teve de mudar.

Então surgiu o *stand-up paddling* e isso foi uma bênção; perfeito para mim naquela época. Talvez eu tivesse tido dificuldade para avançar com o surf, mas o *stand-up* era um desafio. Eu era muito ruim! De repente, ondinhas muito pequenas facilmente me derrubavam. Eu! Não conseguia mais pegar ondas, me atrapalhava e caía, não sabia como usar o remo, achava que as pranchas eram ruins... achava tudo péssimo.

Mas eu sabia que havia alguma coisa ali que eu realmente queria dominar, entender. Para mim, era bom ter de ser humilde – eu já tinha ficado nessa situação – porque era o estado perfeito para o aprendizado.

TC

Fui para o Havaí e lá havia caras praticando *stand-up*. Fiz amizade com Dave Parmenter em Makaha, e Brian Keaulana e Blane Chambers. Bruce Raymond também estava começando a praticar. Além disso, era algo *novo*; todos estavam animados, genuinamente interessados, já que o surf se parecia mais com uma necessidade, como respirar ou andar na rua. Certamente não estava me sentindo totalmente realizado com o surf, mas aquilo representava outro nível de envolvimento. De repente, via o mar de outra maneira, ali em pé, observando, tentando cronometrar a ondulação. Como havia novos movimentos e era um jeito de surfar totalmente diferente, a modalidade despertou em mim essa intensidade insana de que precisamos para aprender e atingir certo nível de especialização, e eu mais uma vez me vi nesse estágio de entusiasmo.

Era perfeitamente novo e sutil e, de certa forma, um verdadeiro desafio para o meu corpo. Apareceu na hora certa para mim – em termos físicos, mentais e espirituais. Isso me despertou e me conectou novamente ao oceano. Eu pegava o carro e ia para lá e para cá com várias pranchas enormes e remos, tentando remar nos dias agitados, surfando na beirada do Caminho, eufórico, fisicamente exaurido. Levou um tempo para que eu voltasse a ter a resistência necessária para evoluir com técnica e estilo.

O inverno daquele ano começa explodindo numa enorme tempestade que deixa o mar revolto, castigando as praias, expondo camadas de areia enterradas havia trinta anos – antes de Newport Plus, antes do Pro Junior, dos títulos mundiais, da fama e da glória, das drogas, dos casamentos, dos filhos, de tudo.

Obviamente vamos para a praia, eu com muita dificuldade, tentando usar a perna que ainda está sarando. Você descolou uma tandem de três metros e meio feita por Laird Hamilton – Laird! o Super-Homem dos quadrinhos do surf – e um único remo com cabo comprido, e agora tenta desbravar a arrebentação sempre que aparece a oportunidade.

A prancha é tão grande que mal cabe no teto do carro. Você nem consegue carregá-la com o braço. Coloca-a sobre o ombro e desce a pla-

Uma saída

taforma até o Pico, uma pequena figura musculosa tornada diminuta pela magnitude da Laird.

Mas as suas tentativas lentamente viram outra coisa. Num dia de começo de primavera, com ondas pequenas e raras, te observo enquanto você rema perto do Pico e de repente fica de joelhos e vira o remo de alguma maneira e a Laird gira 180 graus quase no mesmo lugar. Com duas ou três remadas rápidas, você entra na onda e sai surfando, impávido, a sua pose com um ar curiosamente nostálgico, como se fosse uma gravura rupestre entalhada numa rocha do Havaí. O remo faz um rastro atrás da prancha, a lâmina tremulando na superfície.

Enquanto remo, rio e grito alguma coisa na sua direção. Você ri de volta e cuidadosamente levanta a Laird em outra manobra.

Lisa mudou-se para a Neptune Road, te deixando na casa da colina, e as meninas vão de um lugar para o outro: Jenna tentando sua carreira de bailarina no país e no exterior, Mimi no ensino secundário e começando a fazer *snowboarding*, Grace frequentando a escola primária de Newport – a mesma que frequentamos há quarenta anos –, correndo com suas pernas fortes e esguias no playground.

Os caras de Newport não sabem bem o que pensar desse novo Tom que não usa drogas. Eles gostam – reconhecem traços da sua personalidade, o Gobbo que aos poucos volta à tona – mas isso entra em conflito com o que você se tornou. O *grommet* talentoso e egoísta; a estrela humilde do surf; a figura furtiva e distante dentro do carro; e agora essa pessoa desconhecida e experiente, de olhar gentil, que nunca bebe nas festas. *No que será que ele vai se transformar agora?*, eles pensam. *O que vai acontecer?* Resolvem só tirar sarro do seu *stand-up* sempre que possível.

Estranhamente, a vida continua.

No meio de 2007, você recebe um telefonema de uma jornalista chamada Annette Sharp, da seção de fofocas de celebridades do Sun-Herald. Alguém vazou para ela a informação de que você passou um tempo numa clínica se recuperando.

E lá está, na edição seguinte: "Surfista Tom Carroll Internado em Clínica Privada."

TC

Merda, eu penso. *Lá vai.*

Mais estranhamente ainda, não acontece muita coisa. Claro, você não é uma celebridade barata de *reality show*; o surf agora não é um jeito de tentar ser famoso como era na década de 1980. Mas, por baixo disso tudo, dentro da própria comunidade surf, começo a entender a força da boa vontade que as pessoas têm em relação a você – o mundo do surf resolve proteger seu campeão na hora da necessidade. De certa forma, é uma recompensa por todos os anos em que você foi o Pequeno Tommy, pela Rasgada Que O Mundo Inteiro Ouviu, por tudo que ela te custou.

Eu tinha me desligado completamente da imprensa. Deixei de ler jornais, de ver TV, me concentrei na minha rotina durante o dia, realmente focado. Foi algo muito difícil e me dava grande alívio. Quando eu me sentia estagnado, conseguia recuperar o foco mais facilmente. Não lia a imprensa especializada, não via nada.

E aí veio o telefonema. Lembro que estava falando com ela no telefone, pensando: *Não posso mais falar com essa moça.* Graças a Deus não falei.

Era uma fase bem difícil. Precisava aceitar que as pessoas saberiam de um jeito ou de outro, mas eu estava bem no meio da curva de aprendizado de como lidar com a recuperação no mundo lá fora, seis meses depois de sair. É muito assustador. Um processo tão frágil e as chances de recuperação são, na melhor das hipóteses, muito pequenas. Durante o tratamento, ouvi falar que o estágio inicial da recuperação durava dois anos e meio e simplesmente morri de medo; achava que nunca chegaria lá.

Quando se está num estado frágil assim, ou vem a vontade de falar tudo para todo mundo ou de se recolher, voltar à escuridão. Não da para avaliar a própria energia. Ou você faz demais ou faz de menos. A doença sempre fica à espreita.

Minha primeira reação foi querer contar para o mundo inteiro, mas todas as pessoas próximas que me ajudavam na recuperação diziam: Não diga nada. Estamos aqui do seu lado. Nick e papai recomendaram: não dê atenção para essa jornalista porque aí ela vai se aproveitar.

No fim, tudo isso fez parte da curva de aprendizado. A grande imprensa não estava toda reunida do lado de fora da clínica, tentando derrubar a porta. E a imprensa especializada foi muito, muito bacana, e eu sou muito grato a isso. Eles me respeitaram num momento muito difícil. Disse a eles: quero manter o assunto privado por enquanto, e eles respeitaram. E não precisavam. Podiam ter partido para cima de mim.

Assim que aquele artigo foi publicado, passei a ver as pessoas de outro jeito, como elas eram de fato. Mas não perdi ninguém que realmente considerasse meu amigo. Algumas amizades se fortaleceram depois que voltei para casa. Se eu decidisse voltar ao que era, tudo isso desapareceria. Leva muito tempo para recuperar a confiança das pessoas e, mesmo assim, você não recupera totalmente.

Lembro de uma ocasião em que eu estava em Victoria e entrei numa loja da Quiksilver. Já estava limpo havia alguns meses. Tony Ray trabalhava lá. Estava muito confortável na minha própria pele, muito presente na minha vida. E o Tony Ray disse: "Oi, Tom, faz tempo que não te vejo."

Ele sabia de alguma coisa, eu não sabia bem o quê, então contei para ele tudo que havia acontecido. E ele disse: "Uau, Tom. É como se eu estivesse te conhecendo agora, pela primeira vez." Nunca vou me esquecer disso. Me comoveu porque era real, um reconhecimento sincero de que eu havia chegado até ali. Era uma mensagem sutil de que eu estava no lugar certo, que devia perseverar, ser eu mesmo.

É sempre bom ouvir opiniões sinceras assim. Também precisei aprender a ser sincero com as pessoas. Antes eu não conseguia, pensava: Hum, será que estou falando a coisa certa? Mas, agora, vejo que é muito simples. Estar presente na vida das pessoas. Estar aqui.

OS PASSOS

Os encontros acontecem em qualquer lugar, caso você queira comparecer. Em Avalon, Dee Why, Maroubra, Mona Vale, Los Angeles, Honolulu, e você vai uma vez a cada dois dias. Às vezes vai feliz, às vezes, triste, como alguém que sai de casa para trabalhar num emprego do qual não gosta muito.

Não sei ao certo o que está acontecendo nesse outro mundo que você está abraçando, um mundo que ainda me é desconhecido. Percebo que te faz bem, mas não parece te trazer muita alegria.

Sem querer me convidar para uma dessas reuniões, resolvo ler a respeito, observar e ouvir. Pelo jeito, muita gente já frequentou. Muitos conhecidos nossos. Algumas pessoas desdenham abertamente os passos. Outras ignoram. Outras ainda consideram uma versão mais suave de uma religião. Hunter, que já frequentou reuniões do AA, diz que não suporta o ar de superioridade moral dos encontros.

No fundo, tenho a impressão de que todos estão morrendo de medo. Ao analisar os passos, percebo por quê. A necessidade de admitir a própria impotência. Entregar nossa vontade a uma força superior. Buscar Deus da maneira como o interpretamos. Fazer uma investigação moral de nós mesmos. Admitir a natureza de nossos erros. Estar disposto a reparar esses erros. Quem é que faz essas coisas? De livre e espontânea vontade?

TC

Muita gente, ao que parece. Murray Close fez; foi assim que ele descortinou a magia para mim. Você também.

～

Quando, num dos encontros, li pela primeira vez um pôster com os doze passos, pensei que só de ler já estava praticando. Daquele jeito: *isso aí eu faço sem problema, isso aí também, essa parte aí eu não entendo, portanto vou ignorar, mas essa outra coisa eu tiro de letra.*

No programa dos doze passos, é preciso responder perguntas que normalmente não faríamos a nós mesmos. Digo que é um programa, mas é basicamente um caminho de perguntas e respostas, e também de compartilhamento do processo com alguém que já passou por ele. Dizem que os três primeiros passos servem para estabelecer uma relação com um poder superior; os três seguintes, para estabelecer uma relação com você mesmo; os outros três, para melhorar o relacionamento com as outras pessoas; e os três últimos para a manutenção e a transmissão da mensagem ao mundo, para que assim o ciclo se feche.

Os três primeiros passos, na verdade, falam sobre enxergar além de nós mesmos. É algo bem difícil de se pedir a um viciado egocêntrico que vive apenas de acordo com suas próprias ideias, ou que usou as pessoas, ou que mede tudo de acordo com o modo como quer se sentir, sem ter nenhuma fé na realidade. Nesse estágio, você ainda é muito mesquinho e egoísta.

Com esses passos, trabalhamos a honestidade, a receptividade e por fim a disposição. A honestidade é o primeiro passo. Depois vem a receptividade ao fato de que é possível voltar a ser mentalmente são, porque sem dúvida o vício te deixou louco. E, em terceiro lugar, pedem que estejamos dispostos a entregar nossas vidas a uma força divina, de acordo com a ideia que cada um de nós tem dela.

Naquele ponto, eu ainda rejeitava Deus. A ideia de Deus simplesmente não funcionava. Minha ideia de Deus não era lá muito saudável.

Mas não precisa ser uma personificação: basta que seja um deus compreensível para mim.

Uma saída

Todo passo começa com "nós". Todos trabalham nos passos juntos. Não é "eu" ou "minhas coisas". Portanto, assim que chegamos no terceiro passo, a última coisa que você quer é ficar à mercê de outras pessoas. Você fica meio *Ah, vai se foder! Eu faço o que eu quero!* É difícil, eles te pedem para tomar uma decisão, e pessoas viciadas não são muito boas nisso de tomar decisões. Preferimos que decidam por nós, ou então fazemos algo que manipula o codependente a tomar a decisão em nosso lugar. No fim, você acaba não andando muito com as próprias pernas.

Mas esse passo é necessário para quem precisa se livrar das obsessões e dos comportamentos compulsivos.

Escrever o terceiro passo e compartilhá-lo com o meu padrinho da época foi algo bem forte. Aí eu compreendi de onde vinha a minha força de vontade.

Tudo tinha que ver com a minha força de vontade. Quando me drogava, eu pensava: *Por que você é tão fraco? Você é um fracote. Fica dizendo que não quer mais fazer isso, mas vive fazendo. Qual o motivo dessa fraqueza?* Mas é precisamente a nossa força de vontade que nos mantém no vício. Sua força de vontade acaba virando uma arma que você usa contra si mesmo, em vez de uma ferramenta para viver a vida. E isso você não consegue enxergar.

Sabe quando consegui apagar o número do fornecedor do meu celular? Num viciado convicto, a química cerebral está tão modificada que ele perde a capacidade de fazer aquilo. A pessoa sente uma vontade e se curva a ela.

Pensa e faz. Regride ao estágio animal do cérebro, o hipotálamo. Durante todo o dia, seus pensamentos são uma reação direta disso. Mesmo que você desesperadamente não queira fazer uma coisa, você acaba fazendo.

Mas no caso do meu fornecedor e do telefone, houve um hiato. E conseguir atingir esse hiato entre os pensamentos e as ações é basicamente a coisa mais importante para a recuperação: você reorganiza seu cérebro, reconecta certas coisas. Já foi provado que a meditação e a reflexão, o ato de parar e refletir sobre a dor emocional que estamos sentindo, altera a química cerebral – o ato permite que esse hiato de escolha se desenvolva. É possível, fica bem evidente que você consegue.

E eu via indícios de que isso era possível para mim.

Naquele estágio, aprendi a usar regularmente a prece junto com a meditação; a prece do terceiro passo, a "Prece da Serenidade", tornou-se uma espécie de pedido para o universo que vinha direto do coração. É isso que ela é para mim. Assim que consegui acreditar um pouco no processo de recuperação, consegui ter fé suficiente para realizar os passos quatro e cinco: voltar a ter uma relação comigo mesmo, fazer as pazes com o passado, todos os problemas e danos causados, a vergonha e a culpa.

Percebi que, no passo quatro, quando é preciso escrever nossas mágoas e ressentimentos, primeiro você pensa: *Eu não guardo mágoa de ninguém! Sou uma pessoa legal.* E aí, quando começa a escrever, você pensa: *Minha nossa, olha só quanto ressentimento tenho guardado dentro de mim!*

Pensar que eu sentia mágoa da minha mãe era uma ideia meio incômoda. Mas de alguma forma eu sentia. Quando fiz o quarto passo, não cheguei a escrever isso, mas sabia que esse sentimento existia. Quando eu estiver mais preparado, poderei lidar com ele. Mas sei que ele existe.

Fazer um inventário moral implacável de nós mesmos: essa é bem difícil. Levei um ano e meio para conseguir. Esse nível de sinceridade consigo mesmo nem sempre é fácil de alcançar. Mas rolou, compartilhando e escrevendo a respeito, me questionando sobre coisas que eu nunca havia analisado, em áreas da minha vida que eu não me atreveria a investigar por conta própria.

Acabei de passar pelo sexto passo, que examina todos os defeitos e seleciona os de maior relevância: complacência, fuga, autocrítica. Características que fazem parte da vida de todo mundo, mas que são mais pronunciadas na vida de um viciado. Tive de escrever formalmente os meus defeitos e falhas... Levei mais ou menos dois anos nisso. Como é um passo muito longo e penoso, acabei postergando.

No passo sete, é preciso rezar para que meus defeitos de caráter sejam eliminados. São defeitos que existem há anos e surgem em momentos de estresse, quando nossa mente enxerga só algumas opções e não há um hiato entre o pensamento e a ação. Sob estresse, nosso comportamento fica mais aguçado, mais impulsivo. Em mim, isso se manifesta

Uma saída

como fuga, autocrítica muito severa e incapacidade de me perdoar ou perdoar as outras pessoas. É preciso ter muita coragem para pensar *Tudo bem, é possível tentar outra coisa*.

Escrevi bastante, coisa que não gosto muito de fazer; tive de sentar e ter paciência comigo mesmo. Responder perguntas que jamais pensaria em fazer a mim mesmo, no papel, é uma experiência catártica para a alma – você tem uma conversa consigo mesmo e as coisas saem. É exatamente o oposto do que fazemos no mundo lá fora. São coisas guardadas há muito tempo.

Uma investigação moral implacável de si mesmo! Listas de defeitos próprios e danos causados. Fico imaginando você escrevendo coisas num caderno, depois olhando, lendo e escrevendo de novo, suportando as ondas de vergonha, medo e tristeza que sente, conversando com Murray e outras pessoas sobre o assunto, tentando se agarrar àquela base sólida dentro da sua mente.

Tudo isso parece tão distante da vida no mar, a água salgada sobre a pele, o medo, a adrenalina, a reação rápida e animalesca aos movimentos, o olhar sobre a luz e as sombras, o vento, o ritmo das ondulações, a sensação momentânea de voo na parede de uma onda. O oceano, onde não existe hiato entre pensamento e ação, onde o erro é premiado com uma vaca. Tão simples! E depois é só voltar remando.

Penso nos surfistas, tantos surfistas incríveis, que nunca conseguiram reconciliar as duas coisas; para quem o mar foi demais e a terra nunca bastou. Sentiram a magia do primeiro e a realidade árida da segunda e nunca foram capazes de encontrar um equilíbrio.

Vários deles agora estão muito além dessa escolha. Mas quantos escolheriam trilhar o mesmo caminho que você?

Nele não há fama, dinheiro, uma Vitória Grandiosa; quase ninguém sabe o que você está fazendo. Mas você persevera mesmo assim, se esforça para construir uma base sólida para a própria vida, um dia de cada vez, como eles dizem no programa. Porém, é sempre arriscado. Em outubro de 2010, chega a notícia da pior coisa que pode acontecer com um surfista profissional: Andy Irons, aos trinta e dois anos, grande, forte e o único surfista à altura de Kelly Slater, é encontrado morto no quarto do hotel do aeroporto de Dallas/Fort Worth pela camareira.

Segundo o médico-legista, houve duas causas para a morte: primeiro, insuficiência cardíaca; segundo, overdose de cocaína.

Poderia ter sido você, eu penso. E aí vem o pensamento seguinte: *É normal as pessoas fraquejarem, terem recaídas.*

Resolvo deixar isso de lado. Não quero pensar no assunto.

Foi muito, muito triste para mim. Nunca vou me esquecer o quanto isso me abalou, o quanto ainda carrego essa tristeza comigo. Andy deixava transparecer muito o seu lado humano, sua vulnerabilidade. Foi algo muito próximo da minha vida na época, mas eu não imaginava que viesse ter um impacto tão grande.

Sabia que as coisas andavam difíceis para Andy. Depois que ele ganhou a competição em Teahupo'o naquele ano, lembro de ver entrevistas com ele falando que gostaria de ganhar só mais um prêmio e pensei: *Hã? Como assim? Ele ainda é jovem, pode até voltar ao pódio se quiser.* Ele havia feito essa escolha de ser feliz ganhando só mais uma competição e, ao fazê-la, ela mostrou seu potencial de uma maneira totalmente diferente: ou ele ia se matar ou ia se tornar grande à sua maneira.

Na época da cerimônia em Kauai, eu estava no Havaí e pude pegar um avião até lá. Já estava havia algum tempo na fase de recuperação, participando dos encontros, ouvindo aquelas histórias e todo o resto, sobre como o vício pode acabar com a nossa vida, e, quando me falaram o que estava acontecendo com o Andy, simplesmente rezei por ele. Porque é só isso que dá para fazer.

Eu sabia que Andy não dormia no ponto. Ele fazia o que todos os viciados inveterados fazem: se drogam. Com o que estiver disponível. Passa por cima de todo mundo. Você usa as pessoas e se cerca de quem te deixa usar drogas. E pronto, mais uma vida se vai. O que um grande surfista como ele estava fazendo, morrendo num quarto de hotel no Texas? É absurdo, não faz sentido. Mas é assim que a doença se manifesta se você escolhe não se tratar:

Uma saída

você acaba se colocando em situações em que nem mesmo queria estar.

Depois de ir a Kauai, fiquei uma semana deprimido, às vezes quase entrando em desespero. Porém, havia muita gente do meu lado. Se eu não tivesse essa conexão com as pessoas, esse tipo de coisa poderia ter me derrubado, e aí nem sei o que seria de mim depois.

Sinto que preciso continuar falando sobre o assunto. Quando me calo e fico guardando os pensamentos e ideias só para mim, é aí que mora o perigo.

Conheço um cara que ficou quinze anos limpo. A sua droga era heroína. E aí ele começou a tomar analgésicos. Passou seis anos – que depois viraram vinte e um – tomando, sempre dizendo que estava limpo. Tomando oxicodona, essas coisas. Resolveu alugar a própria casa por uma boa grana e – *pou!* – lá se foi ele. Voltou a usar heroína. Eu o vi no meio desse processo. Puta merda. O cara levou um tempo para voltar ao normal. Ele me ajudou muito.

É a doença. Ela nunca acaba.

Compareci a uma reunião em Waikiki numa manhã chuvosa, um encontro chamado "Doze Cocos". É um encontro muito bom. O pessoal que administra acabou de sair do vício. Como não têm a mesma rede de segurança social que temos, alguns deles são meio doidos. Malucos. As coisas ali podem ficar um pouco insanas às vezes.

E lá tinha um cara havaiano no meio da sala, segurando um guarda-chuva aberto. Acho que ele só queria ser diferente. No fim do encontro, decidiu que era hora de contar sua história e foi lá na frente. Tinha uma voz retumbante, um jeito de falar bem havaiano, pude reconhecer o sotaque de North Shore, agressivo, forte. Estava sóbrio havia anos, dedicando-se ao beisebol, a treinar outras pessoas. Muito animado! E ele disse: "Pelo menos agora posso viajar! Posso sair dessa merda. Tenho o mundo inteiro para ver ainda."

E aí eu levantei e falei também, e vi que os olhos dele se iluminaram, como se me reconhecesse, *Caramba, é ele!*

Depois da reunião, ele veio até mim e me deu um forte abraço. "E aí, cara! Lembra de North Shore? Terra sem lei, aquela porra! Lembra dos caras? Mickey Neilsen, Marvin, Junior e todo o resto?"

Era um dos caras com quem eu surfava, um sobrevivente, e ali estava ele, todo animado, dizendo: "Caralho, amigo. Tivemos sorte. Nós conseguimos."

SINAIS DE CRESCIMENTO

Lisa e Corky logo engatam um namoro, mas você fica solteiro um bom tempo. Desconfiado dos relacionamentos, esse é o verdadeiro Tom Carroll; e, de qualquer modo, o pessoal da recuperação sugeriu mesmo que você ficasse um tempo solteiro. Dizem que é bom ficar algum tempo sozinho depois do início do processo de recuperação. Entrar num relacionamento pode virar uma maneira de evitar a si mesmo.

Rio sozinho, lembrando do Monty arrancando os cabelos por causa de Elizabeth, quando ele achava que ela ia te atrapalhar na conquista do título mundial.

Mas aí vem a surpresa. Em 2007, quando estava tentando pagar o tratamento da minha perna, fiz um anúncio para vender uma das pranchas de corrida Van Straalen. A compradora foi uma certa Mary Graham, membro da pequena comunidade que rema no mar de Northern Beaches. Gostei da Mary. Ela é forte, graciosa. Me encontrou no estacionamento do clube de Newport, pagou a prancha à vista e saiu com ela no teto de seu Mazda limpo e arrumadinho.

E aí, dois anos depois, você a chama para sair! Mary Graham, a ruiva neozelandesa que quase rema mais rápido do que você. Tudo parece voltar ao normal.

5 de dezembro de 2009. Falta pouco para o sol se pôr e estamos senta-

TC

dos dentro de um carro alugado, olhando a baía de Waimea, observando o *swell* que se anuncia. A noite está tranquila; nuvens fofas pairam entre o vento alísio e a brisa leve que vem do mar. O ar, quente e úmido, suaviza a luz cada vez mais fraca de tal forma que a areia da baía parece uma pintura impressionista, meio iluminada, meio sombreada.

Bem mais tarde, depois de o último surfista ir embora, surge uma única linha de *swell* no mar – uma linha que se estende para fora da baía, dos dois lados.

Depois surge mais outra. *Swell* com inclinação noroeste. Contamos o intervalo entre elas: vinte e dois segundos.

North Shore está elétrica. Há uma estranha eletricidade no ar que não combina com o céu calmo e o mar sinistro. A competição da Quiksilver em memória de Eddie Aikau, o maior evento do surf, foi adiada para o dia seguinte, e a única pergunta que fica é qual será o tamanho das ondas.

O Eddie. Só o convite já é prioridade na vida de qualquer surfista campeão. Em vinte e cinco anos, o evento ocorreu só sete vezes. Ross ganhou, e também Kelly, Clyde Aikau, Noah Johnson, Keone Downing, Bruce Irons e o jovem Denton Miyamura no primeiro ano. Nenhum deles é *goofy*.

Desde 1990 você é convidado todos os anos, mas não pôde comparecer três vezes, quando obrigações de família te impediram de pegar o último voo para Honolulu. Na época, você tentou mas não conseguiu deixar de lado esse ressentimento. *(Ninguém me deixa fazer o que eu quero!)* Agora o ressentimento ficou no passado, num mundo anterior à recuperação, mas a memória persiste.

Agora você anda preocupado, aéreo, com a mente distante, em algum lugar que só você conhece de fato, planejando o seu dia. Você liga para as pessoas do seu celular, depois esquece que ligou e liga de novo. Imagino-as do outro lado rindo disso. Típico do Tom.

Dizem que Eddie é quem escolhe o ganhador, que ele manda uma série de ondas na hora certa para a pessoa certa, quem quer que seja – aquele que mais precisa na vida. Sinto aquela pontada de expectativa da época da turnê profissional, uma sensação quase esquecida. *Você foi um bom menino*, penso. Fez tudo direitinho. Talvez Eddie te escolha.

Uma saída

O mar ruge noite afora com um som que não existe em nenhum outro litoral. A arrebentação tem uma nota *basso profundo* capaz de fazer tremer as casas. Lá pelas seis, o dia amanhece chuvoso e cinzento, debaixo de uma leve garoa e vento lateral, e há vários carros na estrada principal que vai para Waimea. Muitos. As laterais da Kamehameha Highway estão entupidas de carros, desde Log Cabins, a mais de três quilômetros da baía. Pessoas de mochila andando debaixo da garoa, carregando cadeiras de praia, rumando para lá.

O trânsito está parado. Uma loucura.

A luz do dia tenta penetrar as nuvens e eu te encontro no estacionamento de Waimea. Vamos andando e correndo, carregando pranchas gigantes, até a parte da baía onde está o "keyhole"*, vendo as ondas enormes e cinzentas explodirem nas saliências das rochas.

Pensando em conseguir alguma entrevista exclusiva no line-up de maior relevância do mundo do surf, enfio uma câmera à prova d'água no bolso de trás. A câmera sobreviveu às enormes ondas em Teahupo'o, mas não consegue sobreviver nem mesmo à viagem pela arrebentação na baía.

Parece inútil tentar imaginar o tamanho das ondas. Grandes o suficiente para criar *closeout* nas ondas da competição. Ou seja, sete metros ou mais, mas elas estão irregulares e fortes, a costa reverbera com o impacto, a água espirra entre o *line-up* e a praia. Lá naquela zona incrível do surf, você, Ross, Shane Dorian, Kelly, Sunny Garcia e alguns outros – surfistas acostumados com a adrenalina – separam-se do restante e saem à caça dessas ondas colossais e irregulares, com um brilho revelador nos olhos.

Em dias assim, é fácil perder os outros de vista, então, depois de algumas horas ali, fico só um pouco surpreso ao perceber que não te vejo há quarenta minutos.

Uma onda inócua de quatro metros e meio quebrou inesperadamente bem em cima de você, empurrando sua perna esquerda para o lado, contra a prancha. Seu tornozelo entorta até não poder mais.

Lesão do Tom Carroll Número... qual é mesmo? Cinco.

---

* Nome dado à pequena área por onde se entra na arrebentação da baía de Waimea. [N.T.]

TC

Lesões acontecem quando não estamos prestando atenção. Mas lembro que naquele dia em Waimea eu não estava prestando atenção em nada. Realmente queria entrar, estava começando a esquentar. E aí veio a onda. POU! Sai daqui, seu *haole*!

A lesão aconteceu num momento importante, quando eu me sentia bem em relação ao meu surf. Estava bem comigo mesmo, mais preparado para calcular as manobras, sem precisar sair do meu próprio corpo, como já havia feito antes.

Então foi um choque muito grande quando aconteceu. Mas, ao mesmo tempo, estava mais preparado para uma lesão como aquela do que em qualquer outro momento na minha vida. Assim que aconteceu, tive a capacidade de entregar os pontos, pude voltar para a praia focado, consegui sair da situação de perigo. Os ligamentos deltoides, três ligamentos que ficam no lado interno da articulação do tornozelo, foram totalmente rompidos – um impacto bem violento, um golpe perfeito. O ligamento entre os ossos, a sindesmose, também se rompeu, e também tive fratura da fíbula. Então meu pé ficou praticamente solto.

A lesão foi tão severa que eu não conseguia andar. Fiquei ali sentado na areia perto da arrebentação, na quina da baía, olhando para o meu pé. Quando eu movia um músculo da panturrilha, o pé simplesmente caía, morto. Devo ter entrado em choque, porque não sentia dor. E isso permitiu que eu me desse conta de que estava totalmente, completamente ferrado.

Os guarda-costas vieram com os veículos motorizados e imediatamente me senti seguro, em boas mãos. Ainda não sentia nenhuma dor, mas eles me perguntaram diversas vezes se eu queria analgésicos. Não queria nada. Toda vez que tomei analgésicos, eles nunca de fato eliminaram a dor; só me deixavam distraído, deixavam minha cabeça num estado nebuloso, confuso, e eu não gosto disso.

Mas tive muito apoio. Até recebi um telefonema quando estava na ala de emergência em Wahiawa: era o Dr. Steve Nolan, em Sydney, que conhecia Kim Slater, o cirurgião de tornozelo na Austrália, e que estava ligando para orientar o médico em Wahiawa.

Uma saída

Pude ver Eddie no dia seguinte, e a essa altura já tinha praticado a entrega o suficiente para não ficar resmungando. Fiquei feliz por ver o evento, estava calmo.

Quando voltei para a Austrália, havia pedacinhos soltos na articulação, mas o Dr. Slater limpou tudo. Ele disse que a limpeza do interior da articulação durante a cirurgia era crucial para eu me recuperar logo. Qualquer detrito ou excesso de sangue pode ser sugado e eliminado. Depois, ele enfiou um enorme pino no meio dos ossos para colocar a sindesmose no lugar.

Uma coisa boa da recuperação é que tive de aprender a ficar sentado, quieto, porque só assim meu pé ia sarar. Precisava dar tempo para que ele sarasse. Acho que em outros tempos eu não teria sido capaz de fazer isso – tudo poderia ter acontecido.

O médico me disse: "O seu pé está sarando bem rápido; você não bebe álcool, bebe?"

"Não bebo", respondi.

E ele: "Isso faz muita diferença para o processo de recuperação."

A verdade é que havia outras coisas acontecendo na minha vida às quais eu precisava me dedicar, e a lesão foi um jeito suave de a vida me dizer "Senta, Tom. Cala a boca e observa." Foi até suave em comparação ao que poderia ter acontecido. Também tive de aprender a pedir ajuda. Andava de muleta e ia passar seis meses sem carteira de motorista – muitas multas acumuladas –, então precisei ficar sentado, pedir ajuda às pessoas, permitir que elas me ajudassem. Precisei deixar que me levassem de carro para os lugares. Na época, achava isso muito incômodo, e mesmo hoje continuo achando.

Poderia encarar uma lesão dessas como uma maldição ou como uma bênção que me empurrou delicadamente para a lição que eu precisava aprender. Resolvi escolher a segunda opção.

Mas teria sido o máximo surfar naquele Eddie. Foi o melhor Eddie que já vi.

Acho que a série *Storm Surfers* foi algo que me manteve em contato com esse lado meu que não consigo matar.

Mais ou menos um ano depois que parei de usar drogas, surgiu a chance de fazer um episódio. Pensei seriamente em desistir, pois achava que seria muito perigoso para mim, para a recuperação, me envolver com essas coisas, entrar de novo nessa vida cheia de adrenalina. Lembro que conversei com Kelly Slater a respeito. Falei: "Não sei se eu deveria fazer essas coisas cheias de adrenalina com o Ross, pirar e tal. Será que eu devo fazer?"

Eu sabia que agora não havia como escapar aos meus próprios sentimentos porque estava totalmente focado na recuperação – precisava identificar meus sentimentos, dar-lhes um nome –, e isso é diferente do jeito que encaramos coisas como surfar ondas absurdas.

Quase desisti. Quase disse não. Mas algo clicou dentro de mim. Em vez disso, pensei: *Não, tudo bem, vou voltar e continuar.*

Sei que as coisas com Ross são perigosas – a vida é perigosa na companhia dele. Mas eu realmente achava que daria certo porque estava muito treinado a lidar com o mar de todas as maneiras possíveis, e também acostumado à companhia do Ross nessas condições. Ficamos anos fazendo aquilo e nunca havíamos usado drogas para surfar ondas pesadas. Não éramos como os caras de Santa Cruz, que mandavam ver e saíam para enfrentar Mavericks. Então surfamos limpos, de cabeça limpa; só éramos malucos, mesmo. Adorávamos nos meter naquelas situações, conversar sobre aquilo depois.

Fiquei algum tempo preocupado, com medo de me envolver de novo com a adrenalina. Mas Lisa Chapman, minha terapeuta, me ajudou a entender a situação. Me disse: "Tom, você não pode NÃO se deixar envolver nessas circunstâncias. Você PRECISA se envolver. Porque é isso que vai te salvar." Ela me ajudou a ver que é uma coisa meio "O Médico e o Monstro": há uma diferença entre ser o Monstro vinte e quatro horas, sete dias da semana, e escolher o momento certo de ser o Monstro, de vez em quando.

Essa foi a distinção que comecei a fazer. Compreendi a energia envolvida. Estava lidando essencialmente com uma questão de energia: quanto devo dedicar a isso em oposição àquilo? Kelly é um exemplo disso. O que adoro ver nele, o que me inspira nele é sua incrível habilidade

Uma saída

para usar essa energia: quando ele se dedica e quando não se dedica, onde ele deposita a energia e onde não deposita, onde ele se concentra. Acho que essa é a característica de uma pessoa de muito sucesso: as escolhas que faz, as coisas a que escolhe se dedicar. Consigo ver isso em mim: quando não sei bem quem sou em determinada situação, acabo depositando minha energia em tudo de um jeito muito difuso. Me dedico demais ou de menos, ou então afundo dentro de mim mesmo. É uma situação delicada.

A escolha de continuar com o *Storm Surfers* foi um grande divisor de águas. Quanta energia desejo investir no projeto? Hoje, tenho uma noção clara do quanto posso me dedicar, e isso faz parte do processo de conscientização decorrente de largar o vício e ficar de cabeça limpa. Precisei me conscientizar de que haveria altos e baixos, que eu faria merda, e isso pode ser muito intenso com toda a equipe lá, filmando. Pensei: *Estou novamente disposto a aprender.*

E, de qualquer modo, o projeto mesmo era do Ross. Só resolvi embarcar junto nessa. Descobri que não precisava ser uma Coisa Grandiosa. Não queria ter um papel importante. Só queria ir lá e explorar a mim mesmo.

Depois, surgiu a oportunidade de fazer o *Storm Surfers* para o Discovery Channel. Fizemos os capítulos "Shipsterns" e "Dangerous Banks" e uma sessão bem legal em Cow Bombie, e na Nova Zelândia. Foi muito legal trabalhar de novo com Ross, Justin e Chris e toda a equipe, entrar ali com uma mentalidade totalmente diferente mas também voltar a ter contato com esse lado de mim mesmo. Justin e Chris realmente me apoiaram, e os dois estavam ali determinados a criar, independentemente do que acontecesse. Afinal, lá estávamos nós nos lugares mais absurdos do mundo para surfar, onde ninguém mais ia querer ir, entre algumas das pessoas mais doidas que se pode conhecer na vida.

Em alguns momentos, era bem incômodo. Fisicamente, me sentia forte o suficiente para fazer aquilo; não diria que estava totalmente em forma, mas o suficiente para tomar decisões. Senti que comecei a tomar decisões melhores. Eu era filmado em situações em que, antigamente, entraria surfando o que quer que fosse, mas aí eu dizia: "Não vou. Não vou."

O que eu aprendia na minha recuperação se refletia no mundo.

O resultado final do *Storm Surfers* é totalmente honesto. Claro que há algumas partes bobas, mas é bem alegre, genuíno. Aquilo somos nós. É bem simples.

Ross sempre se interessou pela minha recuperação, me vendo passar por todas essas mudanças e pensando: *Mas o que está acontecendo?* Mesmo ficando realmente desanimado com a minha lentidão fora da água, minha aparente delicadeza. Para ele, é muito frustrante se resolvo fazer tudo devagar, se me preparo, fico sentado, meditando. Ross é a minha maior lição. A relação que tenho com ele é perfeita porque assim eu posso impor limites, dizer quem eu sou, porque é perigoso se eu não fizer isso. Estamos lá fazendo essas coisas absurdas e às vezes é bem desanimador, um grande desafio. Nem sempre é legal. Eu o deixo muito frustrado.

Passamos cinco semanas inteiras promovendo o *Storm Surfers 3D*. Quarenta e cinco apresentações em cinemas – às vezes, três sessões por noite. Ross e eu nunca teríamos conseguido isso no passado. De jeito nenhum! Não tínhamos capacidade de lidar com isso antigamente.

Acho que quando eu era campeão mundial, concentrava muito da minha energia nas coisas erradas, tentava ser a pessoa que os outros queriam que eu fosse. Aparecia tanto na mídia que aquilo se tornou opressivo. Me afetava demais! Ficava na frente da plateia para ir pegar o troféu, num pódio, coisas assim, as pessoas me davam o microfone e diziam: "Fala alguma coisa aí, Tom!" E eu não sabia o que dizer.

Literalmente não sabia o que dizer. O que eu dizia era exatamente o oposto do que eu pensava. Até pensava depois: *Que merda foi essa que eu falei?*

Ainda falo muita besteira. Fico achando que devo dar a minha opinião sobre coisas sobre as quais não sou qualificado para falar. Simplesmente acontece. É ridículo. Digo coisas absurdas. Mas agora já aprendi – você só consegue falar de tal e tal coisa, Tom. Você não precisa se destacar. Não precisa ser outra pessoa.

Quando estou num palco com o Ross, o Ross todo *blá blá blá*, não tenho mais que me meter e ganhar destaque na situação. Consigo me comportar ali, mas há algo diferente me guiando agora. Não tenho necessidade de ser mais do que sou. Não preciso *fazer* nada. O resultado

Uma saída

é que tenho mais energia para me dedicar às coisas. Estou bem mais disponível para as coisas.

Conseguimos chegar ao fim daquelas cinco semanas. Passei por aquilo e cheguei vivo no final! Respirando, ainda com vida, ainda capaz de falar com as pessoas. Foi bem legal. Estou muito feliz por ter continuando no *Storm Surfers*. Se tivesse me recusado no começo por causa do medo, não saberia que era capaz. Se permaneço numa zona de conforto e me sinto seguro – coisa que às vezes acontece –, não há desafios, não acho que cresço. É uma outra maneira de me fragilizar ainda mais, de ficar mais sensível, em vez de relaxar e permitir que as coisas simplesmente aconteçam. Quanto mais exposto aos desafios, melhor.

VÁRIAS PÁGINAS VIRADAS

A última vez em que estive com todos os campeões mundiais foi numa bateria da Legends de um Quiky Pro em Queensland, um ano atrás. Surfamos como cavalheiros, mas ainda assim a raiva transparecia. Os caras estavam furiosos, loucos para pegar o *inside*. Mordi a isca – também tenho culpa no cartório.

Aí Cheyne me acusou de pegar a onda dele! Talvez eu tenha pegado. Remei para o *inside*, na frente dele, e peguei a onda. Ele ficou sério – Cheyne pode ser um cara bem sério –, estava supersério no vestiário. O tempo todo. Eu realmente não percebi; achei que estava só pegando uma onda.

Foi a primeira vez em que me senti idiota numa briga em uma competição de surf; sentia que era uma pessoa diferente. Aquilo me pareceu coisa de adolescente.

Mas percebi que Cheyne ainda tinha muita garra. E Rabbit. E Pottz! Pottz é muito competitivo. Ele ama surfar, se envolve completamente. Provavelmente poderia estar competindo até hoje.

Tenho um lado meio *showman*. Acho que para ser campeão do mundo você tem de ser um pouco *showman*. Pra começar a surfar, pegar tantas ondas, ficar muito bom na coisa, conhecer o oceano muito bem, vencer tantas vezes num período específico de tempo, derrotar todos os outros surfistas que decidiram disputar o título mundial – alguma coisa tem de acontecer para você ter essa garra. E também é uma habilidade.

TC

Você pode ter todo o talento do mundo, mas isso não quer dizer que vai ser campeão mundial. É por isso que tem tanta confluência envolvida.

Existem os chamados enigmas, como Tom Curren, mas isso tudo é baboseira porque Tom adora dar show. Olha só o cara hoje – ele ainda quer competir. É fantástico. Michael Peterson adorava ser o centro das atenções. Fingia não gostar, e é claro que ficava pouco à vontade, mas cada um de nós tem esse lado *showman*. Damien Hardman jamais vai admitir isso, mas ele também adora. Se você procurar direito, vai achar isso nele. Está lá, ele curte, mesmo que faça de tudo para dizer que não é assim, daquele jeito Narrabeen dele. Ele não tem como fugir disso.

Mas para se tornar um competidor incrível, é necessário que alguma coisa aconteça e mantenha sua mente focada. As pessoas com quem mais falo sobre isso são provavelmente Kelly e Barton Lynch. Já conversei com outros, mas esses dois foram os mais próximos. Eles sempre me apoiaram muito, sempre me senti inteiramente compreendido.

Com Barton era muito legal porque fomos bons amigos durante uma fase louca de nossas vidas. Não éramos nada amigos nas competições – ele me odiava, até achou que eu estivesse usando esteroides uma época –, mas sempre me respeitou pelas coisas por que passei. Tem sido legal vê-lo mudando. Ele mudou depois que parou de competir, deixou de lado aquela amargura competitiva e se abriu para coisas novas. Fico feliz que ele tenha um título mundial. O mundo ficou melhor com isso e com o que ele faz hoje, trabalhando como técnico e consultor.

Pottz é legal. Todo mundo entende à sua maneira o que está acontecendo comigo.

Kelly tem sido muito bacana. Tinha os problemas dele, é claro, ganhou mais títulos mundiais que todo mundo, e fez um trabalho incrível dando o máximo de si em tudo. Ele é muito autocentrado por causa do caminho que escolheu, mas para ele sempre foi muito importante se reinventar, se dedicar como atleta. Uma pessoa sem tanta consciência dos próprios sentimentos e sem disposição para crescer já teria desmoronado há muito tempo. Ele está sempre desafiando as outras pessoas e adora fazer isso, se alimenta disso. Cansa só de pensar, mas faz tudo isso quase parecer fácil. É incrível ver esse nível de aptidão. Eu teria me

Uma saída

distraído, querendo fazer outras coisas, já ele parece capaz de ficar meses sem surfar e depois voltar e ganhar os campeonatos.

Para mim, sempre foi difícil discernir o certo do errado. Mas tem sido muito bom conversar com Kelly sobre o que acontece na minha vida. Ele tem muita consciência, já que o pai dele é alcoólatra. Sempre busca maneiras de crescer.

Meus amigos antigos de Newport também estão presentes. Posso falar com eles sobre as coisas, vamos surfar juntos de vez em quando. Sempre falamos da gratidão que temos por poder surfar e curtir a vida, que o surf nos ajudou a ficar de pé, saudáveis. Eu e Squeak falamos sobre isso, Kev e Boj também. Não há dúvida de que nos respeitamos muito, mas não é uma intimidade sufocante. Não ficamos grudados um no outro.

E nós nos conhecemos muito bem. Sem julgamentos; os julgamentos são coisas do passado, as sentenças foram decretadas. Desfazê-las agora seria praticamente impossível. Eles riem de mim, rimos de alguma outra pessoa... sabe como é, velhos amigos rindo da vida. Sabemos como Boj vai reagir a isso; como Squeak vai reagir àquilo; Kev tem o jeito dele; eu tenho o meu – mas há um fio que nos une. Eles me conhecem melhor que ninguém.

Você simplesmente não "conhece" as pessoas assim, do nada. Na nossa cultura, todo mundo se muda o tempo todo, mas moramos na mesma área, temos famílias e lidamos com grandes transformações nas nossas vidas, e ainda assim temos a oportunidade de reavivar esses relacionamentos no decorrer da vida. Assim, Kev vai passar em casa dentro de meia hora para me ajudar com alguma manutenção, Boj cuida da parte elétrica, Squeak, do encanamento, e eu ajudo todos com as pranchas e o equipamento.

Ou então simplesmente apareço na casa deles para manter viva a chama do relacionamento. É um jeito rápido de fazer isso.

Quando eu estava mal, no fundo do poço, me sentia particularmente distante deles. Queria ficar afastado. Não queria que me vissem daquele jeito. Não conseguia ser sincero com os caras. Precisava ir para um lugar com outras pessoas que sofressem da mesma doença. Não dava para me recuperar perto dos meus amigos. Não é assim que funciona.

TC

Essa viagem interior não pode ser feita com sucesso em um ambiente já conhecido sem reincidir em algum tipo de vício.

Mas eles não sabiam o que estava acontecendo porque eu estava completamente distante, agindo de um jeito esquisito. Devem ter ficado com medo. Ouvir a opinião deles hoje me ajuda muito, compará-la com o que eles viam ou sentiam antes. Isso me ajuda de verdade. Coisas pequenas, como um comentário, podem reacender aquela sensação boa e o apreço da amizade.

Você sabe quem são seus amigos; sabe que merdas eles já fizeram na vida.

É como o relacionamento entre irmãos. Eu e Nick nos conhecemos bem pra caralho. Vamos ser os críticos mais implacáveis um do outro até o fim da vida.

Com meus antigos sócios, a coisa amadureceu muito, e hoje temos uma relação de muito respeito. Bruce Raymond está aposentado e basicamente faz o que quer – agora está curtindo pintar. Gosto muito de surfar com Bruce; há muitos anos o Havaí é a nossa conexão. Nesses últimos anos, surfamos juntos lá e voltamos a nos enturmar, depois de tudo por que passamos ao sair da Quiksilver. A Quiksilver foi o trabalho de toda sua vida.

Vejo John o tempo todo, ele ainda é o mesmo cara – igualmente intenso, mas muito mais saudável. Bruce e John parecem estar muito mais em forma e em paz. John não precisa mais lidar com uma grande empresa e faz tudo sozinho, e dá pra dizer o mesmo de Bruce, de certo modo. Foi bem interessante estar perto de dois seres humanos com tanta energia.

John ainda tem aquela coisa de querer me ver bem. Desperto isso em alguns caras – não sei por quê. Talvez tenha que ver com a época em que ele vendia linguiças para Nam e me via como um menininho sardento, eu e os moleques lá no Pico. Ele deixava a gente dirigir o Mini dele no estacionamento para lá e para cá, em alta velocidade. Se eu pudesse voltar no tempo, não mudaria absolutamente nada.

Voltei a ter curiosidade sobre minha mãe. Achei incrível Nick descobrir os problemas dela com anfetaminas – incrível descobrir que a patologia

Uma saída

dela se manifestou em mim da mesma maneira. Estava dentro de mim. Saber disso ajudou muito na minha recuperação. Soube que tinha uma doença dentro de mim e que eu a havia despertado. Algo que eu pude identificar precisamente e, assim, me empenhar na recuperação.

Eu penso nisso. A Bíblia fala em vida eterna, e é disso que se trata – a vida eterna é isso aí. As memórias do corpo passadas adiante, os comportamentos recorrentes, a vergonha e a alegria que se repetem, de geração em geração. Tudo isso continuou vivo em mim. É eterno. Vai continuar com as meninas e com os filhos delas, e assim por diante. Penso nas pessoas que não entendem quem são seus pais, ou que não conhecem seus pais. Elas devem achar o mundo um lugar muito confuso.

Mas não fui fuçar. Não quis saber de todos os detalhes. Talvez não seja má ideia. Quem sabe um dia. Pode ser que isso me ajude a entender meu relacionamento com as mulheres em alguma medida.

Existe alguma coisa em mim que me impede de ter uma conexão mais profunda com mulheres, de sair do esconderijo e dizer: "Estou aqui!". Para mim, é muito difícil estar 100% presente com uma mulher. Não consigo simplesmente dizer "Ah, é isso!" e consertar tudo. Só dando passos pequenos e seguros é que consigo estar mais presente num relacionamento. É a única maneira de me conhecer e não voltar para o meu esconderijo. Não é nada prático, como tudo o que tem que ver com o coração.

De certa maneira, ainda sou aquele menino de sete anos que se esconde, sem saber o que a mulher – na época, minha mãe – vai fazer. Será que ela vai gritar com alguém? Será que vai brigar com a mãe dela? Será que vai *morrer*?

Com certeza não quero voltar ao vazio que senti naquela época. Aquela sensação de vazio prolongada, que parecia nunca acabar.

O vazio que foi criado especialmente para surfar, para o oceano. Feito sob medida para me embrenhar no mar, levar caldos, ser arrastado, partido ao meio por ele.

Três ou quatro meses depois de ganhar aquela primeira Coolite, mamãe morreu. Então instantaneamente criou-se um espaço para essa minha relação intensa com o oceano. Teria sido bem complicado para alguém como eu crescer sem a presença do mar.

TC

Até hoje é difícil ganhar um abraço do meu pai. Ele tenta me afastar. No ano passado, me deu uma cotovelada! Era assim o tempo todo! Mas depois põe a mão no seu ombro. Não gosta de contato físico; não cresceu sabendo apreciar o valor de um abraço. Mas eu sempre fui sensível, sempre pedi abraços, e ele finalmente aceitou.

Não sei o que se passa na cabeça dele quando faço esse tipo de coisa. Deve mexer com o lado lógico e prático dele. Mas é muito bom agora poder ser honesto e transparente, ver como ele, mesmo nessa idade, cresce e se transforma. É legal vê-lo de coração aberto, dizendo coisas do tipo: "Estou feliz por você, que bom que aconteceu isso, você mandou bem". É uma confirmação de tudo o que fiz, da minha jornada. Eu diria que essa mensagem de pai para filho é a mais importante para a nossa existência. Essa confirmação: *você está no caminho certo. Está mandando bem. Agora você é um homem.* Preciso desse tipo de apoio do meu pai quando as coisas estão meio incertas.

Quando meu pai se abre desse jeito, é para valer e é realmente lindo. Podemos ficar os dois em silêncio, muito à vontade.

Ele está bem, não virou uma pessoa amarga. Sua única preocupação é que alguém se meta no seu espaço ou o trate como um velho aposentado. Nesse sentido, tem um gênio forte. Sei que gosta de tranquilidade e percebo que isso também é importante para mim. Percebo que realmente busco isso hoje, algo que provavelmente no passado eu não seria capaz de identificar. Hoje é bem mais importante.

Quanto mais velho fico, mais me pareço com meu pai. Quando chegar aos oitenta e sete anos, já terei superado todo o drama que vivo com minhas meninas. Ser pai às vezes me deixa completamente catatônico – tenho vontade de ir para o meu quarto, fugir do problema, porque muitas vezes ele não faz sentido. Tento entender o que está acontecendo, mas às vezes é difícil demais e não chego a lugar nenhum.

Então fico quieto, dou respostas práticas, de duas ou três palavras. Ouço a voz do meu pai na minha; ele sempre tinha respostas práticas para as situações. Quando as meninas estão totalmente malucas, ouço a voz dele na minha cabeça. Não é a minha voz.

Hoje, cada vez mais vale o que ele sempre disse: "Devagar e sempre". Cada vez mais acredito nisso.

Uma saída

Talvez seja complicado para as meninas. Eu tinha muitas máscaras; nunca me revelei de verdade. Era tudo em segredo. Até mais ou menos depois do começo da minha recuperação, elas não enxergavam o pai delas como ele era de verdade. A chegada da adolescência foi uma época complicada para as duas. No fim das contas, devem ter morrido de medo quando o pai realmente surgiu – "preferia quando você era mais bobão". Mas também há certo conforto em saber que o pai está de fato presente. É o que imagino, mas também o que percebo nelas. Sinto um misto de medo e bem-estar. *Posso telefonar para o meu pai, pois ele está presente.*

Mas a doença é hereditária, então no fundo as coisas são um pouco mais complicadas.

Acho que elas enxergam nelas mesmas o risco de cair no vício. Talvez eu dê importância demais para isso porque tenho essa consciência, e nem sempre é agradável – é por isso que os viciados não saem do estágio da negação. Mas sei que não posso voltar ao passado, que preciso ficar no presente.

Não posso consertar ninguém. Tenho de ter muita paciência. Preciso estar presente principalmente para Jenna, nas grandes mudança que o balé traz para sua vida. Sei que o balé é um jeito – talvez o mais definitivo – de ela expressar controle, e controle é o mecanismo por trás do vício. No momento, ela e Mimi parecem ótimas, estão naquela fase de descobertas e sabem que podem vir ficar com o pai e conversar com ele sobre o que quiserem.

Minha relação com Lisa tomou outras dimensões. Exigiu muita paciência de ambas as partes e também boa vontade. É a mãe de nossas filhas e sabe que sou presente. Não estragamos tudo por completo. Um dos elementos mais importantes da recuperação é acertar as contas com as pessoas que magoamos, mas isso não significa um acerto de contas profundo – ainda não cheguei tão longe.

Mas isso se incorporou à minha vida, em parte por estar aqui, presente, por ser um cidadão que contribui para a sociedade em vez de só se aproveitar dos outros.

Para mim, Grace foi um exemplo extraordinário do que é o amor puro. Amor é uma coisa que eu sempre compliquei além do necessário.

TC

Sempre tive medo de permitir que me amassem e de me permitir amar outras pessoas. No passado, isso me deixava chocado, causava muita dor e me distanciava das pessoas. E o amor é uma parte muito importante das nossas vidas, uma das nossas necessidades básicas. Se eu não me permito amar, se me isolo, o vício leva tudo isso embora. Ele destrói nossa relação com o coração. Grace foi minha primeira oportunidade de perceber isso – e não quero dizer que foi só ela, mas a minha reação ao ver o que estava disponível para mim no mundo. E acho que foi ótimo ter acontecido com ela porque ela era uma pessoa muito ousada, que não fugia de nada. E eu pensava: *Putz, preciso lidar com isso.*

No fundo, fazia isso pelas crianças. Não sabia se era por minha causa. Retomar essa ligação com o coração leva tempo; é uma longa jornada voltar a sentir, dar e receber amor. Eu não sabia do que se tratava. Tinha perdido esse sentimento muitos anos atrás.

A morte de Jo foi muito triste. Ainda é muito triste para mim. Ainda preciso lidar com muita coisa decorrente disso. É incrível que continue a ter tanto impacto sobre mim, tanto tempo depois. A última vez que a vi, quando veio me visitar, ela estava muito preocupada com a situação no trabalho e queria ter uma família. Apareceu do nada. Lembro que ela parecia preocupada porque também estava preocupada comigo. E apesar de tudo, depois de tudo, da experiência de perdê-la de repente, ela continuou presente na minha vida. Foi uma despedida tão instantânea que sinto que ela nunca se foi. Ainda está aqui.

Lembro que ela estava na praia quando fiquei em pé pela primeira vez na minha Coolite de isopor. Lembro da risada dela. Estava morrendo de rir.

Eu disse: "Consegui ficar um minuto em pé, pai!"

E ele: "Não, Tom, você não ficou tanto tempo assim." Fiquei arrasado, achei que tivesse mandado bem. Achei que tivesse ficado um tempão em pé na prancha.

Ela está presente. Não sei explicar. É inexplicável. Não faz sentido. Mas consigo sentir sua presença.

IDADE

Coisas que percebo no meu irmão, agora que ele está completando cinquenta anos de idade:

Ele tira foto de tudo. Quase prefere tirar fotos das coisas a observá-las.

Ainda dirige rápido, mas não tão rápido.

Parece estar crescendo, mas só para os lados; está com uma certa barriga e o rosto enrugado, como se sua cabeça tivesse sido comprimida por cima e por baixo por algum tipo de prensa.

Ele tem um senso altamente refinado de como lidar com o público e nunca rechaça estranhos que o abordam diretamente; em vez disso, esquiva-se da atenção com extrema sutileza. Mas evita expor-se deliberadamente ao público se achar que isso vai resultar em conversas excessivas com estranhos.

Ele não gosta de ver televisão.

Bebe café mas não usa nenhuma outra coisa que possa ser considerada substância capaz de alterar o humor. No jargão dos programas de recuperação, faz quatro anos que ele está limpo.

Ele tem uma tatuagem de tartaruga, o sábio animal do Pacífico, no lado interno do bíceps direito.

Tem uma cicatriz acima do olho direito resultado de uma cordinha estourada quando surfava Pipeline em 2007. O corte aparece no filme de *surfploitation Blue Crush*. É seu único ferimento ocasionado por surfar Pipeline.

Usa óculos de grau bem forte.

TC

O seu aniversário de cinquenta anos cai num sábado. Aquela casa enorme da colina existiu todo esse tempo e você quase nunca deu festas ali. Então Mary resolveu chamar todo mundo para fazer exatamente isso.

Você acha a bagunça toda meio incômoda. Esse monte de gente vindo celebrar sua vida! Penso com meus botões: *Ele não tem a menor ideia mesmo*. Você é como papai – não percebe a própria importância.

O sábado está quente, o céu limpo, uma noite perfeita de primavera. Brisa nordeste, pequeno *swell* vindo do sul. A casa cheia de vozes e música. Presentes, pratos de comida, copos espalhados pelas mesas, pessoas se abraçando.

Penso em todos aqueles que estão e não estão presentes: Mamãe. Jo. Joe Engel, que morreu de um ataque do coração em Katherine. Wilbur Fowler, que certa vez nos nomeou com a ordem dos Cidadãos de Newport e agora jaz no cemitério de Mona Vale, tendo tirado a própria vida, anos atrás, depois de encalhar nas mesmas águas perigosas em que você hoje navega.

Charlie Ryan, que, dizem, está nas Filipinas. Dougall e Twemlow, em Queensland. Alan French, o garoto que acabou não viajando, e que agora pesca em Scott's Head.

Haley, Hunter, Newling, Boj, Squeak, Kev e Phelpsy estão aqui. Leroy. Bruce. John, o açougueiro. Lisa, que não sabia ao certo se deveria comparecer até Mary convencê-la. Wendy, Maddie e Jack, os dois agora mais altos que nós dois. Phil Byrne, que administrou sua marca de surf durante todos esses anos. Julia, que ousou surfar com a gente nos tempos áureos dos terríveis Garotos de Newport. David Jones, a lenda de Newport, em cujas histórias de quando ele surfava no Caminho precisávamos acreditar desesperadamente. Billy Wawn, o antigo Wee Willie Winkie de Josephine, cuja filha mais nova, Holly, é hoje campeã de surf na categoria feminina até dezeseis anos.

O papai, que agora mora sozinho num pequeno apartamento com vista para o porto de Sydney, um pouco frágil mas ainda calmo e arguto, ainda é completamente o nosso pai. Valerie e Annie, a maravilhosa dançarina que virou escritora. Lucy, poderosa e elegante, e também Moshe, seu futuro noivo, que veio da cidade dirigindo de um jeito muito responsável.

Uma saída

O que eles não sabem é que em breve você precisará vender a casa. É parte do acordo de divórcio com Lisa; você pagará o banco, as dívidas da última década, colocará as meninas num apartamento só para elas e, dia após dia, vai se preparar para a época em que você – nós dois, todos nós – finalmente vai amadurecer. Envelhecer.

Dá para ver que surfistas desaparecem dentro deles mesmos à medida que vão envelhecendo. Começam a viajar para a Indonésia ou algum outro lugar do mundo, esses surfistas australianos do sexo masculino. Saem em busca de um lugar onde possam desaparecer, que se torna prioridade em suas vidas, uma obsessão tão grande que acaba excluindo todo contato humano. O mar pode parecer um lugar bem mais amistoso, e você está lá com suas pranchas, o seu status de surfista: *Fui o primeiro a surfar aquela onda oblíqua em G-Land*, ou sei lá o quê. Há brasileiros assim, europeus. Também há japoneses – eu já os vi. Viajam para a Indonésia ou o Havaí e depois vão para casa. Encontramos dois desses quando fizemos o projeto em Tai-Fu. Uns caras mais velhos que ficaram olhando para a gente de canto de olho, como se pensassem: *O que vocês estão fazendo aqui?* Quisemos entrevistá-los, mas um deles não quis; pediu para o filho falar no lugar dele. Era bem isso, aquele era o lugar que haviam demarcado como território.

Para mim também, o surf tem sido um jeito de não amadurecer. Tive bastante participação nessa escolha, convencendo outras pessoas a fazer as coisas para mim, manipulando situações para que eu não precisasse me envolver. Achava muito conveniente não amadurecer. E agora estou assumindo meu crescimento, numa época em que muitos homens da minha idade já amadureceram, já são emocionalmente estáveis, já passaram por um período de crescimento bastante sólido. Eles se conhecem nas situações de risco e são fortes, conseguem tomar decisões específicas e se resguardar... Acho que, como surfista, escapei várias vezes dessas coisas; era conveniente usar o surf como um jeito de não me envolver.

Ainda preciso crescer mais. Mas mudar esses atalhos mentais depois dos cinquenta é o meu grande desafio no momento, acho.

TC

Outro dia, conversava com Barton Lynch, na casa dele. Dei para ele o livro do Tim Winton, Fôlego. Barton não é muito chegado em ler, então acho que vai ficar chocado. Jack Entwistle também estava lá. Ele tem dezoito anos. E aí eu pensei que de jeito nenhum na idade dele eu estaria fazendo amizade com dois surfistas cinquentões, conversando com eles sobre as coisas. É muito legal. Hoje, se você é um surfista jovem, tem uma conexão com os surfistas mais velhos, como se eles fossem uma extensão da sua comunidade. Você vê os resultados do que fizeram, eles podem te guiar. Jack estava realmente interessado no que a gente falava. Ele tem alguns problemas com seu corpo; é jovem e fisicamente ainda é duro, rígido. Eu também era aos dezoito, porque era preguiçoso, dormia o máximo que podia, tentando ser descolado. Quando você tem mais ou menos essa idade, essa fase dura uns três anos.

Mas, quando éramos jovens, não havia surfistas cinquentões. Os caras mais velhos tinham vinte e quatro, vinte e cinco anos. Charlie tinha vinte e quatro e lembro que perguntei a ele: "Por acaso o seu pai e a sua mãe já eram vivos na época em que inventaram a carroça?" E ele: "Seu filho da mãe!" Essa é uma das memórias que tenho de Charlie, na loja Ocean Shores, tragando seu Marlboro.

Meu surf agora é bem restrito. Não está no nível em que eu gostaria que estivesse. Todo o escopo de habilidades está prejudicado – a vertical, as viradas, a tensão constante, a capacidade de fazer manobras radicais, tudo isso se foi. Há coisas aqui e ali, pequenos bons momentos, mas não é exatamente o que seria se eu não tivesse tido as lesões, se meu corpo não estivesse tão danificado.

Acho que, fisicamente, acontece muita coisa entre os quarenta e cinco e os cinquenta anos de idade. Wayne Lynch uma vez me disse isso quando completou quarenta. Disse: "Espera só até você fazer cinquenta! Algo acontece quando fazemos quarenta e cinco."

Nem prestei atenção ao que dizia, mas ele estava certíssimo. Acho que essas mudanças específicas – físicas, mentais, espirituais – acontecem em diferentes velocidades. Ainda sinto aquele jovem surfista dentro de mim, ainda tenho aquela mentalidade. Vejo os caras jovens surfando,

Uma saída

mandando ver, mas preciso surfar do jeito que dá. Fico vendo alguém como o Occy e aí vou lá, surfo e as coisas não são como eu imaginava que seriam. E aí penso, *Uau, isso é algo que preciso aceitar.*

O joelho foi um grande coadjuvante no meu processo de envelhecimento. Me sinto um surfista inutilizado a maior parte do tempo, já que meu joelho já era. É um joelho de cem anos de idade num corpo de cinquenta. Parece um coco, cresceu nos últimos cinco anos. Ficou maior. Não posso mais deixar de prestar atenção nele. Tentei substituí-lo quando fiz quarenta anos, mas aí me disseram: não dá para fazer essa cirurgia nem nos próximos trinta anos. Ele não tem mais estrutura. Para sair da crista da onda e fazer manobra na parede é preciso ter muita força na perna da frente, ficar inclinado e impulsionar a prancha, e isso realmente diminuiu muito para mim. Preciso usar o meu corpo de um jeito diferente, mais inteligente.

Sei como posso voltar a ser o que era: me concentrando no equipamento certo. Focar numa prancha que eu curta, e passar um tempo com ela, surfando todo tipo de onda. Continuar insistindo. Alongando o corpo, deixando-o mais aberto. Preciso manter uma rotina de exercícios com o mesmo equipamento e me atrelar a essa fórmula, pois aí começo a ter melhor desempenho. Surfar sob condições diversas. Sei que se eu ficar um ou dois meses nessa, posso atingir um padrão aceitável. Fazer ioga e natação – coisas bem cíclicas. E aí poderei avaliar como estou.

Surfei com muitos equipamentos diferentes nos últimos cinco anos, mais ou menos – SUPs, quadriquilhas, *towboards*, alaias, tudo. Acho que vai ser muito interessante ver o que posso surfar depois.

Não é triste quando a fama se esvai. Na verdade, quando ela vai embora, é um outro tipo de despertar. É possível escolher viver no passado, e esse é o perigo de *Storm Surfers*, no qual preciso revisitar mais uma vez essa pessoa chamada Tom Carroll, o personagem. Mas ele não é necessariamente quem eu sou.

É um despertar poder entrar em contato com nós mesmos depois de abandonar a fama. É preciso continuar vivendo. Parece fácil – "vamos em frente!" – mas não é. Não quando a fama é algo tão excitante. Desde o momento em que saímos do útero, estamos em busca de reconhecimento. Olhamos nossa mãe nos olhos e lá está ele, o reconhecimento. E você pensa: *É isso, quero mais*. Você chora ou gesticula – faz qualquer coisa para novamente ganhar o reconhecimento da mãe ou das pessoas ao redor.

Então, quando somos reconhecidos de um jeito tão grandioso – quando há milhares de pessoas te observando, acalentando essa parte carente dentro de você – e, de repente, tudo isso começa a sumir, o sentimento de mortalidade é bem poderoso. Uma situação de nascimento e morte.

Às vezes, é triste. Quando me vejo perseguindo a fama por meio de alguma fantasia cheia de ambição – não vou dizer que não faço mais isso porque faço, é uma parte muito presente dentro de mim –, eu entro de cabeça, todo o meu corpo entra nessa. Mas, agora, existe algo em mim que para e observa. Uma voz que diz: *Ah, Tom, olha só! Você ainda é assim. Você sabe que isso machuca*. Porém, agora tenho como observar esse processo.

Ficar no universo do surf, perto dos melhores surfistas, revisitar as memórias, poder ir ao Havaí só para conseguir uma última vitória, o último barato – é triste, de certa maneira, mas é bem isso. Ainda posso andar entre essas pessoas e ter meu ego acariciado. As pessoas se sentem bem com isso, se sentem bem comigo. É bom estar na companhia de quem se sente bem na minha presença.

Mas, lentamente, tudo isso está sumindo. As coisas poderiam ter desaparecido bem rápido. Meu lugar no mundo poderia ter se alterado muito rápido, virado algo diferente. Não quero ser uma pessoa acanhada, trancada num mosteiro de merda. Eu gosto de gente! Não quero me distanciar do mundo. Gosto da ideia de ter uma esfera de influência. Agora isso é bem mais sutil, algo que aprecio.

Espero que eu não seja uma dessas pessoas que ficam apegadas a conceitos ultrapassados, espero que me avisem se isso acontecer. Não quero que pensem: *Ai, meu Deus, o que ele está fazendo? O cara está tão mal que nem dá para falar nada! Não dá para falar com ele. Ele não escuta*. Isso seria assustador! Já vi gente assim e não é nada legal. Mas hoje meus relacionamentos são próximos o suficiente para que as pessoas me avisem se virem meus problemas.

Uma saída

Sou embaixador da marca Quiksilver. Ainda. Estou numa época de transição dentro da empresa. Sou um ícone para a marca, algo que existe basicamente desde os meus treze anos, com um pequeno hiato. Não sei o que isso significa para o mercado. Não tenho a menor ideia. Sei que represento a marca em diversas áreas, tanto para as crianças quanto para surfistas de meia-idade, então posso me comunicar com uma ampla fatia de mercado. Isso é algo que pode se manifestar de diferentes maneiras.

Mas a Quiksilver está diferente. No momento, passa por uma grande mudança. Está ficando mais enxuta, se modernizando. Não sei se farei parte dela no futuro. Me mantenho aberto a sugestões da empresa, sobre como me encaixar, mas não sei qual será minha resposta. Tento ser o mais receptivo possível às alternativas.

É meio assustador pensar no futuro. Não sei onde estarei daqui a seis meses. Quero poder vender minha casa, mas não sei se conseguirei. Pode ser que tenha de lidar com uma hipoteca enorme e não ter dinheiro para resolver isso. Talvez precise me mudar da área, ficar um tempo fora. Mas procuro não forçar nada, porque tudo isso está acontecendo naturalmente. A única coisa que tenho de forçar é empacotar tudo. O inquilino do andar de baixo está se mudando e estou arrumando algumas coisas na casa, deixando-a pronta para ser vendida.

De certo modo, é simbólico: é preciso eliminar as ruínas do passado, continuar, custe o que custar, o processo de limpeza, sem que ele precise ser perfeito. Antes, isso me pareceria um obstáculo totalmente intransponível; ainda tenho dificuldade de ser emocionalmente equilibrado. Com o tempo, pode ser que isso fique mais fácil.

A ideia de buscar amadurecer nessa idade é bem bizarra, mas é o que preciso trabalhar. Incrível que eu ainda possa, que essa escolha ainda exista. Agora ficou absolutamente claro: eu tenho essa escolha. Antes eu não tinha. Fico um pouco animado e também com um pouco de medo. Sinto muita liberdade. Uma abertura. Posso me concentrar no lado da minha personalidade do qual me orgulho. Há maior valor no fato de eu estar presente na minha vida.

Sir Thomas Tom de Appledore.
Nenhum outro Cavaleiro em todo o reino
Conseguia fazer o que ele fazia.

Não penso nisso na noite na festa, nem no dia seguinte, nem mesmo depois da reunião na igreja em Waimea, onde vejo você começando a contar a sua história; mas em algum ponto da sua narrativa forma-se a ideia, uma espécie de esperança, ou pelo menos de compreensão de tudo isso.

Todas as peças do quebra-cabeça da sua vida – as nossas circunstâncias, a época em que vivemos, o surf de antigamente e aquilo em que se transformou, as suas qualidades e defeitos, o seu corpo baixinho e forte e sua mente artística, sua habilidade absurda de viver sempre no momento, o seu DNA – se encaixaram para te transformar em campeão mundial, senhor de Pipeline, um dos maiores surfistas que já existiram ou existirão.

E essas mesmas peças se encaixaram para gerar o vício, o caos, os segredos e a vergonha que quase te levaram para o fundo do poço. *Clique, clique, clique.*

Mas pode ser que nenhuma dessas coisas seja você de fato.

Você ainda é especial. Ainda tem sorte. Isso nunca vai mudar. As pessoas ainda adoram te dar presentes, sempre darão. Não conseguem não fazer isso. Quantas pranchas você tinha da última vez que contou, no porão e na garagem, quando estava pensando em se mudar? Duzentas? Você nem sabe o que fazer com todas elas.

E aqui estou eu, o suposto jornalista. Nem sei que tipo de história é esta aqui. Você foi perfeito e agora não é mais. Eu deveria ter te protegido, mas não consegui. Que merda é essa?

A jornada do herói. Quebra a perna. Completa cinquenta anos. Perde os cabelos e metade do dinheiro. Vende a casa dos seus sonhos. Não pode mais surfar como gostaria. Fracassa!

Torna-se feliz.

P.S.

(De um pequeno caderno com contribuições de diversos amigos e parentes de Tom, presente de seu aniversário de cinquenta anos.)

Para o Tom, meu querido e sardento amigo. Temos tantas memórias diferentes e fantásticas juntos, e agora vou te dar cinquenta das melhores só com palavras soltas. Cada uma das palavras a seguir deve provocar uma memória em você. Aparentemente, um bom exercício para evitar o Alzheimer!
    Anos Oitenta Noventa Dois Mil Nowra Alfa Madwax Ke Iki Jenna Mimi Gracie Lisa Marvin Haleiwa Rockpiles Angourie Hotham Jacarta São Paulo café Foto Floripa Rio Mentawai Cidade do Cabo Queenstown Paris Capbreton Chiba Osaka Amsterdã Forries Shippies Margarets TurtleDove Metropolis Porsche-Turbo-de-lado irmão irmã pai Utah Rockies Pireneus Maui Valsa-das-Galinhas Jaws Hunter Valley Girth A-VACA-QUE-LEVAMOS-EM-WAIMEA.
    Te amo como se você fosse meu irmão. Feliz cinquenta primaveras.
Ross Clarke-Jones

Feliz Aniversário, Thomas Victor! Estou muito feliz por poder celebrar o seu 50º aniversário na sua companhia. Obrigado por ter me ajudado a surfar as ondas em Waikiki com uma prancha *longboard* (mais ou menos em 1991), por ter dado a primeira lição de surf para o Moshe na chuva, por ser um irmão que tanto me apoia, que ilumina a sala quando entra com sua energia contagiante. Você sempre faz as outras pessoas se sentirem muito especiais. O episódio com o *longboard* é uma das primeiras memórias que tenho de você, enquanto talvez uma das suas primeiras memórias de mim seja segurar uma "*grommetzinha*" (no caso, eu, recém-nascida), como podemos ver na foto que saiu numa revista de surf em 1983!

Espero que o seu aniversário seja maravilhoso e muito feliz, cheio de alegria. Desejo celebrar vários outros com você.

Lucy Carroll

Minha primeira memória do Tom é a de um anjinho loiro de cabelos encaracolados, descalço, sardento e com um enorme sorriso. Será que, quando me casei com seu pai em Mosman, em 1978, o Tom compareceu ao casamento descalço? Gosto de pensar que sim, mas, se não for verdade, acho que ele estava descalço em espírito.

Valerie Lawson

Eu estava hospedado num apartamento com o Tom em Greenmount, durante o Quiksilver Pro de 2009. Todo dia nós dois fazíamos nossas rotinas de treinamento, antes e depois da competição. Até hoje me lembro da nossa sequência matinal.

De manhã, Thomas estava sempre um passo adiantado, se preparando para passar um longo dia no local da competição. Ficava dez horas lá. Eu fazia o possível para ser organizado, mas sempre me atrasava. A rotina dele pela manhã era fazer meditação e eu fazia ioga. Eu o deixava quieto no canto dele, tranquilo, e ele também respeitava o meu espaço.

Depois da meditação, Tom pegava suas coisas bem rápido e se dirigia à porta. Deixava a porta entreaberta, respirava fundo e dizia, em voz alta: "ANDA, VAMOS!!!!" Dizia isso com tanta intensidade e autoridade que eu dava um salto e ficava de pé, começava a correr para alcançá-lo no elevador.

Ele nunca disse nada além disso, nunca me julgou pela minha preguiça. Mas era implacável com a sua rotina – todo santo dia vinha com o seu "ANDA, VAMOS!!!" Ele sabia que eu obedeceria, adorava fazer isso toda manhã.

Até hoje sinto o trauma psicológico do "ANDA, VAMOS!!!". Ainda ouço a voz dele na minha cabeça quando estou meio devagar, principalmente de manhã cedo, ou no trabalho. Quem diria que duas pequenas palavras ditas com tanta vontade e volume poderiam ter tanto impacto?

Valeu, Gobbo. Te amo, cara.

Murray Close

Estávamos aterrissando em Cow Bay, na Nova Escócia, num hidroavião muito antigo, no meio das bomboras, e o avião bate na água e chacoalha no ar. Voa água para tudo quanto é lado, todo mundo se borrando de medo, e Tom lá no fundo, gargalhando de alegria. Ele era meio maluco e sempre será.

Martin Daly

Tom batendo a moto do Stretch, lá pelos idos de 1978, 1979.

Foi um grande acontecimento para quem viu.

No estacionamento, logo antes de a gente surfar, Tom com a roupa de borracha e Stretch com sua Honda 750, que não era nova, mas era nova para ele.

"Posso dar uma volta?", Tom pergunta. "Você sabe andar de moto?", pergunta Stretch.

"Claro!"

TC

Tom sobe na moto e parece um dublê de filme com sua roupa de borracha justa. Começa a percorrer o estacionamento, indo bem. Volta bem rápido. Realmente rápido. Achamos que ele não vai conseguir parar a tempo, antes da cerca de tocos de madeira no fim do estacionamento. E é isso mesmo. Tom bate num dos tocos e continua por inércia, passando por cima do guidão e fazendo uma pirueta no ar. Não sei como, mas ele consegue cair de pé, depois da cerca.

Os policiais aparecem mas Tom já pegou a prancha e foi correndo surfar. A moto do Stretch nunca mais foi a mesma, e acho que o Tom também não.

Naquele dia, aprendemos uma valiosa lição: jamais emprestar para o Tom qualquer coisa que tenha motor e rodas.

Paul "Squeak" Lindley

Que época doida...

Minha primeira viagem ao Havaí, no meio da década de 1980, com todo o pessoal, inclusive o Robert, que tinha acabado de ganhar na loteria e criou o hábito de deixar notas de cinco dólares nos para-brisas como cartão de visitas, Mike Newling, que estava viajando sem quase dinheiro nenhum, Nick, sofrendo de *jet la*g, e o Tom.

Alugamos um carro e num dia em que as ondas estavam boas fomos para Makaha. Peter Crawford veio junto e Mike estava plantando feijão-mungo e catando cocos para complementar sua alimentação, já que tinha gastado todo seu dinheiro numa nova prancha Don Johnson. Tom, o motorista mais experiente nisso de dirigir do outro lado da estrada, pegou o volante e lá fomos nós. Ou talvez ele tenha pegado o volante porque adorava dirigir, mais do que tudo.

Não sei bem quem tirou um *pakalolo* do bolso, mas o fato é que apareceu. Todos fumamos, exceto PC, que ou estava esperando sua vez ou resolveu não fumar.

Antes que a marofa tivesse chance de se dissipar, um policial nos parou por excesso de velocidade – sei que é difícil imaginar Tom correndo, mas aconteceu, e o fato de termos acabado de fumar maconha foi uma

P.S.

incrível coincidência. Qual a chance de isso acontecer? Talvez seja mais fácil ganhar na loteria!

O policial vai até a janela, TC abaixa o vidro e uma grande nuvem de fumaça sai do carro. O cara dá um passo para trás e rosna: "Vocês estão fumando maconha!"

Claro que todos nós pensamos em dar alguma resposta engraçadinha, mas ninguém estava a fim de dizer "É, pode nos prender, cara." O policial ordena que Tom saia do carro e pergunta quem mais pode dirigir no lugar dele, que não poderia ser alguém que tivesse fumado. Ele olha para mim e eu desvio o olhar, acanhado; Nick e Robert também fazem o mesmo.

E aí o PC salva o dia: "Eu nem toquei no negócio. Posso dirigir."

Sei que o policial não pediu que ele o olhasse diretamente nos olhos, mas PC resolveu encará-lo de boa, sem pestanejar, e essa sua presença majestosa fez que o policial o olhasse de cima a baixo, dissesse "Tudo bem" e entregasse uma multa ao Tom. Pegamos o carro e fomos embora. Testemunhamos mais esse momento "quem diria?" na vida de Thomas Carroll.

Amor,
Spyder xxx

Éramos competitivos com as bicicletas e com todo o resto, então, quando Tom começou a se achar o melhor ciclista de Newport, instalou-se uma verdadeira guerra. Haley, em particular, odiou aquilo, pois ELE se achava o melhor.

Enfim, todos ficaram zombando dele e teve início uma briga selvagem entre Robert e Tom, os dois tentando provar quem era o melhor. Nick e eu resolvemos entrar no meio, mas acho que a gente não ligava muito, era só pelo fato de Tom ter dito aquilo.

E aí um dia começamos a descer a Robertson Road de bicicleta, o Tom lá na frente, fazendo todo tipo de estripulia e manobras, a gente só tentando não ficar no caminho dele. Todos estávamos usando Beachcomber Bills – uns chinelos pretos, grandes e grossos que eram moda na época. Tom enfiou a beirada do chinelo entre os raios da roda para fazer aquele barulho de *rá-tá-tá-tá*. Mas aí o chinelo de repente ficou preso na roda e o Tom foi catapultado por cima do guidão, caindo de cabeça na estrada. Bum!

O autodeclarado melhor ciclista de Newport agora estava prostrado no chão, todos freando com tudo ao redor dele, sem saber se devíamos nos desesperar ou morrer de rir. Acho que dá para imaginar o que escolhemos fazer.

Andrew Hunter

※

Isso que vou contar aconteceu no meio da década de 1980, quando morávamos numa casa em Bungan que dava para o lado sul.

Tom chegou e fomos surfar. Só dava vaca – as ondas passaram de um metro para quatro metros e meio em apenas meia hora, uma loucura. Então fomos para casa, subindo o morro, e ficamos na sala de estar ainda de roupa de borracha. Era o tipo de coisa muito comum naquela casa, as pessoas ficavam com roupa de surf o tempo todo.

Enfim, lá estávamos nós... Do nada, começo a ouvir uma voz bem longe chamando "Socorro! Socorro!".

"Você está ouvindo isso, Tom?", perguntei. Não, ele não estava, mas a voz continuou, muito fraca, em algum lugar bem distante.

Saí para a varanda da frente, que era onde parecia dar para ouvir melhor, olhei a Bungan Head Road e, mais ou menos umas três casas depois de Eyrie, não muito longe do ponto onde a Myola Road sobe o morro, havia um cara preso embaixo de uma camionete F100. Ele tinha deixado a camionete estacionada mas aí ela começou a andar sozinha; ele correu atrás para tentar pará-la mas ela rolou por cima dele, deixando-o preso. E o cara estava gritando "Socorro! Tirem isso de cima de mim!".

"Olha só aquilo!", eu digo ao Tom, nós dois estupefatos, e depois falamos "Vamos lá!". Começamos a correr morro acima rumo àquela

P.S.

cena estranha, vestidos com as roupas de surf. Tigger Newling também apareceu do nada para ajudar, mas era inverno e não tinha ninguém ali.

Chamamos a polícia e uma ambulância, então vieram e tiraram o cara de lá. Acho que ele ficou com a perna quebrada, mas foi só. Então foi um final feliz. Porém, o que aconteceu depois foi hilário.

No dia seguinte, apareceu na primeira página do *Manly Daily*: "Tom Carroll, o Herói! Tom Carroll Salva Um Homem!"

Tom era tão famoso que sua fama tinha tomado conta da situação. Era como se o jornal achasse que Tom fosse o Super-Homem – como se ele tivesse levantado a camionete com uma mão, aplicado os primeiros socorros com a outra, depois levantado o cara no ar com o punho cerrado para cima, gritando "Tom Carroll! Avanteeee!", e o tivesse levado pessoalmente até o hospital de Mona Vale.

Na verdade a gente tinha acabado de surfar e estava só ali, de bobeira, ainda com as roupas de borracha.

Robert Hale

A despedida de solteiro do Tom aconteceu no meu clube noturno, o Metropolis, em abril de 1991. Para os que compareceram, foi uma noite incrível. Várias coisas engraçadas aconteceram naquela noite. Citando de cabeça, sem ordem específica: Pottz travando uma luta com lança contra as colunas romanas, deixando o chão da varanda molhado e apostando corrida de natação nu, os funcionários preocupados com a possibilidade de estarmos destruindo a minha boate, Jamie Brisick encolhido num canto, parecendo um gárgula, sem acreditar no que via... Quem poderia se esquecer de "Get Down Saturday Night", uma música que tocamos a noite inteira... Um bando de homens adultos fazendo uma coreografia primitiva, dando tapas na cabeça uns dos outros, e quem liderou essa maluquice foi o RCJ!

A noite terminou na madrugada do dia seguinte, na praia de Newport, a gente levou Tom completamente nu pela Barrenjoey Road até as ondas, completamente nu. E lá encontramos o Sr. e a Sra. Walker

TC

fazendo sua caminhada matutina. Como se aquilo fosse algo completamente normal, Tom disse, em tom alegre: "Bom dia, Sr. Walker. Bom dia, Sra. Walker..."

"Bom dia, Tom", eles responderam.

Mas a celebração ainda não havia terminado. Na noite anterior ao casamento do Tom, eu estava no Metropolis quando Mike e Tom entraram. Mike achou que talvez fosse uma boa ideia levar o Tom para beber um drinque, pois assim ele ficaria mais calmo. Mas Mike estava errado. Infelizmente para Tom e Mike, assim que eles chegaram no Metropolis encontraram Steve Lidbury (Libbo para os íntimos). Bom, Libbo resolveu mergulhar com tudo e nos levou numa grande aventura. Tom agora estava sob o seu encantamento. Saímos do Metropolis e fomos para Oxford Street, para uma boate gay... não me pergunte por quê. Tom, Mike, Libbo e Leigh... Minha nossa, os gays ficaram no paraíso. Porém, Libbo não gostou de receber aquela atenção toda, então fomos embora, mas só para continuar a noite no infame bar Bourbon and Beefsteak, e lá encontramos o time de rúgbi de New South Wales que, ao ver o Tom, começou a cantar: "Tommy Carroll... Tommy Carroll..."

Fomos embora quando o dia estava amanhecendo. Tom ia se casar naquela tarde, em Hunter Valley. Fui dirigindo o Alfa do Tom até sua casa, e lá fui recebido por Nick, muito sério, chateado. Apesar do olhar incrédulo que ele nos lançou, a primeira coisa que ele disse ao Tom foi: "Cadê a sua gravata?!"

Leigh Moulds

A viagem de surf que sempre vou considerar a melhor de todas foi quando ficamos em Sunset Beach, no Havaí.

Naquele ano, as tempestades castigaram o lugar, derrubando postes de luz, e nós íamos todos os dias para a costa leste ou oeste de Oahu. Passávamos pelas casas modestas mas arrumadinhas e apreciávamos a humildade delas. Ao chegar lá, o céu se abria, o vento soprava e a gente desfrutava de uma sessão de surf naquele anfiteatro da natureza, um lugar que mais parecia o Taiti do que o Havaí.

Indo e voltando para a praia, conversávamos sobre ver o mundo de um jeito mais amplo, sem julgamentos. Algumas semanas se passaram e começamos a perceber as pessoas reclamando daquele inverno, que estava "muito ruim". Nem percebemos esse lado ruim, foi um período mais metafísico do que de costume.

Tom, você é um grande amigo. Parabéns por mais essa etapa, por completar cinquenta anos como um ser humano que despertou para a vida.

Bruce Raymond

Nunca vou me esquecer de quando fomos de *jet-ski* para Shipsterns Bluff na Tasmânia com o Tom, numa missão para o primeiro episódio de *Storm Surfers*. A sensação térmica do vento era de menos oito graus, havia neve na rampa do barco e um vento maral repentino que sugeria que aquilo era um grande erro. Lembro de ficar sentado no *jet-ski*, debaixo da parede enorme do despenhadeiro, saindo para o Bluff, vendo as ondas enormes batendo nas rochas e pensando: *Essa é a melhor coisa de que já participei na vida.*

Tom olhou para mim como se soubesse o que eu estava pensando e disse: "Isso é muito incrível... Tenho certeza de que em alguma vida anterior fui uma foca ou um pinguim. Isso é maravilhoso demais." Concordei plenamente, mas estava sentindo tanto frio que mal consegui sorrir.

Tom me ensinou que as pessoas são capazes de fazer coisas que jamais pensariam que poderiam, e eu vou sempre amá-lo por isso.

Justin McMillan

Para o Thomas,

Eu poderia relembrar uma centena de histórias malucas e experiências ainda mais incríveis que compartilhamos juntos. Seria fácil escolher uma e escrever no seu caderno de aniversário.

Mas vou aproveitar a ocasião para fazer o que geralmente deixamos de lado até algum momento no futuro, quando o passado é só uma memória distante.

Vou aproveitar para dizer que você foi um amigo incrível na minha vida. Muitos dos melhores momentos por que passei aconteceram com você ao meu lado.

Não tenho nenhum irmão de sangue, mas você e o seu irmão Nick são exatamente o que meus irmãos seriam se eu os tivesse. Tive de atravessar um oceano inteiro para encontrar os meus irmãos. É uma honra ser considerado seu amigo.

Jeff Hornbaker

O Tom é um clássico!

É um homem que tem muita compaixão e empatia por todos, inclusive os menos afortunados. Por outro lado, ele pode acabar com você quando o assunto é surf. É meu amigo fiel e um colega extremamente honesto, com muitas ideias novas e capacidade de testá-las e fazê-las virar um sucesso.

Não tenho palavras para expressar minha gratidão por ele se dedicar às minhas pranchas de surf no Havaí, e minha família também. (Todo mundo adora o Tom!)

Como vocês sabem, Tom volta e meia tem um acidente e precisou passar mais tempo se recuperando que a maioria das pessoas. Eu me lembro das lesões e do pior acontecimento de todos, quando ficamos sabendo do falecimento da sua irmã pouco antes de ele entrar numa competição. Fiquei muito triste por ele. Espero que essa próxima etapa da sua vida seja menos traumática. Mas duvido. Tom sempre gosta de desafiar os limites da física em tudo a que se dedica.

Só quero dizer que acredito que Tom vai continuar a usar seus dons e sua empatia para ensinar e ajudar outras pessoas, sempre envelhecendo com graça, e realmente acredito que ele vai continuar a ser um dos

P.S.

melhores surfistas/atletas do mundo, juntamente com Kelly e alguns outros do universo do surf. Obrigado, Tom, por tudo que você compartilhou comigo ao longo dos anos.

Com afeto,
Pat Rawson

O Tommy se dedica 110% em tudo que faz!

Sou muito ruim com datas, mas Nick vai se lembrar disso porque foi o primeiro ano em que eles participaram da equipe de Molokai usando prancha de remo. Me pediram para participar na North Shore, e foi uma honra ser convidado – eu conhecia os caras havia anos, mas não sabia se eles me conheciam.

Então eles apareceram com a equipe de North Shore, inclusive Jamie Mitchell, dez vezes campeão do mundo. Na época, ele ainda estava em busca de sua primeira vitória, então isso foi há mais de dez anos. Enfim, lá foi o Tommy tentar remar.

Ele só ficava agitando os braços, tentando ir atrás de qualquer ondulação, sem na verdade sair do lugar.

Eu falei: "Tom, vai mais devagar, tenta sincronizar seus movimentos com o mar. Quando o bico da prancha abaixar, você rema com força, e quando ele subir, você desiste e para." E a resposta foi algo como "Desistir?! O Nick me mata!"

Foi muito engraçado o jeito como ele disse isso. E aí, claro, como em tudo a que se dedica esse que é um dos grandes atletas aquáticos de todos os tempos, Tommy já estava pegando as ondulações com facilidade, urrando de alegria, olhando para trás, para ver onde Nick estava, e mandando ver.

Vocês precisavam ver aquilo. Eu e Jamie ainda rimos desse dia sempre que levamos um novo cara para a North Shore pela primeira vez. São grandes memórias para mim, pelo menos. Desejem um feliz aniversário ao Tom por mim.

Mick Dibetta

TC

~

Vou falar de uma coisa que para mim sobressai. É algo que muitos de seus amigos mais recentes talvez não saibam.

As pessoas hoje não comentam muito o que o Tom fez em 1985, seu boicote às competições da turnê na África do Sul. É compreensível; o mundo segue em frente e a África do Sul é um novo país agora, coisa e tal... Mas em 1985 o país estava numa fase bem ruim. Quando você tem vinte anos de idade, é fácil viajar pelo mundo sem ligar para as coisas, porque é a realidade dos outros, não a sua. Você está lá para surfar e não tem a menor consciência dos assuntos políticos. Como surfistas, estávamos isolados da realidade cruel, mas dava para ver que havia algo de muito errado naquela sociedade, e o fato de que podíamos surfar e nos divertir de certa maneira deixava tudo ainda pior.

Foi muito importante para o Tom tomar aquela decisão. Eu era um de seus melhores amigos, vivia viajando com ele, e ele não me deu nenhum sinal que de faria aquilo. Ele precisou de muita maturidade e força para lidar com a coisa do jeito que lidou; isso mostrava seu caráter, sua integridade. O surf é um esporte conformista e ninguém mais nem mesmo pensava em se manifestar daquele jeito, o que tornava suas ações ainda mais particulares, mais fortes. Não há muitos atletas australianos que já tenham feito algo assim.

Além disso, ele é uma pessoa adorável! Não sei o que ele tem. As pessoas simplesmente adoram cuidar dele. Não porque ele projete uma imagem de vítima, e sim porque... sei lá! Lembro que uma vez ele ficou hospedado com a minha família na Inglaterra e meus pais cuidaram dele melhor do que cuidavam de mim! É fascinante.

Mike Newling

~

A coisa que mais me vêm à cabeça é a síndrome "agora somos eu e você, DJ!", que acontece há quarenta anos, desde a época em que começamos no Plus. Geralmente, na onda, ele sai na minha frente, faz um movimento com a prancha perto da minha cabeça e aí eu me desequilibro, tenho dificuldade para continuar em pé.

P.S.

De nada adiantava eu falar para ele parar. Quando ele era jovem, era interessante porque ele tinha movimentos muito precisos e perfeitos, então não era perigoso. Porém, à medida que fomos envelhecendo, isso foi ficando mais perigoso – nunca se sabe quem vai cometer um erro. Mas é a memória mais querida que tenho de todo o tempo que passamos juntos na água, durante todos esses anos: a confiança na habilidade dele, a fé que Tom tinha na nossa amizade, de que ela não ia se perder, e sim ficar ainda mais forte. Como de fato ficou.
David Jones

Talvez vocês saibam que alguns anos atrás nosso bom amigo Tom acrescentou à impressionante lista de seus feitos no surf a poderosa arrebentação em Pedra Branca, um recife muito remoto, distante da ponta sul da Tasmânia.

Mas aposto que não sabem que, trinta e três anos antes, a 180 quilômetros para o nordeste, Tom enfrentou ondas terríveis na Tasmânia durante sua primeira viagem à ilha. Mas, daquela vez, não foi com sua ousadia habitual, não havia nele aquele ar de elegante desdém pelo bom senso. Não mesmo.

Naquele dia, o desgraçado tremia, se borrava de medo, implorava por misericórdia, e sei disso porque eu também estava tremendo de medo ao lado dele, num quarto simples, no sexto andar de um hotel barato em Hobart.

Era 1976, na Páscoa, e todo mundo tinha ido de avião até a Tasmânia como membros do Newport Surf Club para competir no Malibu Board Display pelos títulos nacionais, em Clifton Beach.

Algumas das memórias que ficaram: "Estava frio de doer." A água estava fria pra caralho porque não tínhamos permissão para usar as roupas de borracha que trouxemos sorrateiramente de casa, já que o pessoal da competição considerava roupa de neoprene uma vantagem injusta. Então só ficamos de bermuda, um colete de lona grosso e o capacete marrom e dourado do clube.

Apesar disso – ou talvez por causa disso –, nosso Tommy mandou ver e ganhou o ouro para a Austrália. Aquela foi a maior vitória dele até então.

O pessoal do alto escalão do clube de Newport ficou absurdamente feliz e nos enfiou num pub, nos encheu de cerveja e nos colocou para testemunhar o ritual homoerótico da Dança dos Cus Flamejantes. Nunca vou me esquecer daquela imagem, os caras correndo pelados por Hobart na hora do almoço, com um papel higiênico em chamas grudado no rabo.

Às 10:30 h já estávamos de volta ao hotel, nos sentindo os reis do mundo, exceto pela presença de nosso acompanhante, o ambíguo e desagradável Alastair Walker.

Para nos divertir, começamos a jogar coisas da janela do sexto andar nos infelizes tasmanianos lá embaixo.

Na Tasmânia, maçãs são muito baratas, então jogamos um saco inteiro. A última que jogamos foi uma dessas que, quando ela sai da mão, você sabe exatamente onde vai parar; parte de mim não queria nem ver, mas estava hipnotizado com a trajetória da maçã, que foi parar bem na cabeça gorda de um homem enorme e sem pescoço, um motoqueiro com uma jaqueta escrito "Diabos da Tasmânia" nas costas largas.

PUUUUUUUTZ!

Olhamos um para o outro, abismados, e aí caímos na risada, enquanto ele gritava e xingava. Nos agachamos pouco antes de ele nos ver (pelo menos foi o que achamos). Dez minutos se passaram e nada – "Maravilha, escapamos dessa..." E aí, do lado de fora do quarto: "ACHO QUE O QUARTO É ESTE, MICK! ABRAM A MERDA DESSA PORTA OU A GENTE VAI ARROMBAR!"

Começamos a tremer, as pupilas ficaram dilatadas, o coração disparou, o Garoto Dourado pôs o dedo em riste perto dos lábios e balançou a cabeça. Agora estávamos morrendo de medo.

Ao ver isso, Big Al ficou em pé e escancarou a porta, rindo aquela gargalhada escocesa esquisita dele. "Eles estão aqui. Eu falei para eles não fazerem isso", disse com voz estridente enquanto dois motoqueiros enormes entraram pela porta, prontos para atacar.

Até hoje me lembro da cara de espanto deles quando seus olhos arregalados caíram sobre dois moleques sardentos de quatorze anos de idade e quarenta e cinco quilos. *Não podemos bater neles*, pensaram os caras, decepcionados.

"Desculpa", nós dois dissemos de repente.

"Não façam isso de novo, seus merdinhas insolentes." Claro que não fizemos.

De lá para cá, Tom ficou mais corajoso, Al encontrou Deus e eu nunca mais voltei à Tasmânia.

Kevin Long

Lembro que eu havia acabado de me mudar para a região de Northern Beaches e me pediram para ser membro do clube Newport Plus Boardriders. Parte da iniciação do clube era ir com Tom Carroll até a Gold Coast em seu potente Alfa GTV de seis cilindros.

Naquela época, não havia rodovia até a costa, eram só estradinhas. Sem me deixar pegar no volante, ele conseguiu sair de Newport e chegar em Snapper Rocks em sete horas e meia! Acho que eu não disse uma única palavra a viagem inteira, fiquei só me agarrando ao banco, morrendo de medo! Depois de ganhar o evento, na viagem de volta, Tom conseguiu bater o carro em Coffs Harbour... Lembro que ficamos girando no meio do cruzamento durante o que pareceu ser uma eternidade. Até hoje tenho medo em entrar num carro com ele!

Feliz aniversário, cara. Te adoro.

Pottz

Foi a última vitória do Newport Plus, depois de quinze anos dominando. Aconteceu na Gold Coast, um evento de duplas com os melhores clubes da Austrália. Fomos péssimos nas baterias e Pottz ficou encarregado de virar o jogo para a gente. Ele não tinha perdido em três eventos da WCT e teve de competir com Kerrbox. Acabou com ele, mas de nada adiantou, já que perdemos por causa de um jurado bastante duvidoso.

TC

Não estávamos a fim de deixar aquilo passar, então, com a minha persistência, a força bruta do Mike e o poder do Dougall (a Billabong estava patrocinando), conseguimos fazer o jurado de Bondi admitir que havia errado.

Então voltamos à competição. TC e Pottz chamaram todo mundo num canto e falaram: "Vamos mostrar pra esses caras quem é que manda." Ficamos empatados com a equipe de Bondi, logo Bondi, e TC destruiu o cara favorito deles até a final, com uma equipe composta de Stuart Bedford-Brown, Joel Jones, TC, Pottz e Daff. Na final, competimos com os caras de Merewether: Nick Wood, MR, Shane Powell, Luke Egan e Matt Hoy. Eu não conseguia decidir quem deveria ser o *double-whammy*: Tom ou Pottz? Os dois queriam que o outro tivesse a honra – nada de ego, só a mais pura camaradagem.

A honra foi para o Tom e ele mostrou ao jovem Luke como é que se faz. Foi uma vitória épica, a última do império.

Durante a nossa comprida celebração à noite, três homens nus correram para dentro do resort e destruíram as luminárias dos postes. Eles tiveram certa dificuldade para escapar mas conseguiram desaparecer meio da noite; porém, deixaram para trás uma pista incriminatória: uma bermuda preta.

No dia seguinte, bolei um plano. Matt Hoy, o *grommet*, estava com a gente e ouviu falar sobre o que fizemos com as luminárias. Eu disse a ele que a polícia tinha ido até o hotel e estava com a bermuda, que queria conversar com a gente. "Hoyo, vai lá acordar o Tom", disse a ele.

Matt voltou meia hora depois, dizendo: "Ele está fazendo as malas, está indo embora."

Liguei para o quarto dele, querendo saber que diabos ele estava fazendo, e as palavras dele foram: "As pessoas não podem saber que eu fiz uma coisa dessas!" "Beleza, Tom, a gente assume a culpa por você."

Contamos para o Hoyo que foi tudo armação, que a polícia na verdade nunca apareceu no hotel. Ele não conseguiu acreditar naquilo. Exclamou: "Mas é o Tom Carroll! Vocês não podem fazer isso com o Tom Carroll!"

Sim, podemos, sim. Ele aguenta. É por isso que o amamos.
Glenn "Boj" Stokes e família

AGRADECIMENTOS

Agradecemos a todos os parentes e amigos, em todos os lugares, que nos suportaram de diferentes maneiras ao longo dos anos.

Agradecemos também às comunidades de surfistas na Austrália e no resto do mundo. Obrigado por nos hospedarem.

Durante um bom tempo nós dois ficamos pensando que conseguiríamos fazer tudo sozinhos, cada um à sua maneira. Levamos muitos anos para perceber que isso não só é irracional como também irresponsável.

Dedicamos este livro a todas as pessoas que nos ajudaram a perceber isso. Também agradecemos a Alison Urquhart, da Random House, que sempre ficou em cima da gente; a Brandon VanOver, cuja edição elegante e meticulosa Nick apreciou imensamente; e Kevin Hudson, o padrinho de Tom, que lhe deu forças quando ele mais precisou.

— *Tom e Nick Carroll*

SOBRE O AUTOR

Foto: Wendy Carroll

©Tom Carroll

Nick Carroll é o jornalista de surf de maior destaque no mundo. Cresceu surfando com Tom, seu irmão caçula, no norte de Sydney. Ganhou dois títulos de surf australianos e depois passou a se dedicar ao jornalismo, editando a revista australiana *Tracks* e passando vários anos na Califórnia, trabalhando como editor-chefe da Western Empire, que publica a *Surfing Magazine*, distribuída em todo o mundo. Recentemente, começou a se dedicar à televisão, coescrevendo *Bombora* e *Wide Open Road*, documentários de sucesso da rede ABC.

Nick mora em Sydney com sua mulher Wendy e dois filhos, Madeleine e Jack.

Dados Internacionais de Catalogação na Publicação (CIP)
(Câmara Brasileira do Livro, SP, Brasil)

Carroll, Tom
   TC Tom Carroll / Nick Carroll ; tradução Juliana Lemos.
— São Paulo : Rocky Mountain, 2014.

Título original: TC
ISBN 978-85-68666-00-5

1. Carroll, Tom, 1961 – 2. Surfistas – Austrália –
Biografia I. Carroll, Nick. II. Título.

14-11607   CDD-797.32092

Índice para catálogo sistemático

1. Surfistas : Memórias   797.32092

Este livro foi impresso em papel
Polen Bold 70 na Gráfica Arvato Bertelsmann
São Paulo, Brasil, 2014